Ullstein

W0078960

ÜBER DAS BUCH:

Wilhelmine Corinth, die Tochter des berühmten deutschen Impressionisten Lovis Corinth (1858–1925), die letzte Namensträgerin und Erbhüterin eines großen Vermächtnisses, hat sich entschlossen, über die »vier Corinther«, wie man sich im Familienkreis scherzhaft nannte, zu erzählen. Die 1909 Geborene spannt den Bogen vom großbürgerlichen Elternhaus in Berlin und dem unbeschwerten Feriendomizil am bayerischen Walchensee über ihre Ehe- und Kriegsjahre in Hamburg bis nach New York, wohin sie Ende der vierziger Jahre übersiedelte. Ihr Buch beginnt mit der Erinnerung an die frühen Kinderjahre. Da gibt es glückliche Stunden mit dem Vater, aber auch lange Phasen, in denen er von Depressionen bedrängt wird. Da gibt es die stets fröhliche und ausgeglichene Mutter Charlotte Berend-Corinth, gleichfalls eine angesehene Malerin. Schließlich ist da noch der große Bruder Thomas, mit dem sie bis zu dessen Tod 1988 eng verbunden war. Bedeutende Zeitgenossen von Lovis Corinth wie Walter Leistikow, Max Liebermann, Max Slevogt, Gerhart Hauptmann und Max Reinhardt, später dann die Freunde der Mutter, zu denen u. a. Fritzi Massary, Lotte Lehmann, Alma Mahler-Werfel und Albert Einstein gehörten, sieht sie mit den Augen des Kindes, später, als Heranwachsende, manchmal nicht unkritisch. Dennoch, die Großen, die Geschichte gemacht haben, werden von Wilhelmine Corinth mit Charme und Eloquenz charakterisiert.

DIE MITAUTORIN:

Helga Schalkhäuser, in München geboren, hat mit ihren beiden Büchern *Prominenz läßt bitten* und *Hoheiten, Exzellenzen, Prominente* die Erfahrungen eines langen, interessanten Journalistenlebens eingebracht. Gespräche mit Weltprominenten aller Couleur, die sie von 1982 bis 1985 auch im ZDF in der Sendung »exclusiv« interviewte, sind in ihren Publikationen facettenreich festgehalten. Auch als Autorin großer deutscher und ausländischer Magazine hat sie sich seit vielen Jahren einen Namen gemacht.

Wilhelmine Corinth

»Ich habe einen Lovis, keinen Vater...«

Erinnerungen

Aufgezeichnet von Helga Schalkhäuser

Ullstein

ein Ullstein Buch
Nr. 22895
im Verlag Ullstein GmbH,
Frankfurt/M – Berlin

Ungekürzte Ausgabe
Mit 64 Abbildungen und
einem Werkverzeichnis

Umschlagentwurf:
Elżbieta Woźniewska
unter Verwendung des 1922
entstandenen Gemäldes von
Lovis Corinth *Wilhelmine
mit Zöpfen*
Alle Rechte vorbehalten
Taschenbuchausgabe mit Genehmigung
von Langen Müller in der F. A. Herbig
Verlagsbuchhandlung GmbH, München
© 1990 by Langen Müller
in der F. A. Herbig
Verlagsbuchhandlung GmbH, München
Printed in Germany 1992
Druck und Verarbeitung:
Clausen & Bosse, Leck
ISBN 3 548 22895 X

Dezember 1992

Gedruckt auf Papier
mit chlorfrei
gebleichtem Zellstoff

Die Deutsche Bibliothek –
CIP-Einheitsaufnahme

Corinth, Wilhelmine:
»Ich habe einen Lovis, keinen Vater...«:
Erinnerungen / Wilhelmine Corinth.
Aufgezeichnet von Helga Schalkhäuser.
– Ungekürzte Ausg. – Frankfurt/M;
Berlin: Ullstein, 1992
   (Ullstein-Buch; Nr. 22895)
   ISBN 3-548-22895-X
NE: Schalkhäuser, Helga [Bearb.]; GT

Inhalt

Vorwort

Von Weihnachtseinkäufen in der Fifth Avenue war ich ziemlich erschöpft nach Hause gekommen. Schon an der Tür hörte ich das Telefon läuten. So wie ich war, in Mütze und Mantel, stürzte ich zum Hörer und drückte ihn ans Ohr. »Hallo!« rief ich atemlos. Es klang etwas unwirsch.

»Oh«, hörte ich eine zaghafte junge Männerstimme in mühsamem Englisch stottern: »I am so sorry, sorry, very sorry. With whom speak I?«

»Sie können ruhig deutsch mit mir sprechen«, sagte ich. »Ich kann's schon noch. Wer sind Sie denn und was möchten Sie?« Ich streifte den warmen Mantel ab und zog die Mütze vom Kopf.

»Oh«, antwortete die Stimme, »ich bin nur für einen Tag in New York.« Und dann nannte er seinen Namen, der mir unbekannt war, mir auch nichts sagte, und fuhr gleich fort: »Ich bin ein großer Verehrer von Lovis Corinth, obwohl ich selbst nichts mit Kunst zu tun habe. Aber ich gehe gerne in die Museen.«

»Das ist ja sehr schön«, sagte ich »und ich freue mich, daß Sie meinen Vater verehren und seine Kunst mögen. Aber warum rufen Sie denn an?«

»Ist es wirklich wahr? Sie sind wirklich die Tochter von Lovis Corinth? Ich habe es nicht glauben wollen, daß in New York noch eine Tochter von Lovis Corinth lebt!« redete er aufgeregt weiter. »Ich sagte zu meinen Freunden, die mir davon erzählten, daß das doch ganz unmöglich sein könnte! Corinth, der ist doch schon seit Ewigkeiten tot. Die müssen doch alle längst tot sein.«

»Hmm«, unterbrach ich. Eine Pause entstand. – Und er mit seiner enthusiasmierten, jungen Männerstimme: »Also, das ist ja ganz toll, daß Sie noch leben.«

»Ja«, sagte ich und sah auf die Pakete, die ich gerade nach Hause geschleppt hatte und dachte: »Du lieber Gott, ist der Mann verrückt? Natürlich lebe ich noch.« Dann fragte ich: »Sie sind wohl noch sehr jung?«

»Ja«, kam es eifrig aus dem Hörer. »Ich studiere noch. Aber als Weihnachtsgeschenk genehmige ich mir zwei Wochen Amerika. Ich meine die Vereinigten Staaten von Amerika.«

»Ich weiß«, sagte ich, denn ich besann mich wohl, daß ich früher in Deutschland ebenfalls nur dachte ›Amerika‹, und dabei nie in Betracht zog, daß es ja auch Mittel- und Südamerika gibt.

»Ich will Sie nicht weiter aufhalten«, schloß der junge Unbekannte betont höflich. »Eigentlich wollte ich nur herausfinden, ob wirklich noch jemand aus der Familie Corinth existiert. War da nicht auch ein Thomas Corinth, Ihr Bruder? Lebt der auch noch?«

Ich mußte schlucken. Das Herz schlug mir plötzlich bis zum Hals. Thomas, dachte ich. Ach, Thomas! Auch du bist nicht mehr da. Wir waren die ›vier Corinther‹. Und jetzt bin ich allein übrig. Und die jungen Menschen von heute wundern sich, daß es mich noch gibt. Eine Art Dinosaurier aus einer Zeit, die für junge Leute unvorstellbar weit zurückliegt. Auf mir allein liegt nun die volle Verantwortung, für alles zu sorgen. Und die Erinnerung zu wahren im Zusammenhang mit Lovis' Kunst und dem schriftlichen Nachlaß, nur das ist noch meine Aufgabe. Eine Übriggebliebene bin ich, die letzte, die noch davon erzählen kann, wie dieser berühmte Maler Lovis Corinth gelebt hat. Und von Charlotte Berend, meiner

Mutter, die mich, als ich klein war, die Minemaus nannte. Die kleine Minemaus! Ach Gott, wie endlos lange ist das alles her. Und immer war da auch Thomas, der große Bruder, der in all den Jahren meine Stütze war. Soll das alles nach mir in Vergessenheit geraten? Unsere Kindheit, behütet, aber auch beschattet von den beiden Künstlern, die unsere Eltern waren? Wieviel Zeit habe ich noch? Wie kann ich sie nutzen? Längst hatte ich den jungen Mann am Telefon vergessen. Behutsam legte ich den Hörer auf.

In diesem Augenblick entstand der Gedanke in mir, niederzuschreiben, was noch in meinem Gedächtnis ist. Von meinem Vater. Von meiner Mutter. Von Thomas. Und auch von mir. Wie wir miteinander gelebt haben . . . Gute, aber auch andere Erinnerungen stiegen in mir auf. Wie es war, als ich Modell stand für Vaters Porträts. Wie es mir heute noch in den Ohren ist, wenn Lovis rief: »Bleib mal einen Augenblick so, beweg dich mal nicht. Kannst mal so ein bißchen stehenbleiben? Es dauert nicht lange, ich mach schnell, aber bleib so!« Und nie wäre es mir auch nur in den Sinn gekommen, dieser Aufforderung nicht zu folgen. Modell zu stehen war ein Teil meines Lebens von klein auf. Das war die Luft, die ich atmete. »Hol mir mal das Krapplack und die Tube mit dem Ultramarin.« Schon im Krabbelalter kannte ich alle Farben, habe nie Ultramarin mit Kobaltblau verwechselt, sah vergnügt zu, wie Lovis temperamentvoll auf die große Tube mit dem Zinkweiß trat, um die Farbe nach vorn zu drücken. Diese Dinge waren mir so selbstverständlich vertraut, wie etwa den Kindern eines Tischlers die verschiedenen Nägel, mit denen der Vater arbeitet. Das Malen war das Handwerk meines Vaters. Es war das Handwerk meiner Mutter. Malen und Zeichnen war ihr, war unser Leben. Gab es irgend jemanden, der nicht malte oder zeichnete? Ich war traurig, als ich während der Schulzeit begreifen mußte, daß die Eltern anderer Kinder nicht malten. »Aber was tun sie denn sonst?« fragte ich. Und staunend erfuhr ich, wie andere Menschen ihr Leben verbrachten. Wir Corinther, wir lebten fürs Malen. Bilder hingen an den Wänden, standen und lagerten im Atelier, schmückten Wohnzimmer und Schlafräume. Bilder gehörten zum Leben, wie der Stuhl, auf dem ich saß. Und wenn ich heute eins dieser Bilder oder eine Zeichnung verkaufe, kann ich für eine lange Zeit von dem Erlös leben.

Ich hoffe, daß meine Erinnerungen aus der Perspektive des Kindes und später als Erwachsene dazu beitragen, das Alltagsleben der ›vier Corinther‹, das eben doch nicht so ganz alltäglich war, vor dem endgültigen Vergessen zu bewahren. Ich habe mich bemüht, immer bei der Wahrheit zu bleiben. Erinnerungslücken habe ich nach bestem Wissen zu überbrücken versucht. Mit sensationellen Enthüllungen kann ich nicht aufwarten. Wir waren eine glückliche kleine Familie. Skandalöse Offenbarungen wird man sicher vergeblich suchen.

Über das Werk von Lovis Corinth gibt es Publikationen von Berufeneren als mir. Was ich hier niederschreibe, soll nicht den Anspruch einer kunsthistorischen Abhandlung erheben. Ich freue mich, daß die Verlagsgruppe Ullstein/Langen Müller bereit ist, eine Tradition weiterzuführen; denn das Buch ›Lovis‹, 1958 von meiner Mutter, Charlotte Berend-Corinth, geschrieben, erschien im gleichen Verlag. Der Journalistin Helga Schalkhäuser, mit der ich seit Jahren eng befreundet bin, habe ich gerne die Geschichten aus den Tagen der ›vier Corinther‹ anvertraut. Wir haben uns beide in New York in meiner Wohnung bemüht, dieser Aufgabe gerecht zu werden.

Wilhelmine Corinth, New York
Im Winter 1989/1990

»Die Märchenerzählerin«

Endlich habe ich mir einen großen Wunsch erfüllt. Ich bin in das Depot gegangen, in dem ich alle Werke meines Vaters aufbewahre, die noch in meinem Besitz sind. Unter anderem mein Porträt *Wilhelmine mit Zöpfen*, das er in Urfeld gemalt hat. Ich habe das Gemälde einfach mit nach Hause genommen und hier in meiner New Yorker Wohnung an die Wand gehängt. Den Gedanken an Räuber, Einbrüche und Diebstähle, von denen man täglich hört und liest, habe ich kurzentschlossen beiseite geschoben. Ich wollte das Bild um mich haben, es täglich anschauen können. Lange habe ich nicht gewagt, dieses kostbare Werk in die Wohnung zu holen. Denn keine Versicherung der Welt könnte es ersetzen, wenn es zerstört würde. Glücklicherweise ist unser Haus, wie viele New Yorker Häuser, seit kurzem zu einer kleinen Festung geworden. Wir haben neue Fenster bekommen, die verriegelt werden können, so daß man auch vom Balkon aus nicht einsteigen kann. In der Halle sitzen Leute von der Security. Sie haben vor sich eine ganze Batterie kleiner Monitore und können so kontrollieren, wer ins Haus kommt. Seitdem sie da sind, fühle ich mich einigermaßen sicher, wenn man das überhaupt sein kann.

Und nun hängt *Wilhelmine mit Zöpfen* hier, und so oft ich mir das Bild ansehe, bin ich fasziniert. Es ist wunderbar, so wie es ist. Und ich denke an die Zeit, als Lovis es 1922 in Urfeld gemalt hat. Im großen Werkkatalog meiner Mutter Charlotte Berend-Corinth von 1958 steht allerdings, daß es in Berlin entstanden sei, aber das stimmt nicht. Ich weiß noch zu gut, wie es herging. Angefangen hat es damit, daß ich meinen Vater angebettelt habe: »Mal doch bitte ein richtig schönes Bild von mir.« Für meine Mädchenbegriffe sah ich nämlich auf den meisten seiner Bilder ziemlich häßlich aus. Und er sagte gut gelaunt: »Dann zieh dir was Nettes an und setz dich da auf den Stuhl.« Gerade hatte ich ein neues Dirndl bekommen, das meine Eltern in München bestellt hatten. Ich sehe mich noch in unserem kleinen Bauernzimmer im Walchenseehaus das Kleid anprobieren. Es war kniffligste Arbeit, das enge Mieder mit den vielen Knöpfen über der Brust zu verschließen. Damals wurde mir zum erstenmal bewußt, daß sich mein Körper veränderte, mein Busen sich zu runden begann. Ich war aufgeregt, setzte mich in Positur mit dem prickelnden Gefühl, kein Kind mehr zu sein, verharrte regungslos und bat nur: »Gib dir richtig viel Mühe und mal mich wirklich endlich mal hübsch.« – »Jaja«, sagte er lachend. Er hatte mich schon so oft gemalt und gezeichnet. Wir alle wußten, daß man beim Modellsitzen guter Laune sein mußte, damit Harmonie im Raum herrschte. Ich hatte einen kleinen roten Fleck auf der Wange und bat wieder: »Mal den ja nicht mit! Ich will schön aussehen.« – »Hm«, hat er nur gebrummt, und nach einer Weile durfte ich mich bewegen. Wir waren alle in der Familie geübte Berufsmodelle. Da gab's kein Blinken mit den Augen, kein nervöses Zucken. Wir saßen ihm mit Andacht Porträt. Nach etwa einer Stunde fragte ich ihn: »Kann ich mich jetzt mal bewegen?« – »Ja, kannst du, kannst auch mal aufstehen.« – »Kann ich's mir mal ansehen?« – »Kannst es dir auch mal ansehen«, sagte er. Und nun musterte ich das begonnene Bild. Und mich selbst. Aber natürlich leuchtete die rote Stelle auf der Wange. Vorwurfsvoll sagte ich: »Hast es ja doch mitgemalt.« – »Na, ist doch gut, sieht doch schön aus, biste mehr interessant! Nun setz dich mal wieder hin und red nicht soviel.« Ich setzte mich artig und Lovis hat dieses wunderschöne Bild zu Ende gemalt. Und jetzt hängt es in New York in meiner Wohnung.

Wenn ich an diese Zeit zurückdenke, dann denke ich auch an all die anderen Bilder und Radierungen, die er in diesen Jahren von mir gemacht hat. Überall und immer. Auch das ›Sitz mal still, einen Augenblick, kannst mal so stillhalten einen Moment‹, klingt mir in den Ohren. So, als wäre es gestern.

Immer, wenn ich an ›Wilhelmine mit Zöpfen‹ vorbei durchs Fenster schaue und die Häusergiganten von New York vis-à-vis wie alte Freunde herübergrüßen, weiß ich, daß ich diese Stadt wirklich liebe. Zweiundvierzig Jahre lebe ich nun hier. Das ist eine längere Zeitspanne, als die, die ich in Deutschland zugebracht habe. Vom Balkon aus kann ich die herrlichen alten Bäume im Central Park sehen. Wenn ich dort spazierengehe, vergesse ich vollkommen, daß ich mich inmitten dieser riesigen Metropole New York befinde. Auf unserem kleinen Balkon, der im Sommer fast zugewachsen scheint von üppig blühenden bunten Blumen, ist es fast ein bißchen wie damals in Urfeld am Walchensee.

Neulich habe ich im großen Werkkatalog herumgeblättert und gedacht, wie fing es eigentlich an, welches waren die ersten Bilder oder Zeichnungen, die Lovis von mir gemalt hat? Meine früheste Erinnerung geht auf ein Ereignis zurück, das sich auch auf einer Zeichnung aus meinem Besitz wiederfindet: Ich bin etwa drei Jahre alt, hocke auf der Erde und spiele mit meinen Bauklötzen. Plötzlich ragen zwischen dem Kinderspielzeug schwarze Stiefel auf. Ich ziehe mich mühsam hoch, erwische dicke Hosenbeine. Es ist Lovis, an dem ich mich hochgeangelt habe. Ich seh ihn an, er schaut runter zu mir und posaunt: »Wilhelmine, ich gehe jetzt in die Kneipe.« Daß er mich vorher mit meinen Bauklötzen skizziert hatte,

wußte ich natürlich nicht. Erst viel später verstand ich: Lovis'
»Kneipe« war ein uriges Weinlokal in Berlin. Das ist meine
erste Erinnerung an Lovis.

Apropos: Zu Hause nannten wir unseren Vater von Kindes-
beinen an nie Papa, sondern einfach Lovis. Denn Thomas, der
fünf Jahre älter war als ich, plapperte unserer Mutter jenes
liebevolle ›Lovis‹ einfach nach. Und sie ließen ihn gewähren.
Ich hörte nichts anderes, also hieß er auch für mich nur
›Lovis‹. – Als ich noch ABC-Schütze war, in einer Privatschule, fragte unsere Lehrerin eines Tages jedes Kind: »Was
macht denn dein Vater?« Und die Kinder antworteten brav;
als sie zu mir kam, schüttelte ich energisch den Kopf: »Ich
habe keinen Vater.« – »Aber ja«, sagte die Lehrerin, »du hast
doch einen Vater. Du hast doch auch eine Mutter, eine
Mutti?« – »Ja natürlich, eine Mutti, die habe ich.« Dann
dämmerte es mir, und ich sagte: »Ach so, Sie meinen Lovis.
Ich habe einen Lovis! Lovis malt.« Damit war der Fall für
mich erledigt.

Thomas und ich haben ihn immer nur Lovis genannt, auch im
letzten Telefongespräch, das ich mit meinem Bruder Thomas
am Abend des 28. Februar 1988, dem Abend vor seinem Tod,
geführt habe. Thomas lebte auch in New York. Jeden Tag
telefonierten wir miteinander, sofern wir uns nicht sahen.
Und erzählt haben wir uns eigentlich immer Geschichten aus
der Vergangenheit, die mit Corinth und seinem Werk zusammenhingen. Natürlich auch von unserer Mutter. ›Corinth‹
sage ich manchmal im Gespräch mit anderen, weil das bei uns
üblich war. In Berlin riefen die Ehefrauen der Künstler ihre
Männer mit ihren Nachnamen. Das war so Usus. Auch meine
Mutter sprach anderen Menschen gegenüber von ›Corinth‹,
sie erzählte Fremden nie von ›Lovis‹.

Das erste Bild, das Lovis von mir gemalt hat, ist ein ganz
berühmtes. Ich bin da noch nicht sichtbar, meine Mutter ist

schwanger mit mir. *Donna gravida*, heißt es und hängt heute in der Nationalgalerie in Berlin. Kurz nach meiner Geburt entstand das wunderbare Familienporträt mit mir im Taufkleid, das sich im Museum in Hannover befindet. An *Wilhelmine mit Katze Mizelonde* (1912) habe ich bereits eine Erinnerung. Ich hatte mir diesen Namen für das Kätzchen ausgedacht. Überhaupt war ich als Kind ganz groß im Phantasieren und Namenausdenken. So nannte ich meine Mutter meist nicht Mutti, sondern Muttidei und Mucki und erfand immer neue liebevolle Kosenamen. Da war also die Katze Mizelonde. Ich liebte sie innig, und ich besinne mich genau, daß sie ein richtiges Katzenhaus hatte. Das hatten wir für sie gebaut. Und unser Lovis hat daran mitgezimmert. Wahrscheinlich war es einfach nur aus einer Kiste gebastelt, egal, es gefiel uns. Auf dem Bild trage ich ein Häubchen auf dem Kopf. Und dann ist die kleine, graue Katze da, die viel unscheinbarer aussieht, als ich sie in Erinnerung habe.

Gedanklich blättere ich weiter im Werkkatalog. Man schreibt das Jahr 1913, und ich besinne mich auf das Bild *Die Weihnachtsbescherung*. Ich war damals vier Jahre alt. Da ist meine Mutter, als Weihnachtsmann verkleidet, dann Thomas, der ein Kasperltheater geschenkt bekommen hat, und ich stehe artig da in einem weißen Kleid. Der Tisch ist vollgepackt mit Geschenken, die auf einer weißen Decke mit blauen Karos prunken. Diese Decke wurde nur zur Weihnachtszeit aufgelegt und aus irgendwelchen Gründen war sie etwas ganz besonderes. Sie hat die Zeiten überdauert. Ich habe sie lange hier in New York gehabt und später dann meiner Tochter Katharina geschenkt.

Alle Jahre wieder hat meine Mutter an den Weihnachtstagen kleine Theatervorführungen mit uns Kindern in Szene gesetzt. Zu diesem Zweck nähte sie sogar kleine Kostüme für uns. Einmal wurden wir von ihr in Zwerge verwandelt, oh, wie ich das haßte. Ich hatte Angst vor diesen Kostümierungen und ganz besonders vor dem Weihnachtsmann. Lange wußte ich nicht, daß Mutti hinter der Maske des Weihnachtsmannes steckte. Nach ein paar Jahren habe ich ihr gestanden, daß ich gar keine Freude an Weihnachten hätte, denn dieser gräßliche Weihnachtsmann jage mir Furcht ein. Gott sei Dank kam er von Stund an nie mehr ins Haus.

Dann erinnere ich mich an ein Bild, worüber ich mich noch heute wirklich amüsiere. Es heißt *Wilhelmine im Trachtenkleid* (1913). Lovis hat es in St. Ulrich im Grödnertal gemalt. Wir machten dort Ferien. Auch von Mutti gibt es ein Bild im Trachtenkleid, *Tirolerin mit Katze* (1913). Es ist ganz ähnlich und das hat einen Grund. Sie hatte es sich bestellt, es war handgearbeitet, und ich war restlos begeistert. Das Mieder wurde mit Goldschnüren und Goldknöpfen geschlossen. Genauso ein Trachtenkleid wollte ich partout auch haben. »Du sollst es haben, aber du darfst nicht ungeduldig sein. Wir bestellen es bei der Schneiderin. Nur muß sie erst Maß nehmen, und dann muß sie es nähen.« Ich weiß noch genau, wie Mutti beschwörend auf mich einredete. Das hat mir später bei meinen eigenen Kindern in ähnlichen Situationen geholfen. Denn damals habe ich zwar genau verstanden, daß das Trachtenkleid nicht sofort fertig sein würde, daß man es erst würde nähen müssen. Aber ich wollte es jetzt und sofort. Ich brüllte wie am Spieß, warf mich auf die Erde, trampelte mit den Beinen. Kurz: ich war außer Rand und Band. Nachträglich bewundere ich meine Eltern für ihre Geduld. Irgendwann war das Kleid fertig. Und Lovis hat mich darin gemalt. Heute amüsiere ich mich, wenn ich diese blitzenden Kinderaugen sehe, die Lovis im Bild festgehalten hat. Übrigens, ›Haue‹ habe ich nie bekommen. Auch nicht, wenn ich mal so richtig ungezogen war. Meine Eltern sind bei der ›Kleideraffäre‹ zwar energisch eingeschritten, aber mein Geschrei hat beide wohl nicht sonderlich aufgeregt. Daran waren sie ja schließlich gewöhnt mit zwei Kindern. Ich muß wohl im Gegensatz zu Thomas, der still und in sich gekehrt war, als kleines Kind sehr temperamentvoll gewesen sein. Meine Eltern waren anfangs recht erstaunt über ihr kleines Teufelchen. Später erzählten sie mir, ich hätte mir manches Mal voller Wut die Haare aus dem Kopf gerissen. Eine weitere Familiensaga berichtet, daß ich mich auch gelegentlich vom Tisch runterwarf, wenn mich der Zorn packte. Ich war wild und heftig damals. Das stimmt.

Das Bild *Wilhelmine mit Ball* fällt mir ein, das zu den zahlreichen Werken gehört, die 1985, anläßlich der großen Corinth-Ausstellung zu Lovis' 60. Todestag, zunächst in Essen, später in München, gezeigt wurden. Zur Eröffnung bin ich damals nach Deutschland geflogen. Und es war wunderbar. *Wilhelmine mit Ball* aus dem Jahre 1915 diente als Plakat für die Ausstellung. Es sah fabelhaft aus und hing in Schaukästen und Buchläden. Wie ein Filmstar kam ich mir vor, mußte Ausstellungskataloge, Karten und Poster signieren. Auf Lovis' Bild trage ich einen steifen, breitkrempigen Matrosenhut. Ich besaß zwei von der Sorte. Einen blauen, der war für täglich. Der andere war ein Ausgehhut in Weiß und wurde nur sonntags benutzt. Er war mein ganzer Stolz. Ich fand mich unwiderstehlich damit. Den Ball halte ich im Schoß. Er hieß Arthur. Ich gab damals jedem Spielzeug einen Namen. Da saß ich nun, und noch heute fühle ich fast das kleine, graue Mäntelchen auf meinen Schultern. Ich habe damals oft gedacht, jetzt laufe ich einfach weg und spiele Ball. Warum muß man ewig still sein und darf den Ball nur halten? Ich habe dann Lovis immer wieder gefragt: »Biste denn noch nicht fertig?« Er hat mir immer geduldig geantwortet: »Ja, gleich, gleich, bleib noch ein bißchen sitzen und erzähle mir was.«

Damit hat er mich ausgetrickst. Denn erzählt habe ich für mein Leben gern.

Genausogern habe ich gezeichnet. So habe ich in demselben Sommer unser Kinderfräulein gezeichnet, das ich ›Eilein‹ nannte, denn ›Fräulein‹ war noch ein schwieriges Wort. Mit Buntstiften habe ich sie verewigt. Sie trug ein gestreiftes Kleid, wie damals für Hausmädchen üblich. Und das malte ich besonders gern. Als mein Werk beendet war, habe ich es den Eltern vorgeführt. Beide waren hellauf begeistert: »Das ist ja fabelhaft, fabelhaft, schau dir an, wie sie die Hände gemacht hat.« Ich sehe genauer hin und begreife, was sie so begeistert. Die Hände, von denen sie sprechen, sind keine Hände, sondern die Falten im Kleid mit den Streifen, die besonders viel Mühe gekostet haben. Sie lobten mich für eine Leistung, die ich gar nicht erbracht hatte. Das hat mich unglaublich wütend gemacht. Ich weiß das noch genau. Plötzlich fühlte ich meine Unfähigkeit, ihnen das alles klarzumachen. Das Gefühl der Hilflosigkeit, dem man als Kind ausgesetzt ist, überwältigte mich. Gequält schrie ich laut los. Sie verstanden mich nicht und versuchten, mich zu beruhigen: »Aber was ist denn? Es ist doch gut, es ist doch gut!« In meiner Panik habe ich diese Zeichnung in vier Stücke zerrissen. Ich habe diese Papierfetzen heute noch. Meine Eltern müssen sie damals aufgehoben haben. Neulich habe ich die Teile zufällig gefunden – sorgfältig zusammengeklebt. Ich weiß noch genau, daß Lovis sagte: »Es ist aber doch sehr gut. Ist doch fabelhaft, sie ist doch noch so klein. Sie ist ja wirklich begabt.«

Wenn ich an unsere Ferienreisen zurückdenke, erscheinen sie mir einigermaßen dramatisch. Riesige Schrankkoffer wurden gepackt. Immer habe ich darauf bestanden, meinen eigenen kleinen Koffer zu packen, denn alle meine Spielsachen mußten mit. An der Ostsee war es uns streng verboten, während der ersten drei Tage ins Wasser zu gehen. Man mußte sich erst

›akklimatisieren‹. Heute düsen die Leute für drei Urlaubstage Tausende von Kilometern weit irgendwohin, um gleich aus dem Flugzeug ins Meer zu springen. Wir mußten damals drei volle Tage warten und durften vielleicht am zweiten Tag ein bißchen mit den Füßen planschen. Man mußte sich ›erst gewöhnen‹. Corinth ist nie geschwommen, er hat gemalt.

Corinth malte eben immer. So ist auch ein anderes wunderbares Bild entstanden: *Die Märchenerzählerin* (1912). Meine Mutter hat Thomas neben sich, ich sitze auf ihrem Schoß. Ich habe keine Erinnerung, wie Corinth es gemalt hat. Aber weil es *Die Märchenerzählerin* heißt, muß ich hier einfügen, daß meine Mutter uns Kindern jeden Abend vor dem Schlafengehen ein zauberhaftes Märchen erzählt hat. Sie beschwor Elfen und Zwerge. Ich wollte immer nur von den Elfen hören. Die Zwerge machten mir angst. Sie gefielen mir überhaupt nicht. Thomas aber bestand auf Zwergengeschichten. Aufregende Dinge passierten, wenn Mutti diese gegensätzlichen Fabelwesen zum Leben erweckte. Im Geschichtenerfinden war sie nämlich ganz groß. Das bestätigte auch unser Kinderarzt in Berlin, der ziemlich berühmt gewesen sein muß. Ich weiß nicht mehr, was ich hatte, jedenfalls mußte ich mich eines Tages untersuchen lassen und sollte nicht herumzappeln. Weil das nicht funktionierte, erzählte Mutti ein Märchen. Schnell hatte sie sich die Geschichte von einer rosa Brezel ausgedacht, die sich auf eine Wanderung begibt, in den Regen kommt, naß wird, aufweicht, dann nicht mehr nach Hause findet, es nahm kein Ende mit der Geschichte von der rosa Brezel... Als die Untersuchung beendet war und Mutti die spannende Erzählung abbrechen wollte, sagte dieser berühmte Arzt, fasziniert von ihrer Fabulierkunst: »Ich kann Sie leider nicht fortlassen, solange ich nicht weiß, wie es mit der rosa Brezel weitergeht.«

Eines der ganz großartigen Bilder, ein richtiges Museumsbild, heißt *Thomas und Wilhelmine*, die Kinder des Künstlers. Thomas und ich stehen Hand in Hand. Es war 1916, während des Ersten Weltkrieges. Damals gab es schon keine Kleidung mehr, die man ohne Bezugsschein kaufen konnte. So habe ich mein kariertes Sonntagskleid anziehen müssen, dazu trug ich Haarschleifen. Thomas wurde in seinen besten Anzug gesteckt. Wir halten uns fest bei den Händen. Eine Geste, mit der wir unser ganzes Leben lang unsere Verbundenheit dokumentierten. Sonst zeigte man keine Überschwenglichkeit in unserer Familie, keine Emotionen.

Mich bestürmen jetzt viele Erinnerungen. Wie nahe waren wir uns doch, auch wenn es Umarmungen oder mal einen Kuß für uns nicht gab. In unserer alten Heimat schüttelte man sich lediglich die Hand. Die Amerikaner fanden dieses Verhalten zwischen Geschwistern sehr seltsam. Und genauso stehen wir auf dem Bild: Hand in Hand. Ich halte meine Lieblingspuppe Ilse im Arm, der ich ständig die Haare gekämmt habe. Lovis begann an einem Sonntag zu malen. Aber dieses Riesenbild, so groß wie eine Tür, wurde nicht fertig, trotz seiner raschen Malweise. So mußte ich am Montag die Schule schwänzen. Am Tag darauf nahm ich einen Entschuldigungszettel für die Lehrerin mit. Ich weiß noch ungefähr, was darauf stand: ›Aus technischen Gründen muß ein Bild vollendet werden! Weil die Farbe vor Vollendung des Werkes nicht trocknen darf, muß unsere Tochter zu Hause bleiben!‹ Nur ›technische Gründe‹ übrigens waren stichhaltig genug, um in der Schule fehlen zu dürfen, nicht etwa künstlerische.

Während des Ersten Weltkrieges gab es in Berlin viele Einbruchserien. So ließen wir eine eiserne Platte an der großen Eingangstür anbringen und extra Schlösser dazu sowie eine schwere Eisenstange. Zusätzlich schützten uns Rollvorhänge. Diese schweren, eisernen Jalousien wurden vor den Fenstern unten im Parterre installiert. Denn hier hingen die wertvollsten Gemälde.

Ehe ich geboren war, wohnten die Eltern mit Thomas im Berliner Atelier. Das war aber nicht etwa, wie man sich das so vorstellt, nur ein großer, lichter Raum. Es war eine richtige Atelierwohnung. Lovis hatte sie von dem Maler Walter Leistikow übernommen, der seinerseits hatte sie von Stauffer-Bern, einem bekannten Schweizer Maler ›geerbt‹. Abgetrennt vom großen Atelier mit Oberlicht gab es zwei Räume, die als Wohnräume dienten. Mehrere kleine Räume, die dahinter lagen, wurden als Schlafzimmer benutzt. Thomas ist in einem dieser kleinen Zimmer geboren. Schließlich gab es noch eine kleine Küche und einen winzigen Raum, kein Badezimmer, sondern einfach nur ein Klo. Das war es. Diese Raumaufteilung in den frühen Berliner Jahren kenne ich nur aus Erzählungen. Erinnern kann ich mich an das große Atelier, in dem Lovis malte, und an die beiden Wohnräume, die später Muttis Atelier wurden. Im Laufe der Zeit vergrößerten wir uns räumlich mehr und mehr. Die Eltern nahmen eine Wohnung dazu. Sie lag zwei Stockwerke unter dem Atelier. Dann mieteten sie noch eine weitere Wohnung. Am Schluß hatten wir drei Etagen in diesem Haus in der Klopstockstraße in Berlin. Oben befanden sich die Atelierräume, unten im Parterre der Wohntrakt, ursprünglich eine Fünfzimmerwohnung. Salon und Wohnraum waren durch eine hohe Schiebetür getrennt. Die Ausstattung wirkte elegant. Auf Goldbrokattapeten hingen all die herrlichen Bilder in goldenen Rahmen. Heute würde man sagen, das Ganze war ›super durchgestylt‹. Das Frühstücks-, ein Eßzimmer und ein Nähzimmer, in dem Strümpfe gestopft, Knöpfe angenäht und gebügelt wurde, lagen im selben Trakt. Der Aufwand verlangte Personal. So hatten wir fünf oder sechs Dienstboten. Köchin,

Zimmermädchen, Stubenmädchen, Kindermädchen und dann noch einen Mann zum Säubern des Ateliers.

Auch die Mahlzeiten liefen bei uns anders, als es damals üblich war. Es begann alles recht normal: Wir vier saßen zu Tisch, das Mädchen servierte. Nun hatte aber meine Mutter von unserem Kinderarzt die Empfehlung bekommen, uns Kindern eine Liegepause zwischen den Mahlzeiten anzuordnen, da es für uns im Wachstum befindliche Rangen gut sei, zwischen Suppe und Hauptgericht auf dem Boden zu liegen und die Glieder zu lockern. Und so wurde es gemacht. Auf dicken Perserteppichen streckten Thomas und ich zwischen den einzelnen Gängen alle viere von uns. Die Mädchen fanden das anfangs sehr lästig, denn sie mußten ja über unsere Köpfe steigen. Aber sie gewöhnten sich schließlich daran. Meine Muttter blieb völlig ungerührt, denn es war ja gut für die Kinder. Nur das zählte. Und so haben wir unsere gemeinsamen Mahlzeiten jahrelang in dieser Weise praktiziert. Natürlich entfiel unser ›Sport‹, wenn Besuch erwartet wurde. Aber nur dann, wenn es wirklich ganz ›wichtiger‹ war. Die anderen Gäste durften sich amüsieren. Das alles spielte sich im Parterre ab.
Oben, im Stockwerk direkt darüber, führte eine innere Wendeltreppe in ein Gästezimmer. Daneben lag eine riesige Küche mit einem übergroßen Herd, der noch richtig befeuert wurde. Später wurde sie Schlafraum für die Dienstmädchen. Aber das wichtigste war natürlich unser Kinderspielzimmer: Ausgerüstet mit ganz modernen Turngeräten, einem Barren und einem Reck, konnten wir dort Klimmzüge üben. Meine Mutter war sehr auf sportliche Betätigung bedacht. Mutters und Lovis' Zimmer lagen nebeneinander. Anschließend an Corinths Zimmer kam das von Thomas, dann meines.
An das Zimmer meiner Mutter verbinden sich für mich die

aufregendsten Erinnerungen. Sie hatte nämlich einen großen Kleiderschrank, in dem ihre schönen Kleider und Abendroben hingen. Als ich klein war, liebte ich meine Mutter einfach abgöttisch, hing ständig an ihren Rockschößen und suchte ihre Nähe. Oft kletterte ich in diesen Schrank, nur um da unten zwischen ihren Kleidern zu hocken, sie anzufassen und den Stoff zu fühlen. Seide, Samt und Brokat dufteten so betörend für meine Kindernase, daß ich manchmal wie benebelt wieder heraustaumelte. Überhaupt, ich war sehr ›auf Nase‹ eingestellt. Ich konnte jeden gleich am Geruch erkennen und wurde richtig hysterisch, wenn das Gefühl in mir hochstieg, es habe jemand nicht gebadet.

In Lovis' Zimmer bin ich nur selten gegangen. Thomas, der Tür an Tür mit ihm wohnte, hat erzählt, daß er öfter zu ihm reingeschaut habe. Für mich war es aber irgendwie weit weg, eine Art Sanktuarium, das ich nur mit Hemmungen betrat. Ich weiß, daß Lovis ein großes Messingbett hatte, und daß ich an den Messingstangen auch schon mal heimlich geturnt habe, wenn er nicht da war.

Ach so, das Baden. Natürlich hatten wir ein großes Badezimmer, aber längst nicht so funktionell wie heute. Thomas und mein Zimmer, die als Schlafräume gedacht waren, hatten kleine Waschbecken mit fließendem kalten Wasser. In den Zimmern meiner Mutter und meines Vaters gab es das nicht. Heute unvorstellbar: Sie hatten nur Krüge und eine Schale, die mit Wasser gefüllt wurde. Das Badezimmer hatte eine altmodische Wanne auf Löwentatzen. Aber wenn man darin baden wollte – einmal in der Woche –, mußte erst der Ofen kräftig eingeheizt werden.

Ein paar Jahre nach dem Tode meines Vaters, er starb 1925, gab meine Mutter die obere Etage dieser Wohnung in der Klopstockstraße auf. Die Wendeltreppe wurde abgerissen.

Wir behielten drei Schlafzimmer und die vorderen schönen Wohnräume. So hatte ich mein Zimmer im ehemaligen Frühstücksraum, Thomas zog dort ein, wo früher unser Nähzimmer eingerichtet war, Mutter wechselte in das ehemalige Eßzimmer. Wir lebten bescheidener. Wenn ich mir heute meine New Yorker Wohnung ansehe, mit zwei Badezimmern und elektrischen Geräten in der Küche, dann kommt mir die Zeit damals in Berlin geradezu vorsintflutlich vor. Aber man hatte Personal. Während des Krieges gab es keine Briketts mehr. Man mußte umbauen, um mit Anthrazit heizen zu können. Manchmal froren wir sehr.

Da fällt mir eine kleine Anekdote ein: Mein Vater lebte noch. Ich hatte mich über meine Mutter geärgert. Irgend etwas hatte sie ›verbrochen‹, was mir nicht gefiel. Ich überlegte, wie ich sie ›strafen‹ könnte. Der kleine Salon fiel mir ein, der mit der Schiebetür zum Wohnzimmer. Der wurde nicht beheizt, um Kohlen zu sparen. Deshalb blieb die Schiebetür stets geschlossen, und es war dort klirrekalt. Tollkühn baute ich mich vor Mutti auf und drohte: »Also, wenn du das nicht tust und wenn du so gemein zu mir bist, dann gehe ich einfach in den kalten Salon und erkälte mich so schrecklich, daß ich sterben muß.« Das hat Mutti dann Lovis erzählt und meine Eltern amüsierten sich, beschlossen aber wohl, mich vor dem Kältetod zu bewahren.

Ja, und hier in New York gibt es nicht nur keinen kalten Salon, sondern mir ist es im Winter immer zu warm. Denn hier wird so stark geheizt, daß man sich auch mit abgestellter Heizung wie im Backofen vorkommt. Aber natürlich ist das besser als zu frieren. Weil ich nun schon von New Yorker Verhältnissen spreche, mache ich den Sprung von der Berliner Wohnung ins New Yorker Domizil. Ich lebe hier am Central Park seit über zwanzig Jahren mit meinem Freund

und Lebenskameraden Russell Palin, genannt Russ! Wir haben die Wohnung hier in New York gemeinsam gemietet und ausgestattet. Russ ist Amerikaner, mit viel Sinn für schönes Wohnen. Guter Geschmack ist nicht an Nationalitäten gebunden. Unsere Wohnung ist eine Mischung aus alt und neu. Kalte Stühle aus Stahlrohr oder Plastik mögen wir beide nicht. Viele Bilder meiner Eltern hängen hier.

Über lange Jahre und Ereignisse hinweg, hat sich aus der alten Berliner Zeit mit Lovis noch ein kleines Hängeschränkchen erhalten. Ein paar Nippes habe ich da aufbewahrt, aber vor allem eine Kaffeetasse mit Goldrand und Streublumen. Die ist so groß, daß man sie nur mit zwei Händen halten kann; es ist die Tasse, aus der Corinth an jedem Morgen seinen Frühstückstee getrunken hat. Er mochte sich nicht gern neu einschenken, also mußte die Tasse entsprechend viel Tee aufnehmen. Damals gab es solche Tassen, nicht diese großen Becher, wie man sie heute kaufen kann. Meine Mutter hatte ihm diese wunderschöne, kostbare Meißener Tasse geschenkt, und er benutzte sie täglich. Leider habe ich ihn selten beim Frühstück gesehen. Eigentlich nur sonntags, denn ich ging ja früh aus dem Haus zur Schule. Aber unser Mädchen hatte morgens immer schon gedeckt. Dann bewunderte ich die Tasse. Übrigens nahm Corinth sehr viel Zucker zum Tee. Ich fand das verschwenderisch. Aber verraten habe ich das niemandem, nur Thomas. Und der war nicht meiner Meinung. Wie es möglich war, daß Corinths Tasse über die Jahre heil blieb, weiß ich nicht.

Immer, wenn mein Blick auf sie fällt, denke ich in die Vergangenheit zurück, an unser Frühstück, meinen Wettlauf mit der Zeit auf dem Weg zur Schule, an Thomas, mit dem ich unser Stullenpaket in der großen Pause teilte. Meistens hatte man am Morgen zu Hause noch nichts runterkriegen können. Oh, diese Kinderzeit! Das Mittagessen aber nahmen wir gemeinsam ein. Nie vor zwei Uhr allerdings, denn wir kamen nicht früher aus der Schule. Lovis arbeitete dann immer im Atelier. Wir hatten ein Haustelefon mit vielen Knöpfen. Natürlich konnte man damit auch Stadtgespräche führen. Aber weil wir diese drei Etagen hatten, ließ es sich in das Schlafzimmer meiner Mutter und vor allen Dingen ins Atelier umstellen. Ich hatte täglich die gleiche Aufgabe: Lovis runterzubitten und ihm zu sagen, daß das Essen fertig sei. Ich drückte den roten Knopf und kurbelte wild. Lovis meldete sich jeden Tag in gleicher Weise: »Ja?« Und ich Knirps brüllte dann ins Kurbeltelefon: »Komm runter zum Essen.« Eines Tages, als wir zu Tisch saßen, sagte er: »Wilhelmine, du bist noch klein, und mußt noch vieles lernen. Es ist nicht schön und nicht höflich, wenn du einfach in das Telefon schreist, komm runter zum Essen. Du kannst genausogut freundlich sagen: Bitte komm nach unten, das Essen ist jetzt fertig und wir möchten essen.« – Das habe ich nie vergessen. Damit hat Lovis mir eine bleibende Lektion fürs Leben erteilt. Ich habe gelernt, daß es keine Anstrengung kostet, freundlich und höflich zu sein. Corinth hat mir das oft auch in Briefen klargemacht. Ich besitze sie noch, teilweise sind sie heute im Germanischen Museum in Nürnberg aufbewahrt. Auch da hat er geschrieben: »Liebe Wilhelmine, Du bist noch klein, Du mußt noch viel lernen.«

Gerade fällt mir das Gemälde *Kleines Mädchen im Waschzuber* ein. Es ist 1917 entstanden. Das Kinderfräulein, wahrscheinlich war es wieder ›Eilein‹, trägt besagtes gestreiftes Kleid, sie kniet neben dem Waschzuber und wäscht mich mit einem großen Schwamm. Den preßt sie mir so gegen den Bauch, daß man erkennt, wie das Wasser runterläuft. Ich liebe dieses Bild. Dazu fällt mir eine Geschichte ein: ›Eilein‹ drückte den Schwamm kräftig gegen meinen Körper. Plötzlich war er weg, samt ›Eilein‹. Sie lag auf der Erde und war ganz einfach ohnmächtig geworden. Das lange Knien auf hartem Boden hatte sie nicht ausgehalten. Wer jemals Modell gestanden hat, der weiß, daß eine halbe Stunde wie eine Ewigkeit sein kann. Eilein lag also auf dem Fußboden und Lovis wartete eine Weile und malte dabei ruhig weiter. Auch ich wartete. Nach einiger Zeit kam sie wieder zu sich und Lovis fragte nur: »Na, können Sie jetzt wieder weitermachen? Dann knien Sie jetzt, bitte. Ich bin noch nicht ganz fertig.« Eilein hat sich ohne Murren wieder auf die Knie begeben und Corinth hat gemalt. Dieses Bild befindet sich jetzt in Privatbesitz in New York.

Im Jahre 1918 entstand *Wilhelmine am Flügel*. Wir hatten im kleinen Salon, dem ›kalten Salon‹, einen Stutzflügel. Meine Mutter hatte ihn gekauft, dieses wunderbare Instrument aus ›blondem‹ Holz. Zwar spielte keiner von uns Klavier, und es stand mehr zur Zierde dort. Aber Mutti liebte Musik über alles. Den ganzen Tag trällerte sie Lieder und Arien. Wie sie in ihren Erinnerungsbüchern schreibt, sang sie große Arien, wenn Corinth sie malte, was ihm wiederum Spaß machte. Wenn meine Eltern große Gesellschaften gaben, an denen wir nicht teilnehmen durften, kamen berühmte Leute. Da waren auch oft Konzertpianisten darunter, die virtuos auf unserem Flügel spielten. Dann bekam ich Klavierstunden. Frau Schmitz-Preine war meine Lehrerin. Sie hat es aber bald mit mir aufgegeben. Ich mochte das Klavierspiel wirklich ganz gerne, obgleich mich natürlich diese ewigen Übungen schrecklich langweilten. Meine sogenannte ›Höhere-Töchter-Ausbildung‹ scheiterte schließlich. Die gestrenge Lehrerin beklagte sich über meine schmutzigen Finger. Das paßte mir nicht. Lovis griff ein und alles war schlagartig zu Ende. Hätte man manches besser organisiert, wäre ich vielleicht irgendwann eine annehmbare Pianistin geworden, aber es hat nicht sollen sein. Ausgerechnet nämlich, als Lovis eines Mittags

nach dem Essen in seinem ledernen, vom Vater aus Königsberg geerbten Lehnstuhl saß, seine Zigarre rauchte und vor
sich hindachte, wahrscheinlich an das nächste Bild, störte
ihn mein Geklimper. Er stürzte durch die Tür und rief:
»Jetzt hör sofort auf, ich will es nicht mehr hören!« Meine
Lehrerin herrschte er an: »Gehen Sie weg! Sofort! Es reicht,
ein für alle Male!« Natürlich war das nicht richtig. Es hätte
sicher auch andere Lösungen gegeben.

Hier in New York steht nun wieder ein Flügel. Russ hat ihn
in unser Leben mit eingebracht. Denn er ist Musiker, ist
Konzert- und Opernsänger. Präzise gesagt, gewesen. Aber
noch immer arbeitet er am ›Hohen C‹ und begleitet sich
dabei auf dem Flügel, der auch einen herrlichen Klang hat,
aber nicht ›blond‹ ist, sondern ›brünett‹. Diese ungewöhnlichen Farbbezeichnungen, die eigentlich eher mit Haarfarben
als mit Holzmaserungen in Verbindung gebracht werden,
stammen von Mutti. Sie war eben Künstlerin und hatte viel
Phantasie.

Zurück nach Berlin. Da malte Corinth 1919 das Bild *Großmutter und Enkelin*. Das ist meine Großmutter Berend, von
der ich noch viel erzählen möchte. In unserem Familienleben
spielte Muttis Mutter eine große Rolle. Mit Lovis, der sie
übrigens nie duzte, immer per ›Sie‹ mit ihr war, verstand sie
sich ausgezeichnet. Sie nannte ihn ›Meister‹, er nannte sie
›Ma belle mère‹. Eine elegante und liebreizende Anrede.
Und wenn die Eltern verreist waren, und uns aus irgendwelchen Gründen nicht mitnehmen konnten, vor allen Dingen
1912 nach der schweren Krankheit meines Vaters, lebte sie
bei uns und führte den Haushalt. An jedem Sonntag kam sie
zum Essen und erzählte – so wie Mutti – wundersame Märchen. Das war eine Familienbegabung. Lovis' Bild *Großmutter und Enkelin* entstand in einem unserer kleinen Zimmer.
Ich trage keck eine Papiermütze, die ich von irgendeinem

Kinderfest aufgehoben hatte. Sie gefiel Lovis und er bat: »Zieh die Mütze mal an.«

In jenem Zimmer hing ein Erntekranz an der Wand. Er stammte aus Lovis' Elternhaus in Ostpreußen. Lovis hat ihn als Talisman mitgenommen, wohin er auch ging, genauso wie die alte Kaffeemühle von seiner Mutter. Diese beiden Dinge, den Erntekranz und die Kaffeemühle, verwahrte er im kleinen Zimmer und hütete sie, wie den wertvollsten Besitz, sein ganzes Leben lang.

Außerdem stand in diesem kleinen Raum sein Rollschreibtisch, von dem oft gesprochen wurde, und den er auch in seiner Biographie erwähnt hat. Lovis hatte ihn von seinem Vater geerbt, als dieser 1888 in Königsberg starb. Hin und wieder konnte ich heimlich hineinspitzen und sehen, wie er von innen aussah. Himmlisch! Wenn man den Rolladen hochschob, dann sah man innen unzählige kleine Schübe und Fächer. Er kam mir wie ein großer Zauberkasten vor. Und richtig: Noch Jahre nach Lovis' Tod hat Mutti immer wieder Schriftstücke von ihm darin gefunden. Während des Zweiten Weltkrieges, den ich mit meinem ersten Mann und den Kindern in Hamburg durchlebte, wurde nicht nur der Rollschreibtisch von Bomben vernichtet. Auch eine große Truhe mit all den Schleifen von Lovis' Beerdigung, die berühmte Namen aus der Kunstgeschichte Berlins trugen, ging in Flammen auf. Da war auch der Erntekranz mit dabei und die alte Kaffeemühle. Große Kisten mit Lovis' bearbeiteten Kupferplatten und viele wunderbare Ölgemälde meiner Mutter sind ebenfalls bei einem dieser entsetzlichen Angriffe auf Hamburg zerstört worden. Nach dem Krieg bin ich hingegangen und habe nach dem einen oder anderen verzweifelt gegraben. Aber da war nichts mehr übriggeblieben. Nichts!

»*Flora*«

Zum Glück hat sich an anderem Ort ein kleines Aquarell erhalten, das Corinth als ganz junger Mensch in Königsberg gemalt hat. Es entstand während eines Besuchs bei seinem Vater. Der Vater steht am Fenster neben dem Rollschreibtisch.

1923 malte Corinth die *Flora* auf Holz. Das war eine Prozedur. Das Gemälde ist heute im Besitz der Hamburger Kunsthalle. Da stehe ich und halte einen Blumenkorb hoch. Das erklärt, warum ich so ›gelitten‹ habe. Denn das Armehochhalten ist das Schwerste beim Modellstehen überhaupt. Aber Corinth hat mich für die Plackerei belohnt. Er hat mich wirklich ›schön‹ gemacht, ohne daß ich ihn dieses Mal mit meinen Wünschen quälen mußte. ›Flora‹ ist ein reizendes junges Mädchen; sie lacht, hat freundliche Augen und auf ihrem Kopf ist irgendein Blumenschmuck drapiert. Wenn es auch schwer war, hier Modell zu stehen, habe ich es gern getan. Ich weiß es noch genau: Wir waren beide bester Laune und ich durfte zwischendurch immer mal einen Blick auf das Kunstwerk werfen.

Mit Lovis ließ sich gut arbeiten. Es gab nie wirklich Ärger. Obwohl Corinth ein sehr schwieriges Temperament hatte und voller Depressionen steckte, die wir als Kinder ständig miterlebt haben. Aber wenn er malte, war er wie ausgewechselt. Er war gelöst und beinahe glücklich. Wenn einmal was nicht so funktionierte, wie er wollte, dann hat er mal kurz geflucht oder vor sich hingebrummt: »Deibel-Deibel«. Aber das war das Äußerste, was ich von ihm gehört habe, sein ostpreußisches ›Deibel‹. Die *Flora* ist übrigens in unserem Wohnzimmer in Berlin entstanden und nicht im Atelier.

Ich habe gerade von Corinths depressiver Gemütslage gesprochen. Er war Ostpreuße, ein nordischer Mensch. Die neigen wohl alle zu einer gewissen Schwermut und zu Depressionen. Corinth hat sein künstlerisches Schaffen ständig, trotz aller Erfolge in Frage gestellt. In seiner Selbstbiographie sagt er, daß wohl kein Tag vergangen sei, an dem er nicht daran gedacht habe, sich das Leben zu nehmen. Er hat es nicht getan, weil er fürchtete, es könnte ihm irgendwann leidtun. Er hielt es für besser, statt dessen zu arbeiten. In solchen Prinzipien darf man wohl seine große geistige Stärke sehen. Seine oft tiefe Niedergeschlagenheit hat er durch unablässige Arbeit überwunden. Und meine Mutter mit ihrem wunderbaren, einmaligen fröhlichen Temperament und ihrem klugen Sich-Einfühlen war der glückliche Ausgleich, den er zur Arbeit und zum Leben so nötig brauchte. Ohne sie hätte er schwerlich eine positive Einstellung zum Leben gefunden.

Lovis' Depressionen sind mir noch immer präsent. Wenn meine Mutter nicht da war, dann saß er wortlos in seinem Lehnsessel im Wohnzimmer und brütete vor sich hin. Thomas und ich mußten alle Mühe und Überredungskunst aufwenden, damit er zu den Mahlzeiten etwas aß. Dann haben wir ihn beim Abendbrot, das bei uns immer ›kalt‹ serviert wurde, also nur aus Brot und Butter und Aufschnitt bestand, regelrecht angebettelt: »Na ja, eine halbe Stulle!«, was berlinerisch ist und aus einer Scheibe Brot mit Belag besteht, »du wirst doch essen, bitte.« In seiner Selbstbiographie schreibt er: »Meine Familie sagt dann, wenn ich sozusagen verdüstert am Tisch sitze: ›Den kennen wir schon. Das geht wieder vorbei.‹ Wir lieben keine großen Weichheiten und dieses

Harte ist mir ganz lieb.« Und dann schreibt er weiter: »Wenn aus meinem Leben später überhaupt noch was wurde und was aus mir wurde, das hat die Menschheit meinem Schutzgeist zu verdanken, meinem wirklichen lebendigen Schutzgeist aus Fleisch und Blut, meiner Frau. Denn sie war es, die mich immer wieder hochgehalten und mir weiter immer wieder Mut gegeben hat. Und ihr verdanke ich und die ganze Welt, daß diese Werke entstanden sind.«

So war es also die Frohnatur meiner Mutter, die auch Thomas und mich ›gerettet‹ hat. Denn sonst wären wir gewiß auch depressive Menschen geworden. Einmal kam ich beschwingt und heiter von einer Freundin zurück – ich hatte leider nur sehr wenige Freunde, aber darauf wurde nicht sonderlich geachtet damals. Da fand ich Lovis tief sinnierend in seinem Lehnstuhl, ich dachte: ›Um Gottes willen, irgend etwas Entsetzliches ist passiert, und sagte leise ›Guten Tag‹. Er brummte nur. Ich fragte forsch weiter: »Na, ist was, bist du krank?« – »Ne, ne.« Ich ließ nicht locker: »Ist sonst was? Ist dir womöglich ein nasses Bild runtergefallen und alle Farben sind verschmiert?« – »Nein, nein.« Das war alles, was er antwortete. Nichts war geschehen. Nur war er wieder von Zweifeln geplagt, ob die Bilder auch gut genug seien. Ob er je erreichen würde, was er sich in seinem Inneren vorgestellt hatte, und was er noch schaffen wollte. So war das gemeinsame Leben nicht leicht für uns Kinder, ganz sicher nicht. Und ohne meine Mutter wäre es gar nicht auszudenken gewesen!

Wenn ich davon erzähle, daß wir unseren Vater eigentlich nur zum Mittag- und Abendessen gesehen haben, so war es in Urfeld am Walchensee ganz anders. 1918 waren wir auf Anraten einer Freundin meiner Mutter nach Urfeld gefahren. Freunde hatten ein Häuschen dort gemietet. Wir wohnten im

Hotel ›Fischer am See‹. Vom ersten Augenblick an, als wir von Kochel aus über die Kesselbergstraße kommend plötzlich den Walchensee vor uns hatten, waren wir hingerissen. Diesen Ausblick hat Corinth dann als erstes Bild vom Walchensee gemalt. Andere Bilder entstanden vom Balkon des Hotelzimmers aus. Unsere Begeisterung für die herrliche bayerische Gebirgslandschaft wuchs.

Meine Mutter ergriff die Initiative; sie dachte an ein eigenes Haus, wo Corinth ungestört von morgens bis abends malen konnte. Egal, ob es regnete, schneite oder die Sonne schien. Die Überlegung hatte noch einen anderen wesentlichen Vorteil: man müßte dann nicht mehr ständig diese entsetzlich schweren Leinwände samt Malkasten und Staffelei herumschleppen. Alles wäre so einfach für uns alle, eben weniger anstrengend. Jede Stimmung der Natur wäre nur für ihn da. Kurz entschlossen bat sie ihn um Geld, um ein Grundstück zu kaufen. Corinth hatte gerade einen großen Bildverkauf getätigt. Davon sollte das Haus finanziert werden. Am Abhang des Herzogstandes, eines Berghanges, der von Urfeld hinaufstrebt, sollte das Grundstück liegen. Man schrieb das Jahr 1918, noch vor Ende des Ersten Weltkrieges. Die Zeiten waren schlecht, auch Bauplätze waren nicht zu haben. Corinth stimmte zu. Nur eine Bedingung knüpfte er daran: er wollte nicht damit belästigt werden. Er wollte mit niemandem darüber sprechen müssen. Weder mit Architekten noch Handwerkern, am allerwenigsten mit den Leuten von der Gemeinde, die womöglich Schwierigkeiten machen würden. Meine Mutter sollte das alles alleine organisieren. Also hat sie es wieder einmal auf ihre selbstverständliche Weise in die Hand genommen, hat alle Verhandlungen geführt und irgendwie wohl auch die Arbeiter ›bestochen‹, damit sie ganz schnell mit dem Bau begännen. Das Grundstück, auf dem unser Haus entstand, gehörte dem Besitzer des Hotels ›Fischer am See‹.

Die Kaufquittung habe ich noch. Damit sich niemand in der Nähe niederlassen und den Blick verschandeln konnte, kauften die Eltern auch noch das Nachbargrundstück dazu.

1919 war es soweit. Wir verbrachten den ersten Sommer im eigenen Haus. Corinth malte hier im Laufe der Jahre seine weltberühmten Walchenseebilder. Von der Terrasse aus skizzierte er das für seine Gemälde berühmte Wahrzeichen von Urfeld, die große Lärche. Sie ist Mittelstück auf vielen Bildern. Ob der Baum noch existiert? Ich weiß es nicht. Den See in allen Nuancen und Stimmungen, das Karwendelgebirge dahinter, die Wolken, der Mond. Das alles ist durch Corinths Gemälde und Zeichnungen inzwischen weltberühmt geworden. Corinth selbst lebte in dieser Landschaft auf, war oft ganz versponnen darin. Und nie hat die Natur ihm einen Strich durch die Rechnung gemacht. Es war immer so, wie er es sich wünschte. Wenn er Sonnenschein brauchte, dann schien die Sonne. Wenn er Nebel verlangte, waberte es überm See. Vielleicht war das so, weil er eine innere Verbindung zur Natur hatte, sie akzeptierte, ohne aufzubegehren.

In Urfeld war das Leben anders als in Berlin. Da waren wir von morgens bis abends alle zusammen. Hier war Lovis aufgeschlossen. Denn die Arbeit an den Walchenseebildern beflügelte ihn. Auch die Atmosphäre war anders als in der Klopstockstraße. In Urfeld gab es keine schwierigen, geschäftlichen Verhandlungen mit Verlegern, kein Aushandeln von Kontrakten, die gebrochen wurden oder nicht richtig formuliert waren. Der tägliche Lebenskampf, den man in Berlin führte, wich in Urfeld ausgeglichener Urlaubsstimmung. Meine Mutter schuf ihm hier ein wirkliches Paradies. Und er lebte darin. Sie allerdings mußte eine schmerzliche Erfahrung machen.

Corinth hatte ihr gleich beim Einzug ins Haus strikt verboten, jemals dort die Landschaft zu malen. Anderes ja: Tiere,

Blumen, Porträts, was immer sie wollte. Nicht aber die Landschaft! Das war seine Domäne. Und niemand sonst sollte in sie einbrechen dürfen! – Meine Mutter hat sehr unter dieser egoistischen Forderung gelitten. War sie es doch, die alles für Corinth aus dem Nichts geschaffen hatte. Später erst hat sie begriffen, daß es klug und vorausschauend gedacht war. Urfeld und der Walchensee sind für immer mit seinem Namen verbunden und in der ganzen Welt bekannt.

Corinth setzte mit seinen zukunftsorientierten Ansichten die meisten in Erstaunen. Ihm, einem Bauernsohn aus Ostpreußen, der aus einfachen ländlichen Verhältnissen stammte und damals keine Ahnung von Kunst oder Kultur hatte, traute man kaum Sensibilitäten zu. Aber er belehrte sie alle eines Besseren. Corinths Briefe an Freunde, an uns, an Mutti, sind von einer solchen Feinheit, einer solch brillanten Ausdrucksfähigkeit, wie sie nur einem ganz großen Künstler gegeben sind. Und immer fand er auch dann den richtigen Ton, wenn es galt, unangenehme Dinge auszusprechen. Ich denke an die Geschäftsbriefe. Wie er da formuliert hat, das ist einfach enorm.

Was wichtig sein würde für seine Karriere, hat Corinth auch in anderen Dingen frühzeitig erkannt. Zum Beispiel tauchte immer wieder die Frage auf, warum er sich Lovis genannt hat, woher dieser Name kommt. Dabei ist das ganz einfach. Getauft wurde er auf den Namen ›Louis‹. So wurde er auch als Kind gerufen. Am Anfang seiner Künstlerlaufbahn hat er irgendwann seine Bilder in lateinischen Buchstaben signiert. Da sah das ›u‹ plötzlich wie ein ›v‹ aus. Und das gefiel ihm. Lovis klang viel interessanter. So ist es bei Lovis geblieben.

Um auf seine Herkunft zurückzukommen: Lovis Corinths Vater *Franz Heinrich Corinth* war der vierte von sechs

Geschwistern und hatte daher keine Anwartschaft auf das Gut oder sonstiges Erbe des Vaters, der in Neuendorf, nicht weit von Tapiau ansässig war. So ging Franz Heinrich als junger Mensch zum Militär und fand später für einige Jahre Arbeit bei einem der Brüder. Um sich für die Zukunft sicherzustellen, war er auf der Suche nach einer gutsituierten Frau, am besten einer Witwe. Das war damals bei den Bauern so üblich und kein Grund, jemanden schief anzusehen. Er brauchte nicht lange zu suchen: eine Cousine, Amalie Wilhelmine im nahen Tapiau, war Witwe geworden. Nebst fünf Kindern, die bereits erwachsen waren, brachte sie eine verschuldete Gerberei und Ackerland von ihrem verstorbenen Mann in die neue Ehe. Sie heirateten 1857. Ein Jahr später, 1858, wurde der kleine Louis geboren und blieb das einzige Kind aus dieser Ehe. Unter der Führung des neues Ehemannes florierte die Gerberei, und schließlich avancierte der angesehene Bürger der Stadt zum Ratsherrn von Tapiau.

Lovis schreibt in seinen Memoiren, daß ein Zimmermann aus der Nachbarschaft oft bei ihnen arbeitete. Wenn der die Mutter fragte: »Wat soll der Lue (so wurde Lovis als ganz Kleiner genannt) denn werden?«, antwortete sie: »Tepper, denn mot he Bloome op de Schiewe moale!« (Auf hochdeutsch: Töpfer, dann mag er Blumen auf die Schindel malen.) Denn Lovis zeichnete schon als Kind, sobald er nur vermochte, einen Bleistift zwischen den Fingern zu halten. Auch liebte er es sehr, Pferde und andere Haustiere aus Papier auszuschneiden, und war, wie er schreibt, eifersüchtig auf den Zimmermann, der es besser konnte.

Ein Brief, den ich kürzlich fand, ist aufschlußreich für diese Zeit. Mein Bruder Thomas hatte ihn hier in New York von einem Herrn erhalten, der davon berichtet, daß seine Großmutter als Kind zusammen mit Lovis Corinth und anderen Kindern in Tapiau gespielt habe. Die Kinder mögen zu dieser

Zeit ungefähr sechs oder acht Jahre alt gewesen sein. Eines dieser Kinder ist in den Fluß gefallen und ertrunken. Man hat es herausgezogen und die kleine Leiche auf das Ufer gelegt. Die Kinder waren entsetzt, haben geweint und den toten Spielkameraden angestarrt. Der kleine Louis aber setzte sich still hin, nahm ein Stück Papier aus der Hosentasche und einen Bleistift, und hat das tote Kind gezeichnet. Der Briefschreiber erwähnte, daß die Zeichnung sich lange erhalten hätte. Seine Großmutter habe sie zuerst besessen und auch seine Mutter habe sie gekannt. Er selbst hatte nur davon gehört. Denn während des Zweiten Weltkrieges sei die Zeichnung leider verlorengegangen. Weiter schreibt der Herr, daß seine Großmutter immer auf ostpreußisch gesagt hätte: »Ja, der Louis mit de longen Bene und de Corinthsche Ogen!« Also der mit den langen Beinen und den Corinthschen blauen Augen! Dieser Brief ist eine kleine Kostbarkeit. Ich bin froh, daß ich ihn gefunden habe.

Kunst war in Lovis' Elternhaus – wie gesagt – kein Thema. Seine Mutter hat ihn einmal, als er noch recht klein war, nach Königsberg mitgenommen. Da hat er die Statue vom Großen Kurfürsten hoch zu Roß bestaunt. Das hat ihn ungeheuer beeindruckt, so etwas hatte er vorher noch nie gesehen. Ein Pferd, auf dem ein Mensch sitzt, und alles wie lebendig. Lange ist er um das Denkmal herumgegangen. Er hat sich überhaupt nicht losreißen können. Vielleicht war das sein erstes entscheidendes Erlebnis mit der Kunst.

Lovis' Vater hegte für sein einziges Kind eine große Liebe. Möglicherweise rührte daher die Eifersucht der fünf Halbgeschwister, denn wie Lovis erzählte, betrachteten sie ihn als Eindringling. Die Brüder haben versucht ihn umzubringen, wollten ihn ersäufen, warfen ihn in eine Lohgrube. Die Stiefschwester hat ihn herausgezogen. Es ging damals in Ostpreußen ganz schön barbarisch zu. Lovis' Vater wollte dem Jungen diese Zustände nicht länger zumuten. Auch hatte er erkannt, daß dieses Kind anders war als die anderen. So hat er darauf gedrungen, daß ›Louis‹ eine gute Ausbildung bekommen sollte und ihn nach Königsberg auf das ›Kneiphöfische Gymnasium‹ geschickt. Lovis war damals ungefähr zehn Jahre alt. Er kam zu einer Tante in Königsberg, einer Schuhmacherfrau, und besuchte dort das Gymnasium. Bei dieser Tante hat Lovis jahrelang gelebt. Sie war furchtbar geizig und als ihr Mann starb, wurde sie noch geiziger. Einmal hatte sie Lovis aus irgendeinem alten Stoffrest einen rosa Mantel gemacht. Mit diesem Ungetüm hat er nicht gewagt, in die Schule zu gehen. Er hat den Mantel heimlich ausgezogen und ist frierend bei Schneesturm um die Ecken geschlichen, damit ihn keiner sehen konnte. Das war eine recht harte Zeit für ihn. Oft ist er hungrig vom Tisch aufgestanden, denn auch am Essen sparte die Tante, obwohl der Vater reichlich Geld schickte.

Im Gymnasium gefiel es Lovis nur mäßig. Aber er hat dort Latein gelernt, was für sein ganzes Leben eine wichtige Anregung blieb. Viele seiner graphischen Blätter haben Themen der griechischen und römischen Mythologie zum Inhalt. Als Lovis dreizehn Jahre alt war, starb die Mutter. Der Vater rief ihn aus Königsberg zurück, beide standen am Sterbebett. Lovis hat die Mutter auf dem Sterbebett gezeichnet. Diese Zeichnung ist verlorengegangen. Lovis' Vater hat einige Zeit nach dem Tod seiner Frau die Gerberei und das Grundstück verkauft. Auf diese Weise kam eine ganze Menge Geld zusammen, das er in Häusern in Königsberg anlegte. Als wohlhabender Mann hat er selbst dann in Königsberg gelebt, den Sohn unterstützt und ihm das Studium an der Akademie in Königsberg, dann viele Jahre in München ermöglicht. Corinth hat anfänglich so gut wie nichts verkauft. Eigentlich erst, als er um 1900 nach Berlin kam. Aber er studierte auch in Brüssel und Antwerpen, lange Zeit in Paris. Zwischendurch ist er immer wieder nach Königsberg gereist, um den Vater zu besuchen. In dieser Zeit hat Corinth viele Zeichnungen und Skizzen vom Vater gemacht. Viele Vorarbeiten für große Porträts, die sich heute in Museen befinden, bis auf eines, das letzte vor dem Tod des Vaters, das ich noch besitze.

In späteren Jahren hat er viele dieser Zeichnungen, beileibe aber nicht alle, in einem Album zusammengefaßt. Es befindet sich heute in der Regensburger Galerie für Ostdeutsche Kunst. Ich bin sehr froh, daß ich es dort untergebracht habe. Meine Mutter hat ein ganz bescheidenes kleines Vorwort in dieses Buch geschrieben. Und nur auf einem kleinen Zettel hat sie für uns Kinder vermerkt: ›Dieses Buch soll euch ein Heiligtum sein. Es zeigt die Verehrung eures großen Vaters für seinen von ihm so sehr geliebten Vater. Hütet es wohl.‹ Thomas und ich haben oft darüber gesprochen, was wir damit nach dem Tod meiner Mutter machen sollen. Wie sollten wir es hüten, was sollte nach uns damit geschehen? Nachdem mein Bruder auch nicht mehr lebt und ich alleine für alles verantwortlich bin, habe ich versucht, das Beste zu tun. Ich habe mich an das Regensburger Museum gewandt. Und sie haben das Album erworben.

Meine frühe Kinderzeit verlief ganz anders als die meines Bruders Thomas. Er erlebte noch die Jahre im Atelier. Wie es da aussah, als meine Mutter dort zum ersten Mal hinkam, hat sie oft erzählt. Sie war noch ein ganz junges Mädchen, Schülerin von Corinth. So lernten die beiden sich überhaupt kennen. Er hatte in Berlin eine ›Malschule für Weiber‹ gegründet, wie er es nannte. Es war ein echtes Künstlermilieu, bohemienmäßig und chaotisch. Gardinen an den Fenstern gab es nicht. Dort, wo den Meister das Licht störte, hatte er Zeitungspapier angeklebt. Mutti, die aus einer sehr guten und wohlhabenden Bürgerfamilie in Berlin stammte, sah das mit Entsetzen. Mit aller Rücksicht, um Corinth nicht zu kränken und seinem Künstlerstolz nicht zu nahe zu treten, hat sie den Papierkram irgendwann abgenommen und Vorhänge genäht, die sie dann heimlich aufhängte. So spartanisch ging es am Anfang zu.

Ich erlebte schon andere Verhältnisse. Als ich 1909 geboren wurde, war Corinth bereits ein sehr bekannter und begehrter Künstler, seine Bilder wurden hoch gehandelt. Wir lebten in einer feudalen Wohnung, von der ich schon erzählte. Geld schien überhaupt keine Rolle zu spielen. Darüber wurden sogar Witze gemacht. Ich weiß, wir hatten eine Kohlenkammer, in der Briketts und Anthrazit gelagert wurden. Über diese Kohlenkammer kursierten die wildesten Gerüchte. In einschlägigen Berliner Kreisen witzelte man, Corinth nähme so viel Geld ein, daß er es statt der Briketts in diese Kammer schaffen ließe. Sie sei randvoll mit Gold, eine Schatzkammer eben. Richtig ist: wir Kinder hatten nie etwas von irgendwelchen Geldschwierigkeiten bemerkt. Und die gab es auch nicht. Die Zeiten hatten sich geändert.

Zwanzig Jahre früher, als Corinth noch in München, in der Giselastraße, lebte, wurden seine Bilder wenig geschätzt. Das war auch ein Grund, warum Lovis nach Berlin ging. Er hatte 1899 in München die *Salome* gemalt, ein Bild, das jetzt in Leipzig, im Museum der Bildenden Künste, hängt. (Eine zweite Fassung der *Salome* befindet sich im »Bush-Reisinger Museum« in Cambridge bei Boston, Mass.). Dieses Gemälde hatte er zu einer großen Ausstellung der Münchener Sezession geschickt. Das Echo war vernichtend. Lovis' Freund, der Berliner Maler Walter Leistikow, erkannte Corinths große Kunst und riet ihm, doch unbedingt nach Berlin umzuziehen. »Da ist was los, da sind die Leute offen und verstehen was von

Bildern. Und sie haben auch Geld. Komm nach Berlin.« Leistikow wußte wohl, wovon er sprach. Corinth nahm sein Bild im Vertrauen auf den Freund unter den Arm, stellte es in der Berliner Sezession aus, und: die Sensation war perfekt! Das Gemälde war aber auch eine grandiose Provokation. Salome, eine wunderschöne junge Frau, beugt sich mit entblößter Brust nach vorne. Von einem Sklaven wird ihr das Haupt des Johannes dargereicht, mit dem Zeigefinger öffnet sie eines der toten Augen. Das ist natürlich ein unglaublich perverses Moment. – Corinth war wirklich voller Widersprüche. Er ging das große künstlerische Risiko ein und gewann.

Von dem Augenblick an war Corinth in Berlin ein gemachter Mann. Er bekam Aufträge, auch durch Leistikow, der damals eine große Rolle als Berliner Landschaftsmaler spielte. Leistikow kannte viele interessante und wohlhabende Leute in Berlin. Bankiers, aber auch vor allen Dingen Galeristen und Kunstgewaltige. Hier wurde Corinth eingeführt, kam in deren Häuser, malte den Hausherrn oder die Dame des Hauses und galt als angesehener Porträtist. Nach einiger Zeit übernahm er das Atelier von Leistikow in der Klopstockstraße 48.

Corinth lebte von 1900 an in Berlin und war, wie man so sagt, ›bekannt wie ein bunter Hund‹. Ich wuchs in gesicherten Verhältnissen auf, aber nicht etwa im Überfluß, wie die ›Schatzkammer-Gerüchte‹ suggerierten. Man lebte damals ohnehin anders als heutzutage. Ich entsinne mich, daß ich nur drei oder vier Kleider besaß. Eins für den Sommer, eins für den Winter und dann etwas für die Schule. Und natürlich ein Sonntagskleid. Es wurde ab und zu zum Reinigen weggegeben. So war es auch mit den Mänteln: Man hatte einen Winter- und einen Sommermantel. Trotzdem lebten wir mit Komfort. So wurde grundsätzlich nur Erster Klasse gereist.

Dieser Lebensstil hat mir natürlich einen großen Halt und auch Selbstsicherheit gegeben. Ich wußte, wo ich gesellschaftlich stand, wo ich herkam, und daß ich mich nicht zu sorgen brauchte. Im Anfang meiner New Yorker Zeit war meine Situation eine völlig andere. Aber darüber später!

Vieles ist meiner Mutter zu verdanken. Lovis verdiente zwar das Geld mit den Bildern. Aber sie regte ihn zum Malen an. Im Oktober 1901 war es wohl, als sie an seine Tür klopfte, um seine Schülerin zu werden. Corinth war vom ersten Augenblick an fasziniert. Er erkannte nicht nur ihr großes Talent, auch ihre ganze Art, ihr wunderbares Temperament nahmen ihn gefangen. Sie schreibt einmal, daß er ganz versonnen zu ihr gesagt habe: »Weißt du, Petermann (sein Kosename für sie – ich erkläre bald warum), du bist ja überhaupt nicht berechnend.« Das war sie wirklich nicht. Corinth war mißtrauisch gegen alle. Er argwöhnte, daß man ihn ständig übervorteilen wolle. Sie war der einzige Mensch, dem er vertraute. Die Ehe meiner Eltern war glücklich, wenn es auch hin und wieder gewisse Schwierigkeiten gab. Ein tiefgreifendes Zusammengehörigkeitsgefühl verband sie. Meine Mutter war für ihn alles: sein Modell, seine Geliebte, seine Muse, später Mutter und Hausfrau. Sie mußte den Haushalt überwachen. Und alles lief wie am Schnürchen. Irgendwie war sie allgegenwärtig.

Es half Mutti, daß sie aus einem großzügig geführten Elternhaus kam. Ihr Vater war ein weltläufiger Geschäftsmann, der außer seinen Berliner Büros solche in Manchester und London unterhielt. So reiste er häufig nach England. Aber die Aufgaben führten ihn auch nach Amerika und Australien. Seine Frau, meine Großmutter Berend, war eher kleinbürgerlich, aber sie paßte sich ihm an, so gut sie es vermochte. Ich nannte sie streng immer Großmutter, weil ich von klein auf gegen Verniedlichungen war. Thomas war da anders. Er nannte sie Großmama. Was immer der Unterschied war, wir vergötterten sie beide.

Meine Mutter verlebte eine glückliche Jugend. Allerdings hatte sie später einen harten Kampf mit ihren Eltern zu führen. Vornehmlich mit dem Vater, denn meine Großmutter hatte sich den Wünschen ihres Mannes unterzuordnen. Auch das war damals üblich. Meine Mutter hat von klein auf gemalt und gezeichnet. Eines Tages war ihr klargeworden, daß sie nichts anderes als Malerin werden wollte. Kurzentschlossen ist sie damals couragiert vor ihren Vater getreten, der sie sehr liebte, ja, geradezu vergötterte, und hat ihm eröffnet: »Ich will Malerin werden. Ich muß dir das sagen, und du mußt dir das anhören. Du mußt das bitte verstehen.« – »Eine von diesen Weibern willst du werden, mit fliegenden Haaren und ungekämmt, die in der Welt herumziehen, kein Geld verdienen und nie einen Mann bekommen?« kam es entrüstet zurück. – »Ich denke an so was gar nicht, ich will einfach Malerin werden. Ich will malen können, ich will malen, nur malen!« Nach langem Zögern hatte er dann schließlich zugestimmt. »Ich will dein Bestes. Und wenn dich diese Berufswahl glücklich macht, dann handle danach.« Der Weg war frei.
Sie konnte sich in der Malakademie in Berlin anmelden. Unter hundert Bewerberinnen gehörte sie zu den beiden einzigen, die angenommen wurden. Begonnen hat sie in der Gipsklasse. Das war der Einstieg und sie mußte dort die Gipsköpfe (Büsten) abzeichnen. Zwar hatte sie eine sehr verständnisvolle und auch talentierte Lehrerin, aber bald kam sie zu der Überzeugung, daß sie auf diesem Wege nicht weiterkommen würde. Sie hörte sich um und erfuhr von einem Maler, der sich in Berlin niedergelassen und eine Malschule speziell für Damen gegründet hatte. Ich habe schon einmal davon erzählt, Corinth hatte seine ›Malschule für Weiber‹ eingerichtet. Ei-

nes Tages ist Mutti mit ihrem kleinen Skizzenbuch unterm Arm zu ihm in den vierten Stock ins Atelier hinaufgestiegen, hat an die Tür geklopft. Er hat geöffnet – und so fing es mit den beiden an.

Für mich gab es vor allem die großbürgerliche Atmosphäre, die von meiner Mutter geschaffen wurde. So habe ich auch nie das Gefühl gehabt, in einer ›Künstlerfamilie‹ aufzuwachsen. Ein Wermutstropfen allerdings lag über meiner glücklichen Kinderzeit: ich hatte keine richtige Schulfreundin. Wir wohnten so weit von den anderen Kindern entfernt, denn meine Schule war ein angesehenes Privatlyzeum nahe des Savignyplatzes. Täglich mußte ich zwei Stationen vom Bahnhof Tiergarten mit der Stadtbahn fahren, dann zum Bahnhof Zoo und Savignyplatz. Eine kleine Weltreise. Leider wohnte kein anderes Mädchen in unserer Nähe, was auf mein ganzes späteres Leben Einfluß hatte.

Unser häusliches Milieu wurde allein durch meine Mutter geprägt. Lovis hat das gern so akzeptiert. Er war sogar stolz darauf. Besonders wenn zu großen Gesellschaften eingeladen wurde. In unserer Küche arbeitete dann – neben den eigenen Dienstboten – zusätzlich Mietpersonal. Meine Mutter sorgte für den großzügigen Stil. Unsere festlich gedeckten Abendtafeln waren berühmt. Ganz klar, daß Thomas und ich bei solchen Festivitäten nicht dabei sein durften. Wir bekamen unser Abendbrot ins Kinderzimmer serviert. Da erinnere ich mich an eine kleine Geschichte, deretwegen ich später oft geneckt worden bin. Ich aß für mein Leben gern Wiener Würstchen. Mit dem feinen Essen für die Erwachsenen konnte mich ohnehin niemand hinter dem Ofen hervorlocken. Ich bestand nun einmal auf Wiener Würstchen, die ich so liebte, daß ich sie die ›heiligen Würstchen‹ nannte. Eines dieser großen Diners werde ich nie vergessen. Thomas und ich aßen im Kinderzimmer. Da kam er auf die Idee, doch mal klammheimlich runterzuschleichen und unten durch die Tür zu schauen. Gesagt – getan. In Nachthemd und Pyjama pirschten wir uns an. Als die Dienstmädchen gerade mal wieder auf dem Weg in die Küche waren, öffneten wir fix einen Spalt der nur angelehnten Tür, und da passierte es. Thomas versetzte mir einen Stoß und ich flog in meinem keineswegs gesellschaftsfähigen Nachtgewand mitten in den Raum. Ich dachte, ich sterbe vor Scham. Die Erwachsenen haben sich köstlich amüsiert, und wir verschwanden unter der Obhut des entsetzten Kindermädchens wieder in unseren Zimmern. Den ›schlimmen großen Bruder‹ habe ich heulend beschimpft. Aber er hat dazu nur gegrinst. Er fand den Coup geglückt.

Mit Thomas habe ich mich natürlich oft und viel gezankt. Wir waren keineswegs brave, stumme Kinder. Um noch einmal auf die großen Gesellschaften meiner Eltern zurückzukommen. Corinth war bei solchen Anlässen kein sonderlich unterhaltsamer Gastgeber. Im Gegenteil: er hat sich unterhalten lassen. Vor sich hatte er meistens einen übergroßen Sektpokal stehen – ein Geschenk des Malers Paul Bach. Corinth liebte diesen Pokal, der durch seine besondere Form auffiel und wirklich exklusiv war: eine weitausladende Schale mit barocken Goldverzierungen. Corinth bestand darauf, daß dieses Champagnerglas stets neben seinem Teller stand. Nach seinem Schlaganfall – im Dezember 1911 – trank er nur noch sehr wenig. Meine Mutter hat vor allem darauf gesehen, daß ihm nicht ›wohlgesinnte‹ Freunde einfach etwas einschenkten. Aber Corinth hatte selbst auch keine Freude mehr an übermäßigem Alkoholgenuß. Dieses alles weiß ich aus Erzählungen. Denn als Corinth seinen Schlaganfall erlitt, war ich erst zwei Jahre alt.

Von meiner Mutter weiß ich auch, daß Lovis vor der Ehe ein Bonvivant war. Nicht nur liebte er gutes Essen und Trinken, auch der Weiblichkeit war er nicht abhold. Die Damen der feinen Gesellschaft rissen sich um den Junggesellen. Er galt als Highlight jeder Geselligkeit. Mit der Eheschließung änderte er auch seine Gewohnheiten. Und ich kannte ihn eigentlich nur als stillen, introvertierten Menschen. Aus heutiger Sicht begreife ich diese Verhaltensweise so, daß er nicht gestört sein wollte. Mehr noch als je zuvor war sein ganzes Denken und Fühlen nach der schweren Krankheit auf sein künstlerisches Werk gerichtet. Was er malen oder zeichnen wollte, konzipierte er gedanklich im voraus. Erst dann setzte er seine künstlerischen Ideen um, egal ob es sich um Gemälde oder Graphik handelte. Sicher ist auch, daß sich in späteren Jahren Leute an ihn herandrängten, die seine Popularität ausnutzen wollten. Einerseits hat ihm das ganz gut gefallen. Andererseits ist er die Angst nie losgeworden (soweit ich das rückblickend beurteilen kann), daß die meisten von ihnen ihn finanziell ausnützen wollten. Denn vom Geld verstand er gar nichts. Geschäftemachen lag ihm nicht.

Die echte Sorge kam mit der Inflation. Das Mißtrauen gegenüber der Umwelt aber hat ihm wohl wirklich meine Mutter genommen. Bei ihr wußte er, daß er in ihr den einzigen wahrhaften Freund hatte, jene Stütze, die präsent war und für ihn da, was immer auch geschah. Meine Mutter, das ist unbestritten, blieb bis zu seinem Lebensende sein Schutzengel. Vieles ist in dieser Verbindung ungewöhnlich. Nicht nur der Altersunterschied, auch der Unterschied der Herkunft. Und das Erstaunlichste ist gewiß, daß sie trotz aller gelegentlich auftretenden Widrigkeiten zusammengeblieben sind. Der um meine Mutter Charlotte werbende Lovis schrieb die hinreißendsten Briefe. Oft waren es täglich zwei Briefe, die er seiner Angebeteten ins Elternhaus sandte. Telefonieren war damals ja nicht üblich, das Telefon war noch ein seltenes Instrument der Kommunikation. Lovis bedachte sie mit liebevollen und scherzhaften Zeilen. Diese Briefe sandte er oft mit ›Rohrpost‹, weil das der schnellere Weg war. Ein wunderbares und gleichzeitig bewegendes Papier, der schriftliche Heiratsantrag, ist Gott sei Dank noch erhalten. Meine Eltern hatten wohl die Ehe schon beschlossen, aber Corinth wollte unbedingt offiziell bei seiner künftigen Schwiegermutter um Charlottes Hand anhalten. In einem vier Seiten langen Brief erklärt er die Situation, berichtet von der Eheabsicht und hofft, daß sie nicht darüber erschrocken sei. Er versichert ihr, daß sie beruhigt sein könne, daß es finanziell keine Probleme gäbe. Sein Einkommen sei gut und außerdem läge ja noch Geld in Königsberg. Das Erbe aus den Häusern seines Vaters. Die Existenz sei gesichert, im übrigen würde er ja weitermalen und somit weiterverdienen.

Lovis' ausführliche Erklärung über seine finanziellen Verhältnisse kam nicht von ungefähr. Als er den Brief an meine Großmutter schrieb, hatte sich die Situation in Charlottes Elternhaus dramatisch verändert. Ihr Vater, der wohlhabende Geschäftsmann, hatte sich das Leben genommen. Meine Mutter war zu diesem Zeitpunkt neunzehn Jahre alt. Vater Berend hatte an der Börse spekuliert und nicht nur eigenes Geld verloren, sondern auch jenes, das ihm von Freunden anvertraut worden war. Geldschulden waren Ehrenschulden, da gab es kein Pardon. Im Wohnzimmer seiner Berliner Wohnung hat er sich erschossen. Aus den Erzählungen meiner Mutter weiß ich, was sich damals abgespielt hat. Als der Schuß fiel, rannte meine Mutter zu ihm, nahm seinen Kopf in ihren Schoß, streichelte ihm das Gesicht. Er starb in ihren Armen. Mutters ältere Schwester Alice lief entsetzt aus dem Haus, und auch meine Großmutter hat verzweifelt reagiert. Meine Mutter hat nicht nur kühlen Kopf bewahrt, sondern vor allem bewiesen, wie sehr sie ihren Vater liebte. Es ist immer mal davon gesprochen worden, daß sie dieses

Vatergefühl auf Corinth übertragen habe, in ihm nicht nur den Mann und Geliebten gesehen hat, sondern vielleicht auch den Vater. Ob es wirklich so war, weiß ich nicht und wird wohl auch immer Spekulation bleiben. Sicher ist eins, daß Charlotte vor allem von Lovis' Kunst gefesselt war. Auch von seinem großen Vertrauen zu ihr. Er wußte, woran er mit ihr war, kannte ihre wunderbaren Charakterzüge, schätzte ihre Klugheit, ihre Offenheit, vor allem ihre Ehrlichkeit. Aus vielen Gesprächen über ihrer beider Kindheit wuchs ein unerschütterliches Vertrauen. Einer Eheschließung stand nichts mehr im Wege.

Meine Mutter ist immer voll und ganz für Lovis da gewesen. Ein Beispiel: Während des Ersten Weltkrieges sollten wir Einquartierung bekommen. Das hätte bedeutet, daß fremde Menschen in unserer Wohnung mit uns gelebt hätten. Jenen, die bei uns an der Tür erschienen, um einige Zimmer zu requirieren, warf sich meine Mutter buchstäblich zu Füßen und flehte sie an, uns allein zu lassen. Fremde Menschen im Haus hätten Lovis völlig verstört, ihm die Freiheit zum Arbeiten genommen. Wie sie es geschafft hat, weiß ich nicht. Aber sie hat es durchgesetzt, daß wir niemanden aufnehmen mußten. Solche Situationen gab es viele. Sie hat meist für Corinth und sein künstlerisches Schaffen gesiegt.

Walchensee im Winter

Ich komme jetzt noch einmal auf die Jahre zurück, als ich von Lovis gemalt wurde. Ich denke an ein Bild, das ich überhaupt nicht mochte. Entstanden ist es 1922 in Berlin und betitelt: *Wilhelmine am Fenster.* Es ist ein ganz kleines Bild auf Holz, etwa in der Größe eines Telefonbuches, und im Gegenlicht gemalt, so daß mein Gesicht kaum zu erkennen ist. Ich habe lange nicht viel davon gehalten und war sehr überrascht, als ein Kuntsachverständiger davon schwärmte. Heute ist es längst in seinem Besitz. Inzwischen weiß ich, daß ich zur damaligen Zeit viel zu jung und zu unerfahren war, um ein Kunstwerk beurteilen zu können. *Wilhelmine mit gelbem Hut* gefiel mir dagegen viel besser. Es ist ein großes Porträt, das auf vielen Ausstellungen zu sehen war. Zuletzt 1985 in Essen und München. Dieses Gemälde – 1924 entstanden – habe ich immer besonders geliebt. Heute kann man es im Museum für Kunst und Kulturgeschichte in Lübeck bewundern. Damals war ich schon ein richtiges junges Mädchen. Ich trage einen Strohhut, nicht einen Matrosenhut, wie seinerzeit als Kind auf dem Bild *Wilhelmine mit Ball.* Mein gelber Hut ist ein echter Florentiner, dekoriert mit einem schwarzen Samtband und mit Blumen. Ich habe offenes Haar, und mein schönes Kleid mit dem weißen Organzakragen war mein ganzer Stolz. Lovis hat mich dieses Mal wirklich so gemalt, wie ich es mir immer vorgestellt habe; mit einem verlockenden Gesichtsausdruck. Maler und Modell hatten zu der Zeit ein besonders gutes Verhältnis zueinander. Corinth hat sich große Mühe mit mir gegeben. Als ich ihn wieder drängte, brummelte er nur: »Na ja, du bist wie meine Auftraggeber. Die Damen sind im allgemeinen nie zufrieden mit ihrem Aussehen, mit der Art wie ich sie male. Sie denken immer, die Nase ist zu groß, die Augen sind zu klein oder sonst was ist nicht richtig. Aber als Künstler sieht man die Dinge eben anders. Das wirst du allmählich auch verstehen. Im übrigen wirst du ganz zufrieden sein mit mir.« Corinth hat es in unserem Wohnzimmer in der Klopstockstraße gemalt.

In jenem Jahr schrieb Lovis mir einen Geburtstagsbrief nach Marienbad.

Am 10. Juni 1924

»Liebes Wilhelminchen.

Dieses soll Dein Geburtstagsbrief sein. Wenn er früher als dem 13. ankommt, so mußt Du noch warten, kommt er recht, dann kannst Du ihn gleich lesen. Also ich gratuliere Dir vielmals, und hoffe, daß Ihr dünn wie die Zwirnsfäden zurückkommt.

[Im Brief liegen Karikaturen, Federzeichnungen von Corinth, Mutter und Mine dick und rund auf der Hinfahrt darstellend, und bei der Rückfahrt von Marienbad spindeldürr. Anm. von Wilhelmine Corinth.]

Wie werdet Ihr diesen Freudentag verbringen? Mit Kuchen, mit Schaumtorten und mit recht viel Bananen, Kartoffeln und Schmant (ostpreußisch für Sahne)? Ich möchte auch dabei sein.

Außer diesem Brief schicke ich Dir leider gar nichts, trotzdem ich Dich nicht beängstigen will, denn ich schenke Dir später in Berlin das herrliche aquarellierte Selbstporträt, ferner eine Mappe mit Original-Lithographien von mir nach Balzac, betitelt ›Frau Connetable‹. Mehr habe ich nicht.

Sage der Mama, daß ich Pfingsten ein Bild gemalt habe, nach so hochgradigen Faulenzertagen. Und grüße sie von mir.

Deine Großmutter feierte ihr ›geheimnisvolles‹ Fest allein. [Es war ihre Goldene Hochzeit, aber weil ihr Mann doch schon vor vielen Jahrzehnten gestorben war, amüsierte sich Corinth etwas darüber. Anmerkung von Wilhelmine Corinth.] Sie hat sich auch über Deinen Brief gefreut, und hat ihn uns auch vorgelesen. [Als sie uns besuchte.] Sonst ist alles beim alten. ›Moro‹ [unser Hund] läßt sich Dir empfehlen, während ›Meyer‹ [Hund ›Till‹] sich gar nicht mehr blicken läßt. Jetzt muß ich auch mit der Steuer anfangen.

Laß Dir den Geburtstag gut gehen, und grüße die Mama. Dein Lovis.«

Im gleichen Jahr, während unserer Sommerferien in Urfeld hat er ein anderes Bild geschaffen. Da war ich ein echter Backfisch. Ich sehe so aus, wie junge Mädchen in diesem Alter oft aussehen: Pummelig und sehr unglücklich darüber. Heute sind die Zeitungen und Magazine voll von Diätvorschlägen und davon, was man tun oder lassen soll, um schlank zu werden. Ich habe es mit dem Sport versucht, bin geritten, habe gefochten und Tennis gespielt; es hat alles nichts genützt. Ich habe ständig zugenommen. Lovis haben meine Gewichtsprobleme nicht gestört. Er stellte mich hinter die Leinwand und schuf *Wilhelmine mit Katze* (1924). Wegen meiner Figur habe ich mich sehr geniert, stehe da halb versteckt im Schatten, hinter dem Licht. Die eigentlich unbeschwerten Jungmädchenjahre habe ich mir mit der Vorstellung verdorben, ein dickes, häßliches Entlein zu sein. Ich wollte mich nirgendwo mehr blicken lassen und habe mich am liebsten zu Hause verkrochen. Das Bild war mir aus diesen

Gründen ganz egal. Das einzige, was mir überhaupt darauf gefiel, war unsere Katze Mucki, mein Spielkamerad. Es war die Zeit um 1924, die Hungerjahre des Ersten Weltkriegs waren vorüber. Endlich gab es wieder genug zu essen. Da habe ich mich hemmungslos auf Schlagsahne, Kuchen, Schokolade gestürzt, auf alle die köstlichen Dickmacher.

Aus dieser ›Freßperiode‹ existiert noch ein anderes Bild von mir, das ich auch heute noch nicht mag. Hier war ich wirklich das einzige Mal widerspenstig und wollte nicht Modell stehen, als Corinth mich darum bat. Aber dann ließ ich mich doch überreden. Es handelt sich um ein Familienbild, das in Urfeld auf der Terrasse entstanden ist. Meine Mutter sitzt. Ich habe mich an sie gelehnt, Thomas ist nur angedeutet, er steht hinter ihr. In jenem Sommer war es besonders heiß, unerbittlich brannte die Sonne auf uns herunter. So war die Arbeitssituation manchmal unerträglich. Aus einem inneren Protest heraus habe ich das Bild jahrelang nicht sehen wollen. Erst viel später, als ich von meiner Mutter hörte, daß es an ein Museum verkauft sei, habe ich es mir angeschaut und akzeptiert. Es ist eben doch schwierig, einen objektiven Blick für Kunst zu haben, wenn man selbst mit den Dingen so verbunden ist. Als Heranwachsender hat man noch weniger Verständnis dafür.

Zwischen Lovis und mir gab es sonst keine Diskussionen, wenn es galt, sein Modell zu stehen. Ich habe mich ganz selten gesträubt. So etwas kam eigentlich überhaupt nicht in Frage. Corinth war die absolute Autorität. Meine Mutter hat uns so erzogen, daß wir den Wünschen des Vaters zu folgen hatten. Er war und blieb die Hauptperson, seine Wünsche galten. Und wir konnten sie ihm auch erfüllen, denn viel hat er nie von uns verlangt. Wir haben in ihm nicht nur den Vater gesehen, sondern auch den berühmten und großen Künstler. So bin ich aufgewachsen und so ist es auch geblieben. In meinem späteren Leben habe ich mich gegen diesen ›Übervater‹ fast trotzig gewehrt. Und lange mochte ich von Kunst und allem, was damit zusammenhängt, nichts mehr wissen. Nach Corinths Tod habe ich ihn und sein Werk regelrecht verdrängt. Ich wollte mich nicht mit den Dingen beschäftigen, die ich jetzt mit Begeisterung und Hingabe als meinen Lebensinhalt ansehe, so wie vor mir meine Mutter und später dann Thomas. Aber damals wollte ich mein eigenes Leben leben. Und ich habe es gelebt. Wenn ich zu Lovis' Lebzeiten, als junges Mädchen, oft von Zweifeln geplagt war, weiß ich nicht, ob er das überhaupt bemerkt hat. Gerade in seinen letzten Lebensjahren durchlief er eine so grandiose Schaffensperiode, war mit seinen Gedanken nur bei seinen Werken, daß kaum etwas anderes daneben Platz hatte. Corinth war kein ›normaler‹ Familienvater. Uns war das sehr wohl bewußt.

Dabei fällt mir jetzt gerade ein Bild ein, daß ich immer sehr mochte. Es heißt *Blumen und Tochter Wilhelmine* und ist von 1920. Corinth hat es wunderbar komponiert: Ein großer Tisch voller Blumen ist da, ich stehe an einer Seite, halte einen Blumentopf mit Tulpen in beiden Händen und schaue auf diesen Blumentopf hinunter. Diesmal hat mir das Modellstehen viel Spaß gemacht. Ich mußte nämlich nicht einmal die Augen festigen, wie man so sagt, sondern brauchte nur nach unten zu schauen. Lovis hat das Bild wohl in einer Stunde gemalt, denn das Hauptstück sind die Blumen, ich bin nur schmückendes Beiwerk. Dieses heitere Frühlingsbild ist nicht etwa in Urfeld entstanden, sondern in Berlin.

In Urfeld sind wir ja nur in den Ferien gewesen. Meine Mutter allerdings ist manchmal länger dort geblieben, weil sie im Walchenseehaus nach dem Rechten sehen mußte. Gelegentlich benutzte sie den Aufenthalt auch zur Erholung. Sie war leider manchmal recht anfällig, litt unter grippalen Infekten und fühlte sich nicht wohl. Dann hat sie mich hin und wieder für längere Zeit mitgenommen. Ich wurde von der Schule befreit, nahm die Schulbücher mit nach Bayern und arbeitete das Pensum mit Mutti durch. So habe ich auf diese Weise manches Mal unfreiwillige Ferien gehabt, meine Leistungen hat das zum Glück nicht beeinträchtigt.

Urfeld war unser Refugium. Corinth hat das auch so empfunden. Hier entstanden seine herrlichen Winterlandschaften. Ein solches Bild, *Walchensee im Winter* (1923), an dessen Entstehen ich mich besonders erinnere, hängt heute im Städelschen Kunstinstitut, Frankfurt. In Urfeld hatten wir manchmal Freunde zu Besuch. Auch meine einzige Freundin Hilde durfte ich einmal für die Sommerferien einladen. Daß es leider mit einem Fiasko endete, davon erzähle ich später. Grundsätzlich war es Prinzip, daß man in Urfeld ungestört und unter sich sein wollte. Corinth malte bekanntlich von frühmorgens bis zum späten Abend; wenn er sich nicht mit Ölbildern oder Aquarellen beschäftigte, dann arbeitete er an Radierungen oder er zeichnete. Er malte überall auf dem weitläufigen Gelände. War er weiter entfernt, so brachten wir ihm seine Malutensilien dorthin. Er kam dann selbst mitten in der Arbeit mit dem schweren Bild ins Haus, um es ohne Sonnenlicht beurteilen zu können. So ist verständlich, daß er weder Lust noch Zeit zu Ablenkungen hatte.

Auch meine Mutter war kreativ. An der Außenfront des Hauses ließ sie drei große Holzplatten anbringen, die Corinth bemalte. Es waren dies 1919 eine Kreuzabnahme, und 1920 rechts und links die Evangelisten Matthäus und Lukas. Sie wurden von Arbeitern, es war ja ein Holzhaus in dem wir wohnten, unter dem Dach angeschraubt.

Mutti hatte wirklich viele gute Ideen. Eine davon war unbestritten die Errichtung einer Badehütte. Thomas und ich nannten sie »unsere Badeanstalt«. Ich habe hier mit einem Rettungsring Schwimmen gelernt. Seit den Walchenseetagen bin ich immer eine Wasserratte geblieben. Das Baden im See war die eine Sache, das Wandern die andere. Meine Mutter war eine begeisterte Bergsteigerin. Wir sind von Urfeld aus oft auf den Herzogstand gegangen, natürlich mit dem Bergstock in der Hand, so wie es sich gehört. Stramm marschierten wir bis zu einer Almhütte auf halber Höhe und ließen uns dort die Brotzeit schmecken. Corinth hat an diesen Unternehmungen nicht teilgenommen. Aber zu unserem Haus, das am Berghang lag, kletterte er beschwerdefrei hinauf. Wo immer er einen Platz zum Malen entdeckte, baute er seine Staffelei auf.

Aber meine Erinnerungen verlieren sich jetzt in einem Sommer in Italien, lange vor der Urfelder Zeit. Aus dem Jahre 1914 gibt es einen Brief von Lovis an meine Mutter, da schreibt er am 20. Mai:

»Liebes Petermannchen,
auf der anderen Seite von dem Brief kannst Du meinen diplomatischen Erfolg in einem Gespräch mit dem Direktor lesen [denn auf der Rückseite des Briefes an meine Mutter befand sich ein Brief des Friedrichs-Werderschen Gymnasiums, das Thomas besuchte und Lovis hatte damals mit dem Direktor gesprochen. Anmerkung von Wilhelmine Corinth]. Der Ordinarius und der Direktor waren sehr liebenswürdig. Ich hatte um Auskunft gefragt, ob Thomas Aussichten hätte, im Herbst nach der Quinta versetzt zu werden, selbst wenn er jetzt die Schule versäumen werde, um seine kranke Mutter in Italien zu besuchen. Ansonsten sitzen wir beide, ich und Deine Mama, wie zwei verirrte Vögel auf einem Ast. Wir hoffen auf einen Brief, der ein gutes Resultat von Dir bringen soll. Leider sind wir beide gleich pessimistisch. Deine Mutter jammert über die lange Reise, weil wir

doch zu Dir hinfahren wollen. Sie wäre zu alt und zu schwach, all sowas. Ich bedaure nur diese weite Entfernung. Ich habe [Dir] schon so viel Briefe geschrieben, aber noch nie eine Antwort auf irgendeinen bekommen. Zum Beispiel habe ich einen Haarschwanz von Mine abgeschnitten und Dir geschickt. Eine Antwort habe ich darauf noch nicht bekommen. Ich dachte, es wäre Dir angenehm, etwas Lebendiges von ihr bei Dir zu haben.

Gestern haben wir für Dich ein Geburtstagsgeschenk eingekauft. [Mutti hatte am 25. Mai Geburtstag.] Das läßt Deine Mutter nicht schlafen, wohin sie das addressieren soll. Ob nach Rom, wo Du jetzt bist oder nach Forte dei Marmi, wo wir uns doch nachher alle treffen werden. Sie hat Angst, daß der kostbare Schatz steckenbleibt irgendwo, trotzdem der Juwelier garantiert hat, daß alles richtig ist.

Die Kinder sind frisch und sehr nett. Thomas hat einen Erfolg im Rechnen. Das Kinderfräulein mitzunehmen auf diese Reise hat nicht viel Sinn. Außer daß es viel kostet, was doch besser auf die Rechnung der Pflegerin gehen sollte. Auch ist das Mädchen vollkommen unbrauchbar. Trotz der netten Briefe, die sie an Dich schreibt, ist sie man soso. Sie hat es faustdick hinter den Ohren.

Die Reise müssen wir machen, so gut oder so schlecht wie es eben mit unserem guten Willen überhaupt möglich ist. Du hast wohl gestern telegrafiert, Du führest Donnerstag nach Forte dei Marmi, aber doch vielleicht nicht. Ich weiß nicht. Hoffentlich geht's Dir besser. Gruß und Kuß Lovis. «

Die ganze Familie traf sich schließlich in Forte dei Marmi. Zum Verständnis dieses Sommers im Jahr 1914 berichte ich

Folgendes: Beide Eltern waren im Frühjahr nach Rom gereist, wobei die gute Großmutter wieder für uns Kinder und den Berliner Haushalt sorgte. In Rom, nachdem alle Kunst dort bewundert worden war, wollte Lovis selbst malen, und zwar in der Via Appia Antica. Sie mieteten den dort üblichen Pferdewagen mit Platz für alles Mal-Material, und Lovis suchte die von ihm zuvor bedachte Aussicht für sein Bild. Mutti wartete geduldig im Wagen. Es wurde spät, die Sonne ging unter. Mutti klagte besorgt: »Mir wird kalt. Die Sonne geht unter, die Mücken kommen. Wir sollten nach Hause.« Corinth antwortete ihr nur: »Ich bin noch nicht fertig. Du mußt noch warten.« Endlich sind sie dann, viel zu spät, nach Hause gefahren. Als Folge davon zog Mutti sich ihre schwere, lebensgefährliche Lungenentzündung zu und lag für viele Wochen dem Tode nahe im Hotelbett. Corinth hielt diese Situation nicht aus, er ließ sie mit Arzt und Pflegerin zurück und fuhr mit seinem Bild nach Berlin in die Klopstockstraße, um endlich wieder richtig malen zu können. Da ihm aber wohl nun doch angst und bange wurde, schrieb er die vielen, von ihm erwähnten Briefe, die Mutti in ihrem Zustand natürlich nicht beantworten konnte.

Als die größte Gefahr vorüber war, arrangierte meine Tante Alice, die Schwester meiner Mutter, für Mutti eine Umsiedlung in den Badeort Forte dei Marmi, am Meer, nahe bei Pisa gelegen. Alice hatte dort für den Sommer eine Villa gemietet. Das war also die Situation, als wir schließlich, später im Sommer, dort alle versammelt waren: Mutti, noch immer tief geschwächt, lag auch dort im Bett. Aber für mich waren Alices Kinder zum Spielen da und das herrliche Meer zum Schwimmen, und ich sprach bald fließend italienisch. Ich hatte einen roten Badeanzug, den ich liebte. Er war aus Wolle und wurde ganz filzig, wenn man länger im Wasser war. Ich nannte ihn stolz mein ›costumo rosso‹, und jeder fragte mich höflich: »Hast du dein costumo rosso an?« Und ich machte mich ganz wichtig und drängelte mich am Strand vor, indem ich immerzu rief: »Ich will da hinten in die Mitte, ganz da in die Mitte will ich, nicht immer bloß so vorne!« Sie haben geduldig versucht, mir zu erklären, daß das nicht ginge, denn das sei der Horizont und so weit könnte niemand ins Wasser gehen. Ich war glücklich, aber ich vermißte meine geliebte Klungi-Mungi, meine Mutti. So schlich ich mich eines Tages zu ihr ins Zimmer, obgleich man sie ja durchaus nicht stören durfte.

Natürlich weiß ich das Folgende nur aus häufigen Erzählungen meiner Mutter, die behauptete, ich hätte ihr wahrscheinlich damals das Leben gerettet. Also: ich ging zu ihr ans Bett und fand sie apathisch in ihren von der Sommerhitze aufgeheizten Kissen. Die Fenster wurden ja nicht geöffnet, weil man zur damaligen Zeit noch dachte, daß frische Luft schädlich sei. Ich soll zu ihr gesagt haben »Klungi-Mungi, komm raus aus diesem gräßlichen Zimmer, wo's so heiß ist, komm raus an den Strand, komm in die Sonne, ans Meer, es ist ja so schön draußen! Komm, komm mit mir!« Da hat sie sich irgendwie hochgerappelt und ist an meiner Kinderhand nach draußen gewankt – und von da an kam sie langsam wieder zu Kräften und fand zu sich selbst zurück. Soviel von Forte dei Marmi im Sommer 1914.

Es gab vor meiner klaren Erinnerung, ebenfalls im Jahre 1914, eine kritische Zeit im Leben meiner Eltern: Eine Frau versuchte, sich zwischen die beiden zu schieben. Diese Dame mußte sich jedoch zurückziehen, allerdings nach mancher Aufregung meiner Mutter, und wahrscheinlich auch der von Lovis.

Lovis war von einer Krankheit heimgesucht, die jedoch nicht zu schwer gewesen sein mochte. Was ihm damals wirklich fehlte, weiß ich bis heute nicht, aber es tut auch nicht viel zur Sache. Es wurde für seine Pflege eine Krankenschwester angestellt, denn der Arzt fand meine Mutter noch schonungsbedürftig, und wahrscheinlich mit Recht.

Dies sind meine eigenen Erinnerungen als Fünfjährige: Lovis sitzt nicht mehr in seinem Lehnsessel im Wohnzimmer, und er fehlte am Eßtisch. »Wo ist er denn?« – »Krank, im Bett.« – »Kann ich zu ihm gehen?« – »Nein, niemand außer der Pflegerin darf zu ihm gehen.« – »Kann ich ihm nicht mal seinen Gutenachtkuß geben?« – »Nein.«

Irgendwann erschien Lovis wieder am Eßtisch, aber eine Frau im weißen Kleid saß neben ihm und legte ihm die Speisen vor. Mutti mußte weiter weg von ihm sitzen, denn die Frau saß ja auf ihrem Platz. Und wir mußten ganz still sein, durften nicht mit ihm sprechen, durften überhaupt nicht sprechen. »Sch...«, machte die Frau, wenn wir's doch mal taten. »Stört Euren Vater nicht, er darf sich nicht aufregen!« Wir sahen Mutti an, die saß mit gesenkten Augen und sprach auch nichts. Da waren die Mahlzeiten kein Spaß mehr, wir waren froh, wenn sie vorüber waren und wir fortlaufen konnten.

Die nächste Erinnerung besteht lediglich darin, daß ich Mutti später einmal fragte: »Wer war eigentlich diese Dame im weißen Kleid, die eine Zeitlang bei uns war – und dann plötzlich nicht mehr?« Mutti winkte ab: »Ach, das ist zu langweilig jetzt, ich erzähl's dir mal später irgendwann!« Na gut, so wichtig war's mir ja auch nicht, gerade jetzt mehr darüber zu hören, ich war schon wieder mit etwas anderem beschäftigt.

Als ich in ihren Memoiren blätterte, fand ich kürzlich ausführliche Aufzeichnungen von dem, was damals wirklich geschah. Ich wollte sie hier wörtlich wiedergeben – aber nun finde ich diese Stelle im Buch nicht mehr. So will ich hier nun mit meinen Worten berichten, was sie über die ›Weiße Dame‹ aufgezeichnet hatte.

Die Pflegerin verbot meiner Mutter, das Krankenzimmer Corinths zu betreten, er dürfe sich nicht etwa durch Gejammer oder ähnliches erregen – entsetzliche Folgen konnten für ihn daraus entstehen.

»Ist er denn so schwer krank?« fragte Mutti den Arzt.

»Nein, ist er gar nicht, aber Sie wissen ja, wie er oft sein kann: sehr egoistisch in seinen Anforderungen! Seien Sie froh, wenn Sie sich dem nicht aussetzen müssen, die Pflegerin ist gut, die kann Ihnen das alles abnehmen!«

Mutti war tief unglücklich, sie konnte mit Lovis keinerlei Kontakt aufnehmen, denn auch im Atelier, wohin er schließlich am Arm der Pflegerin hinaufging, wurde die Tür für sie verschlossen gehalten.

An einem Nachmittag hatte die Frau Ausgang. Lovis saß allein, tief verdüstert, in seinem Sessel im Wohnzimmer. Entgegen dem erlassenen Verbot ging meine Mutter zu ihm.

»So«, sagte er, »kommst du wirklich mal nach mir zu sehen? Ich dachte, weil ich so krank bin, hast du mich nun bereits aufgegeben.«

»Mein Lovis . . .« Mehr konnte sie nicht sagen.

»Na, ins Atelier kommst du ja auch nicht mehr, ist schon schlimm – wo ich doch nicht mehr malen darf!« Die Stimme versagte ihm.

»Lovis, du bist gar nicht richtig krank. Der Arzt sagt, es geht dir recht gut. Du wirst nur von allem, was dir lieb ist, ferngehalten. Wenn du willst, kannst du morgen ein neues Bild anfangen. Wenn du willst, stell’ ich dir für morgen was zum Malen auf, Blumen, oder was du willst. Du kannst malen!«

Ein Leuchten stieg zaghaft in seine Augen. »Du meinst, ich kann malen?«

»Ja, Lovis, du kannst malen. «

Dann hat Mutti ihm alles erzählt, und er hat schweigend zugehört. »Petermann, das hat diese Frau dir angetan? Hat vor dir meine Türe verschlossen? Mein Petermannchen!« [›Petermann‹ war Corinths Kosename für Charlotte Berend.]

Als die Dame zurückkam, noch im engsitzenden grauen Kleid und nicht als Pflegerin gekleidet, gab Lovis ihr einen Scheck, den er vorher für sie ausgestellt hatte. »Hier ist Ihr Geld, ich danke Ihnen für Ihre Pflege, aber ich brauche Sie nicht mehr. Verlassen Sie sofort mein Haus!«

Dann hat Lovis sie gemeinsam mit seinem Petermann in aller Ruhe verlassen, während die »Weiße Frau« die Hände zur Faust ballte.

Jahre zuvor hatte es jedoch ein wirklich einschneidendes gesundheitliches Problem für Lovis gegeben. Er hatte im Dezember 1911 einen Schlaganfall erlitten – mitten aus seinen bärenstarken Kräften heraus. Zu glauben, daß er von da ab hinfällig gewesen wäre, ist jedoch ein völliger Irrtum. Es war ihm nur eine leichte Behinderung geblieben, und er benutzte von nun an einen Stock. Trotzdem ist er in Berlin die vier Stockwerke zum Atelier mindestens dreimal am Tag ohne Mühe rauf- und runtergestiegen – und auch in Urfeld den recht steilen Abhang zum Haus. Beim Malen oder Radieren kannte er kein Zittern, aber sonst war ihm die Hand beim täglichen Gebrauch doch etwas unsicher.

Solche kleinen Behinderungen haben ihm zweifelsohne gewisse Ungelegenheiten gebracht. Sobald er aber den Pinsel in die Hand nahm oder auch einen Stift, stand ihm die Hand vollkommen zur Verfügung. Lovis malte wie immer. Und er war eigentlich der alte geblieben. Daß er 1925 schließlich an einer Lungenentzündung sterben mußte, hatte sicher keinerlei Ursache in der längst überwundenen schweren Krankheit aus dem Jahre 1911.

Ich möchte jetzt wieder von unserem Haus in Urfeld erzählen, als Lovis die Zeit dort mit uns verbrachte. Da denke ich mit besonderem Entzücken an unsere gemeinsamen Abende. Nach dem Essen saßen wir, wenn nicht gerade jemand zu Besuch gekommen war, um den Tisch herum und sangen. Wir sangen aus vollem Halse. Vor allem meine Mutter trällerte mit Begeisterung ›Am Brunnen vor dem Tore‹ und ›Es klappert die Mühle am rauschenden Bach‹. Lovis machte dazu die Background-Musik. Er griff sich eine Zeitung, knüllte sie zusammen und wischte damit über die Holzplatte. Ich weiß noch, es war eine helle, fast weiße Ahornplatte. (Meine Mutter liebte sie besonders.) Mit dem Papier erzeugte er ein Rauschen. Wir hörten alle den Mühlbach; und mit dem Stock, den er immer bei sich hatte, klopfte er den Takt. Das war die klappernde Mühle. Unsere Stimmung war stets gelöst. Wenn ich jetzt daran denke, frage ich mich manchmal, ob wir, wären wir heute in der Situation, am Ende auch wie alle anderen vor dem Fernsehapparat sitzen würden. Ich kann es mir eigentlich nicht vorstellen. Ein großes Glücksgefühl überkommt mich immer, wenn ich an jene vergangenen Tage denke. Um Lovis zu erheitern, wurden die tollsten Dinge gemacht. Mutti schlüpfte oft in die Rolle des Generals Zieten. Wir nannten sie ›Zieten aus dem Busch‹, weil sie sich dann eine dicke Wollmütze überstülpte und wirklich wie der ›olle Zieten‹ aussah. Lovis war ein dankbarer Zuschauer und klatschte Beifall. Wir Kinder begriffen damals nicht, daß meine Mutter sich das alles ausgedacht hatte, um ihn bei guter Laune zu halten. Thomas und ich haben uns nur vor Lachen geschüttelt und einen Riesenspaß gehabt. So vergingen die Tage. Abends ging man zu

Bett, schlief selig ein und am Morgen wachte man wieder fröhlich auf.

Lovis war immer mit seinen Gedanken beim nächsten Bild, oder bei dem, was er gerade in Arbeit hatte. Manchmal stand er schon ganz früh auf, morgens um vier oder fünf Uhr, so wie Thomas sich erinnerte. Er hatte sein Schlafzimmer neben dem von Corinth. So hörte er einmal, daß sich neben ihm etwas bewegte. Er schaute nach und entdeckte Lovis auf dem Balkon mit einer Kupferplatte. Er radierte. Bekleidet war er nur mit einem Nachthemd. Die Sonne war noch nicht aufgegangen, die Luft war kühl und feucht, und Thomas hatte Sorge, daß Lovis sich erkälten könnte. »Laß mich in Ruhe. Ich arbeite hier. Kannst du das nicht sehen? Geh weg! Kümmere dich um deine Sachen!« herrschte ihn Corinth an, als er Thomas entdeckte und dieser ihm seine Bedenken kundtat. Später erzählte uns Thomas, daß er ganz erschrocken wieder davongeschlichen sei und sich traurig in sein Bett verkrochen habe. Lovis hat sich natürlich nicht erkältet. Er war mit der Natur so verbunden, so meinte jedenfalls meine Mutter immer, daß er ganz genau wußte, was für ihn gut war. Im übrigen ist er – bis auf seinen Schlaganfall – eigentlich nie ernsthaft krank gewesen. 1918, in dem Jahr als die Grippe verheerend grassierte und Tausende von Menschen starben, war er in Bestform. Mutti, Großmutter, Thomas, ich, die Dienstmädchen, alle waren wir krank. Und sogar der Arzt lag darnieder und konnte nicht kommen. Wir waren, wie man so sagt, samt und sonders ›dem Sterben nahe‹. Corinth fehlte nichts. Er ging täglich ins Atelier und malte wie immer, während wir ›krepierenderweise‹ in unseren Schlafräumen lagen. Wir sind dann natürlich wieder ›geworden‹. Lovis war eben wirklich ein starker, gesunder Mann.

Mit Lovis' Tod änderte sich alles schlagartig für uns. Auch die

Aufenthalte in Urfeld. Lovis starb am 17. Juli 1925, vier Tage vor seinem siebenundsechzigsten Geburtstag in Zandvoort/ Holland, auf einer Reise, die er noch in voller Gesundheit angetreten hatte. Er wollte im Museum von Amsterdam wieder einmal die Frans-Hals-Bilder sehen, vor allem seinen geliebten Rembrandt. Ein Malerfreund hatte ihn begleitet. Er nahm ihm die täglichen Lästigkeiten, wie Billettkaufen und Hotelsuche ab. Corinth wohnte in einem erstklassigen Hotel, schrieb uns von dort heitere Briefe. Auf dem Wege nach Amsterdam war er voller Zuversicht, voll guten Mutes. In dieser Stimmung hat er noch mehrere Aquarelle gemalt, so eine Gracht und Häuser in Amsterdam. Auch Zeichnungen sind damals entstanden. Während der Exkursionen muß er sich eine Erkältung zugezogen haben. Wie sich herausstellte, war es eine Lungenentzündung. Der ihn begleitende Malerfreund rief bei uns an, vielleicht schickte er auch ein Telegramm. Ich weiß es nicht mehr. Jedenfalls riet er meiner Mutter dringend, sofort mit den Kindern zu kommen. Wir fuhren los, nachdem Mutti und Thomas es durchgesetzt hatten, daß kurzfristig Pässe und Visa für Holland ausgestellt wurden. Thomas arbeitete damals an seinem Praktikum, einer Pflichtübung innerhalb seines Ingenieurstudiums. Wer Ingenieur werden wollte, mußte hart zupacken. So war er als Arbeiter in einer Maschinenfabrik tätig. Als wir in Amsterdam ankamen, lag Lovis im Bett. Eigentlich sah er – nach unserem subjektiven Empfinden – recht gut aus. Die Krankheit schien normal zu verlaufen. Er bestand sofort darauf, daß Mutti in die Museen gehen solle, um sich die vielen herrlichen Bilder anzusehen, die er ein paar Tage zuvor noch besichtigt hatte. Rembrandts ›Nachtwache‹ hatte er unter einem ganz besonderen Aspekt betrachtet, sie darauf aufmerksam gemacht und eindringlich gebeten, auf diese und jene Details zu achten. Nach einer gewissen Zeit schien er sich zu erholen, und der Arzt empfahl, in ein Seebad zu wechseln. Er nannte Zandvoort, das nicht weit von Amsterdam entfernt ist. Thomas glaubte, in die Fabrik zurückfahren zu müssen, und Mutti bestärkte ihn darin. So haben wir in einem Hotel am Strand Zimmer bezogen. Lovis war in diesen Tagen optimistisch. Es schien ihm ein gutes Zeichen, daß er reisen konnte. Doch schon nach wenigen Tagen kam der Rückschlag. Sein Zustand verschlechterte sich zusehends. Mutti schrieb an Thomas, bat ihn, sofort zurückzukehren. Es bestand begründete Sorge, daß Lovis nicht mehr lange zu leben haben würde. Thomas kam sofort.

Ich war knapp sechzehn Jahre alt und hielt mich von dem Geschehen auf mir heute noch unerklärliche Weise fern. Während sich im Hotelzimmer die Dinge dramatisch zuspitzten, bin ich allein an den Strand gegangen. Barfuß schlenderte ich durch den Sand und zog ein kleines Schiffchen an der Strippe durchs seichte Wasser hinter mir her. Ich habe nicht viel gedacht in diesen Stunden. Nur manchmal überfiel mich die Angst, und ich verstand selbst nicht, weshalb ich so kindliche Spiele trieb, während ein paar hundert Meter weiter der Vater starb. Heute frage ich mich, was mich da getrieben hat. War es eine Flucht oder Panik? Ich weiß es nicht. Heute möchte ich es ebensowenig ergründen wie damals. Ich will es nicht mehr wissen, es liegt so weit zurück. Damals bin ich irgendwann auch wieder ins Zimmer zurückgegangen. Da saßen wir gemeinsam an Lovis' Bett, meine Mutter, Thomas, ich und auch der Malerfreund. Nach langem schwerem Atmen war es irgendwann plötzlich zu Ende. Uns schien, als ob Corinth kurz vor seinem Tod noch einmal aus dem Fenster gesehen und mit den Augen die flache Landschaft gesucht hätte. Das hat uns alle sehr berührt. Irgendwie habe ich trotz meines seltsamen Fernhaltens verstanden, daß ihm das flache Land anscheinend mehr bedeutet hatte als die Berge. Es war seine ursprüngliche Heimat und eine Art Zurückfinden zum eigentlichen Anfang seines Selbst. Corinth hat ein letztes Mal mit der Hand vage zum Fenster gedeutet und den Blick meiner Mutter aufgefangen. Sie hat das auch so interpretiert, als sei er nun in seine Landschaft heimgekehrt. Dorthin, wo es keine Berge gab, nur die weite Sicht und den Horizont. Ich weiß es noch, in seiner Sterbestunde ging die Sonne unter, und im Raum war es ganz still. Draußen bellte ein Hund. Es war seltsam, eigentlich hätte es uns stören müssen. Aber es störte uns nicht. So war Corinths Sterben. Dann erinnere ich mich an den schweren Duft der Blumen. Ich weiß nicht, wo sie alle herkamen, wer sie gekauft und geschickt hatte. Das Zimmer war voll von Malven. Vor allem Malven. Sie dufteten süß und dumpf. Und manchmal trifft es mich jetzt noch wie ein Blitzstrahl, wenn ich von irgendwoher diesen Duft empfange. Dann ist es mir, als ob alles zurückkommt. Lovis' Sterbestunde, unsere Trauer und Verzweiflung.

Damals hat mich dieses Ereignis für lange Jahre gefangen gehalten. Corinths Sarg wurde nach Berlin überführt. Der Wagen mit seiner sterblichen Hülle war an die Lokomotive gekoppelt. In einem der anderen Wagen saßen wir. Ich war in dem Alter, wo man Dinge denkt wie ›er weiß es nun, wie es ist nach dem Tode. Er weiß, wie es in dieser anderen Welt da drüben ausschaut.‹ Viele solcher kindlichen Gedanken jagten damals durch meinen Kopf. Später in Berlin, am 21. Juli 1925, war eine Trauerfeier in der Berliner Sezession angesetzt. Trauer, wohin man schaute. Der Sarg wurde von dort nach Berlin-Wilmersdorf überführt. Wenn ich daran denke, dreht es mir noch immer schier das Herz um. Meine Mutter in der Mitte, Thomas und ich zu ihren Seiten; wir gehen die letzten Schritte, ehe wir das Krematorium betreten. Wenn ich auf das Foto schaue, das ich noch besitze, dann erschrecke ich zutiefst bei unserem Anblick. Es mag nebensächlich klingen, aber ich finde es erwähnenswert. Ich war fünfzehn Jahre alt und trage ein Kleid, das man heute nicht seiner Großmutter, nicht seiner Urgroßmutter, niemandem anziehen würde. Ein schwarzer, schrecklich unmodischer Sack hing da an mir herunter. Nicht, daß ich eitel gewesen wäre. Nur die Art, in der man sich präsentieren mußte, war deprimierend: Die Schuhe zu groß, die Strümpfe zu lang, und alles in tiefschwarz. Heute verstehe ich nicht, wie man überhaupt so schrecklich herumlaufen konnte. Meine Mutter sah nicht besser aus. Sie war tief verschleiert mit dem obligatorischen Witwenschleier, der bis auf ihre Füße reichte. Damals sagte sie: »Jetzt verstehe ich erst, warum die Witwen so verhüllt herumlaufen. Es ist ja ein Segen, daß die Menschen nicht sehen können, wie entsetzlich man darunter aussieht. So verweint, so verquollen. Das Gesicht unansehnlich. Ich segne diesen Schleier. Denn so bin ich wenigstens unsichtbar für die Menschen.« Und Thomas, zwanzig Jahre alt, trug einen geborgten Cutaway, auf dem Kopf einen schwarzen Zylinder. Seine Schuhe, viel zu klein, waren ebenfalls geborgt. Wir hätten ja das alles auch kaufen können. Aber vermutlich hatte niemand die Nerven dazu. Wir hatten ja nie viel Sinn für Kleidung bei uns daheim. Das war irgendwie unter unserer Würde. Ein wahrer Künstler, so hieß es, kümmert sich nicht um die Äußerlichkeiten. Meine Mutter hatte zwar für Gesellschaften und offizielle Anlässe durchaus eine angemessene Garderobe. Sie besaß einige kostbare Chiffonkleider aus einem der teuersten Berliner Salons. Aber nur für solche Gelegenheiten gab man sozusagen unnötiges Geld aus. Sonst hielt man sich zurück, kleidete sich unauffällig. Geld für Garderobe zu verschleudern, wie andere Menschen es tun, so habe ich gelernt, war unter unserem Niveau. Man kümmerte sich einfach nicht darum. Aber diese Kleidersituation anläßlich der Beerdigung meines Vaters war wirklich erschütternd. .

Von der Trauerfeier weiß ich nur noch, daß ich ziemlich aufgelöst war, restlos entnervt. Der Sarg stand vor uns, geschmückt mit den unendlich vielen Blumen. Plötzlich versank er. Mutti stürzte, wo er gestanden hatte, zu Boden und schrie laut: »Lovis – mein Lovis!« Aber nichts war mehr aufzuhalten. Der Sarg war endgültig verschwunden. Das ist das, was mir eindringlichst von Lovis' Beerdigung in Erinnerung geblieben ist.

Dieses unansehnliche, schrecklich schwarze Kleid habe ich das ganze Trauerjahr über getragen und weiß noch, daß ich am Neuen See im Berliner Tiergarten einmal ganz allein ein Boot gemietet habe. Ich wollte hinausrudern, ein bißchen Luft haben, etwas Grünes sehen und an anderes denken. Als ich ganz in Gedanken versunken dahinfuhr, kam mir ein Boot mit drei jungen Burschen entgegen. Als sich unsere Boote trafen, versuchten sie, mit mir anzubandeln. Irgend etwas riefen sie mir zu, das ich nicht richtig verstand. Ich war so etwas nicht gewohnt. Außer meinem Bruder und seinem Freund, den ich ab und zu sah, hatte ich keinerlei Erfahrungen mit Buben. Dann, so hatte ich jedenfalls den Eindruck, entdeckten sie das schwarze Kleid an mir. Stumm und leise paddelten sie davon. Entweder wollten sie nichts mit mir zu tun haben oder sie hatten plötzlich Respekt vor mir. Ich habe dieses Erlebnis meiner Mutter erzählt und ihr anvertraut, daß ich mir in dem Trauerkleid wie in einem Schutzgewand vorkäme.

Von Jungens hatte ich zu dieser Zeit keine Ahnung. Insofern unterschied ich mich sehr von meiner Mutter. Als sie in meinem Alter war, hatte sie tolle Chancen bei den jungen

Männern Berlins. Aber ein Grund, warum sie so problemlos Kontakt fand, mag auch darin zu suchen sein, daß sie immer schon gezeichnet hat: im Zoo oder im Tiergarten, oder an irgendeiner beliebigen Straßenecke. Und das führte automatisch zu lockeren Bekanntschaften. Irgendwie war ich später eifersüchtig auf sie. Aus ihren Erzählungen wußte ich, daß sie schon als Schulmädchen einen Verehrer nach dem anderen hatte. Natürlich auf eine ganz unschuldige Weise. Aber alle waren begeistert von ihr. Bei der Gelegenheit sollte ich erzählen, warum Lovis meine Mutter immer ›Petermann‹ genannt hat. Viele Menschen haben sich über diese witzige Namensgebung, die auch unter manchem Bild als Widmung steht, gewundert. Lovis hat oft ›für Petermann‹ signiert und auch die Briefe, die er an sie schrieb, begannen: ›Mein lieber Petermann‹ oder ›Liebes Petermannchen‹. Manchmal, wenn er besonders zärtlich sein wollte, nannte er sie sogar ›Petermannchenchen‹. Sie war schlicht ›sein Petermann‹. Und schließlich wußte man das in Berlin. So ist sie auch in die Geschichte eingegangen. Und das kam so: Als die beiden sich kennenlernten und im ersten Verliebtsein lebten, kramten sie ein bißchen in der Vergangenheit. Mutti, die ja viel jünger war als Lovis, hatte da begreiflicherweise nicht so viel zu erzählen. Lovis konnte mit viel mehr Erlebnissen aufwarten. Um auch einmal etwas Interessantes von sich berichten zu können, Mutti war ja immer voller Witz und Ideen, erzählte sie ihm von einer Reise mit ihren Eltern nach Marienbad. Das war ein Ort, wo man damals zur Kur hinfuhr. Eines Tages traf sie einen jungen Mann, der sich Hals über Kopf in sie verliebte. Sie mochte ihn aber gar nicht leiden. Er war nicht ihr Typ. Er wiederum wollte sie partout heiraten. Und er hielt um ihre Hand an. Das hat sie erschreckt, aber andererseits auch amüsiert. Jedenfalls hat sie dem armen Kerl eine Geschichte aufgetischt, die sie sich glatt ausgedacht hatte, einfach nur, um ihn loszuwerden. Dem Sinne nach hat sie ihm folgendes vorgeflunkert: »Mein Lieber, mit einer Heirat ist das gar nicht so einfach, denn ich weiß nicht, wie ich es meinen Eltern beibringen soll. Mein armer Vater ist nämlich gar nicht mein Vater. In Wirklichkeit – so weiß ich heute – bin ich die Tochter vom Zigeuner Petermann.« (Zu der Zeit machte dieser ›Herr‹ viel von sich reden. Alle Zeitungen waren voll von dem Zigeuner Petermann, der vor allem Kinder raubte.) Und sie erklärte ihm weiter: »Meine armen Eltern fanden mich eines Tages an der Tür. Ich war noch ein Baby, an meinem Ärmelchen hing ein Zettel, darauf stand ›Petermann‹. Das kann nur bedeuten, daß ich seine Tochter bin, in Wirklichkeit also Petermann heiße.« Muttis Verehrer war einigermaßen verstört und rief verdattert: »Du lieber Gott. Das ist ja entsetzlich. Ihre armen Eltern!« Und schließlich landete sie den Knüller und eröffnete ihm: »In Wirklichkeit bin ich ganz arm, überhaupt keine gute Partie, denn wenn mein Vater erfährt, wo ich tatsächlich herstamme, enterbt er mich sofort, dann bekomme ich nicht einen Pfennig Mitgift.« Daraufhin hat der forsche Brautwerber auf dem schnellsten Weg die ›Kurve gekratzt‹ und Mutti als nicht mehr gesellschaftsfähig eingestuft. So etwa hat sie es Corinth erzählt, der sich geschüttelt hat vor Lachen und diese kuriose Geschichte mit dem Zigeuner dazu benutzt, ihr ein für alle Male den Kosenamen ›Petermann‹ zu geben. Dieser Name war so selbstverständlich für uns Kinder, daß wir uns überhaupt nie gewundert haben, wenn er nach ihr rief oder gesagt hat: »Wo ist denn Petermann?« Wir haben nie darüber nachgedacht, andererseits wäre es uns nie in den Sinn gekommen, sie auch so zu rufen. Mutti war eben Lovis' Petermann!

Auch in Urfeld hatte sich mit Corinths Tod alles geändert. Im ersten Sommer nach seinem Tod haben Freunde von meiner

Mutter uns geraten, Urfeld zu meiden und nach Kampen auf Sylt zu gehen. Mutti war in einem verheerenden Zustand, völlig gebrochen. Sie mußte unbedingt irgendwo hin, um sich wenigstens körperlich wiederzufinden. So sind wir dem Rat der Freunde gefolgt und nach Kampen gereist. Ich habe mit Mutti ein Zimmer geteilt, und das war keine leichte Sache für mich, denn sie hat in jeder Nacht stundenlang geweint. Wenn ich mich heute in einer ähnlichen Situation befinden würde, ich denke, ich würde es meiner Tochter nicht antun. Für mich als junges Mädchen war das schwer zu ertragen. Aber ich habe nie aufbegehrt. Damals waren die Zeiten wohl anders. Man lebte seinen Schmerz aus, ließ sich in seinem Leid durch nichts anderes beeindrucken – und das Leid meiner Mutter war unermeßlich. Später las ich in ihren Erinnerungen, daß nur die Pflicht den Kindern gegenüber sie von einer Verzweiflungstat zurückgehalten hat. Sie erzählte mir stundenlang in diesen Nächten, wenn sie nicht weinte, wie es war und was sie fühlte. Ganz sicher ist es so, daß man einen geliebten Menschen nicht von einem Tag zum anderen vergessen kann, man sich Vorwürfe macht, was man versäumt hat und anders hätte machen können. Ich aber war mehr als hilflos. Denn ich trauerte ja auch um meinen Vater. Ich war fast noch ein Kind, brauchte ja schließlich auch Schlaf. Irgendwann, während sie immer noch auf mich einsprach, bin ich oft von der Müdigkeit übermannt worden, habe irgendwas vor mich hingebrummelt und dann nicht mehr zugehört.

Im zweiten Sommer haben wir uns nach Urfeld gewagt. Das war fürchterlich. Dort hat Mutti versucht, von unserem Knecht ein lebensgroßes Bild zu malen. Der Knecht hatte den jungen Ziegenbock auf dem Schoß und mußte stundenlang so still sitzen. Das Wetter war scheußlich. Es regnete permanent, war kalt und neblig, ganz anders als in den wunderbaren Sommern, die wir dort mit Corinth erlebt hatten. Meine

Mutter malte auf der Terrasse. Und eigentlich hätte sie die Sonne gebraucht, denn sie hatte das Bild im Sonnenlicht begonnen, einer Sonne, die sich zu Beginn unseres Ferienaufenthaltes einmal zaghaft aus den Wolken hervorgewagt hatte. Sobald es zu regnen begann, mußten wir rennen und ins Haus hinein, um die Staffelei und das Bild zu retten. Es war wirklich trostlos in jenem Sommer.

1928 fand unsere große Reise statt, die uns bis nach Kairo führte. – In all den Jahren nach Corinths Tod stand das Haus in Urfeld mehr oder weniger leer. Mutti ist zwar immer wieder einmal hingefahren. Und auch Thomas und ich haben gelegentlich Ferien dort gemacht. Aber alles in allem sind diese Aufenthalte in Urfeld in meiner Erinnerung gänzlich verschwunden.

Ich greife jetzt sehr weit voraus und zwar in die Zeit des Zweiten Weltkriegs. Ich lebte mit meinem Mann, Hanns Hecker, und dem erstgeborenen Sohn Michael in Hamburg. Zu Beginn des Krieges wußte niemand, wie es weitergehen würde. Mein zweiter Sohn Georg wurde neun Tage nach Kriegsbeginn, am 10. September 1939, geboren. Mutti war kurz vorher mit dem letzten Passagierschiff nach Amerika zu Thomas emigriert. Mein Mann und ich überlegten damals, was wir mit dem Haus in Bayern anfangen sollten. Es war so weit weg von Hamburg. Mit zwei kleinen Kindern dorthin zu reisen, war zu beschwerlich. Mein Mann arbeitete und hatte für längere Ferienaufenthalte keine Zeit. So wurde Urfeld allmählich zum Problem. Auch hatten wir nicht sonderlich viel Geld. Mein Mann stand am Anfang seiner Karriere. Ich allein hatte nun über das Haus in Urfeld zu befinden. Genaugenommen war es nicht mein Haus, sondern unser Haus. Aber ich war die einzige, die noch in Deutschland lebte. Und so beschlossen mein Mann und ich, daß es letzten Endes richtig und vernünftig sei, es zu verkaufen. Für den Erlös wollten wir ein kleines Haus in einem Vorort von Hamburg erwerben. Als sicheren Unterschlupf, falls der Krieg länger dauern sollte. Keiner von uns ahnte damals, daß Hamburg total zerstört werden würde. Ich habe diese Aktion ›auf meine eigene Kappe‹ genommen. In der Hoffnung, daß Mutti und Thomas damit einverstanden sein würden. Fragen konnte ich sie nicht. Denn es gab durch den Krieg keinen Kontakt. Unser Haus in Urfeld wurde von der Mutter von Professor Heisenberg, dem Atomforscher, erworben. Sie wollte es für die Kinder ihres Sohnes kaufen. Viele Jahre sind seitdem vergangen. Wie ich kürzlich von einem Mitglied der Familie Heisenberg erfuhr, ist das Haus, soweit dies möglich ist, im Geiste Corinths erhalten geblieben. Auch die jetzigen Besitzer betrachten diese Stätte als einen Ort der Zurückgezogenheit und der geistigen Sammlung. Ich erhielt Fotos, die die Einrichtung im Innern des Hauses tatsächlich so zeigen, wie sie zu unserer, zu Corinths Zeit aussah. Dies war eine Nachricht, die mich unendlich erfreute, denn ich selbst habe das Haus niemals wieder betreten.

1958, als ich zusammen mit meiner Mutter die große Corinth-Ausstellung in Wolfsburg besuchte, haben wir einen Abstecher an den Walchensee gemacht. Aber wir sind nicht bis zum Haus hinaufgegangen und haben es uns nur aus der Ferne angeschaut. Wehmütig war uns beiden zu Mute und schweigend sind wir in den Ort zurückgegangen. Ich besuche nicht gerne Plätze aus der Vergangenheit. Ich schaue und gehe lieber nach vorne. Das ist vielleicht auch der Grund, warum es mir in Amerika so gut gefällt. Denn hier geht es eigentlich immer nur vorwärts, nie zurück. Noch heute schreiben mir viele Menschen, daß sie nach Urfeld fahren, um die Landschaft zu betrachten, die Corinth damals um sich hatte und so unwiederbringlich für die Ewigkeit festhielt. Ich will nicht sagen, daß man Urfeld und unser ehemaliges Haus als eine Art Wallfahrtsort betrachtet, aber ein bißchen ist wohl was dran. Auch mit Berlin habe ich auf irgendeine Weise abgeschlossen. Als wir nach dem Krieg zum ersten Mal zurückkamen, bin ich in die Klopstockstraße gegangen. Unser Haus Nr. 48 existierte nicht mehr. Es war – wie alle anderen Häuser im Hansaviertel – völlig zerbombt worden. Nur ein paar alte Bäume standen an der Straße. An einen habe ich mich angelehnt, die Einschläge von Granatsplittern in der Rinde gesehen und zärtlich und leise darübergestrichen. Dann habe ich hemmungslos geweint. Auch das Haus in Wellingsbüttel, das wir vom Urfelder Geld gekauft hatten, mochte ich nicht mehr besuchen. Ich muß es noch einmal sagen. Ich blicke nicht gerne zurück. Wenn ich mich erinnere, so wie jetzt, dann beschwöre ich zwar die Vergangenheit für eine kurze Weile. Aber meine Gedanken kreisen schnell wieder um das Heute. Vielleicht, weil mich sonst die Emotionen überwältigen würden.

»Bei den Corinthern«

Januar 1990. Man verschreibt sich noch oft auf den Schecks, aber es ist wirklich 1990. Das Jahr 2000 ist nicht mehr allzu weit. Unvorstellbar. Ich sehe mich um in unserem schönen New Yorker Wohnzimmer und registriere das, was noch übriggeblieben ist von Weihnachten. Ich habe sie noch nicht weggeräumt, die schönen Weihnachtsdekorationen, die wir jedes Jahr wieder herausholen. Sorgfältig verwahre ich sie in einem Wandschrank – für das nächste Jahr. Ich hänge an diesen Dingen, an den vergoldeten Engelchen, den winzigen Zwergen, den Kugeln, dem Lametta und den altmodischen Kerzenhaltern. Einen Weihnachtsbaum allerdings gibt es bei uns nicht mehr. Er macht uns zuviel Arbeit. Außerdem muß ich ihn nachher wegwerfen und dann liegt er irgendwo auf der Straße herum, oft bis in den Februar und den März hinein. Das macht mich immer ganz traurig, wenn ich diese abgearbeiteten Weihnachtsbäume auf den Straßen liegen sehe. Weihnachten in New York! Ich dekoriere meine hübschen Dinge an großen Tannenzeigen. Wenn ich die in die Mülltonne werfen muß, macht mir das keine so großen Probleme.

Weihnachten ist für mich immer noch verbunden mit meinen frühen Erinnerungen an die Festtage in Berlin und im Haus in Urfeld. Und auch daran, wie glücklich wir ›vier Corinther‹ dann waren. Weihnachten am Walchensee war etwas ganz Besonderes. So wie man es sich wünscht und von den Postkarten her kennt: Schnee und Berge, weißgezuckerte Bäume. Aus Berlin brachten wir die feinen Zutaten für unser Festessen mit, wirklich herrliche Delikatessen. Aber da war vor allem auch das köstliche Weihnachtsgebäck und die berühmten Dresdner Christstollen. Zwei riesengroße Exemplare waren es immer, die wir mit nach Urfeld schleppten. Und dann eine große Marzipantorte, die mein Vater jedes Jahr von einem Verehrer aus Königsberg zugeschickt bekam. Sie hat eine Geschichte: Corinth hat sie gemalt, in zwei Versionen. Das letzte Bild ist Weihnachten 1924, ein Jahr vor seinem Tod entstanden. Die *Königsberger Marzipantorte* gehört heute dem Landesmuseum in Münster. Was ihren Verzehr betraf, so gab es ein Ritual: Wir aßen sie nach dem Abendessen, manchmal aber auch zum Kaffee am Nachmittag.

Zum Weihnachtsfest fällt mir noch etwas anderes ein. Es war 1922, ich war dreizehn Jahre alt, und unsere Lehrerin in der Schule zeigte uns, wie man ein Buch selbst binden könne. Wir waren von dieser Idee begeistert, zumal sie uns damit die Möglichkeit aufzeigte, hübsche Weihnachtsgeschenke für unsere Eltern und Geschwister anzufertigen. Wir kauften billige Bücher, entfernten den Originaleinband, nahmen das Buch auseinander und lernten so, wie man die einzelnen Schichten Papier mit der Hand zusammennäht, dann klebt, schließlich den Rücken und den Deckel bastelt. Für all das hatten wir eine Handbuchpresse zur Verfügung, wie zu Gutenbergs Zeiten. Für den Einband benutzten wir ganz feines, zartes Juchtenleder, für das wir unser Taschengeld opferten, oder auch selbstgebatiktes Papier. Ich war sehr stolz auf meine Arbeit und nahm die Geschenke für die Eltern nach Urfeld mit. Am Heiligen Abend überreichte ich meiner Mutter einen in grünem Leder eingebundenen Band von Hauffs Märchen. Sie hatte mir viele seiner Märchen erzählt.

Meinem Vater aber übergab ich sehr sinnig ein von mir in selbstgebatiktes Papier eingebundenes Skizzenbuch. Dabei hoffte ich, daß er es wirklich benutzen und nicht einfach weglegen würde, was ich fast befürchtete. Ich wollte einfach nur, daß mein Geschenk von ihm gewürdigt wurde. Aber Lovis dachte ganz anders darüber. Er benutzte dieses Skizzenbuch auf die entzückendste und liebevollste Weise, die ein Vater seiner kleinen Tochter nur zeigen kann. Damals vermochte ich das, was er da tat, in seiner ganzen Tiefe nicht zu erfassen. Mir hat die Bastelarbeit einfach nur großen Spaß gemacht. Ich habe lange das Skizzenbuch nicht beachtet. Vor zwei Jahren fiel es mir wieder in die Hände. Und als ich darin blätterte, ergriff mich eine große Liebe zu meinem Vater, der mir in den Kindertagen immer etwas fremd geblieben ist. War er doch so ganz anders als die Väter meiner Mitschüler, einfach großartiger, mit besonderen Kräften. Das fühlte ich immer. Ihm zuliebe nahmen Thomas und ich uns oft zusammen, waren nicht laut, brüllten nicht herum. Wir verhielten uns still, weil wir wußten, daß er in diesem Punkt sehr empfindlich war. – Äußerlich sah das Skizzenbuch nicht mehr schön aus. Es hatte in den Jahren gelitten. Das Papier hat die leuchtenden Farben verloren, es ist braun und schrumplig, an manchen Stellen eingerissen. Das Skizzenbuch lag viele, viele Jahre vergessen zwischen anderen Arbeiten Corinths. Als ich es entdeckte, hatte ich keine Ahnung mehr, um was es sich handelte. Ich drehte und wendete es, wunderte mich nur, wie häßlich es war, schließlich zupfte ich zögernd die Bänder auf. Dann sah ich die erste Seite, und hielt den Atem an. Langsam kam die Erinnerung an dieses Kindergeschenk von mir an den Vater zurück. Ich blätterte weiter. Innen ist das Zeichenpapier noch genauso fest und gut wie damals. Als ich die Zeichnungen betrachtete, war ich gerührt. Als wäre es erst gestern gewesen, zogen diese frohen Kindertage an mir vorüber. Ich sah den Vater hier oder dort auf der Terrasse vorm Haus stehen, immer bei der Arbeit, die Staffelei vor sich, den Pinsel in der Hand, oder eine schwere Kupferplatte mit der linken Hand gegen die Brust gepreßt, in der rechten den scharfen Stift. Ich sah ihn auf der Kanzel, so nannten wir ein Grundstück, das von uns weiter entfernt, eine noch bessere Aussicht zuließ. Da stand er oft und ließ den Blick prüfend über See und Berge schweifen. Sicher dachte er bei solchen Gelegenheiten schon wieder an das nächste Bild. Meine Mutter, Lovis' Petermann, war ein niemals wankender Halt. Lovis wußte genau wie wir, daß ihre Heiterkeit nichts trüben konnte, daß sie für jeden von uns einen Zuspruch parat hatte, wenn wir ihn brauchten. Hatte sie doch dieses Haus in Urfeld nur für ihn gebaut, damit er die Landschaft Bayerns, den See, das Gebirge, in ihrer ständig wechselnden Schönheit verewigen konnte.

In jenem Winter, als er von mir das Skizzenbuch zu Weihnachten bekam, entstand eine Folge von zehn Radierungen: Der Walchensee.

Für uns Kinder war der Winter in Urfeld mindestens genauso schön wie der Sommer. Gleich hinter unserer Gartentüre führte der Weg hinauf zum Herzogstand. Wenn ich daran denke, höre ich noch unser fröhliches Lachen, sehe uns vergnügt im Schnee den steilen Abschneider hinaufkraxeln. Der große Bruder Thomas forsch voran, ich mühsam folgend. Endlich oben angelangt, setzten wir uns auf die Schlitten, die wir mit uns heraufgezogen hatten und schossen in rasender Fahrt in einer Viertelstunde hinunter. Zwei Stunden hatten wir uns hinaufgequält. Es waren glückliche Tage.

Und mein Vater hat sie auf diesen Seiten eines Kindergeschenkes festgehalten. Er hat sie unsterblich gemacht. Zum Inhalt des Skizzenbuches: die erste Seite widmete er mir, schrieb ›Weihnachten 1922 – Meiner Wilhelmine‹. Ein Lebensalter, mein Lebensalter liegt dazwischen. Es war völlig Lovis' Idee, die folgenden Seiten mit Menschen, Tieren und Erlebnissen zu füllen, die während dieser Winterwochen in

Urfeld unsere Tage belebten. Er hielt unser tägliches Familienleben mit den kleinen Späßen und Spielen fest, die aus Schach-, Mühle- oder Kartenspielen um Pfennige bestanden. Jedes unserer Tiere ist auf diesen Seiten vertreten. Moro, der treue Airdale-Terrier, der in einer extra für ihn gezimmerten Kiste von Berlin nach Urfeld mit uns gereist war. Er beherrschte ein Kunststück. Als wir ihn kauften, hatte uns sein früherer Herr gezeigt, was er konnte. Man hieß ihn sitzen, legte ein Stück Zucker auf seine Nase und sagte: »Es gingen drei Jäger wohl auf die Pirsch, sie wollten erjagen den weißen Hirsch, piff, paff, puff!« Dann schnappte Moro das Stück Zucker. Wir wurden nicht müde, das Tier mit diesem Spiel zu beglücken. Und auch Lovis sah sich das schmunzelnd an. Er liebte Tiere. Und sie suchten zutraulich seine Nähe. Ich bin noch heute ganz stolz auf ein Foto, das ich als kleines Mädchen in Urfeld gemacht habe. Lovis sitzt auf der Terrasse vor dem Haus, zwei junge Katzen ruhen auf seiner Schulter und in seinem Arm und fühlen sich so richtig geborgen. Dieses Foto war übrigens in vielen bedeutenden Kunstzeitschriften veröffentlicht.

Während ich eine andere Seite des Skizzenbuches betrachte, wird die Wildkatze Muggel wieder lebendig. Lovis hat mich mit ihr sogar einmal gemalt. Muggel war uns zugelaufen. Eines Tages kam sie aus den Wäldern an unsere Terrasse heran, schleckte eine Schale Milch leer und zog von da an die Freundlichkeit unseres Hauses der Wildnis vor. Da gab es noch den schwarzen Kater Mautz, den ich von klein auf mühevoll aufgezogen hatte. Mautz hatte ein Faible für den Springbrunnen vor dem Haus. Der Springbrunnen ist oft von Lovis gemalt worden und erscheint auf vielen seiner Bilder.

Dieser Springbrunnen sprudelte nur ein spärliches Rinnsal, denn Wasser war oben auf dem Berg kostbar. Die wenigen Tröpfchen, die aus dem Brunnen kamen, fing Mautz geschickt mit der ausgestreckten Pfote auf. Das war ein possierliches Spiel. Dann hatten wir noch eine Ziege, die wir Mecki nannten. Meine Mutter konnte sie melken. Das hat Lovis besonders amüsiert.

Von einem anderen Blatt des Buches schaut mich das Pferdchen Strupp an. Meine Mutter hatte den klapprigen Vierbeiner im Hungerjahre 1919 für hundert Mark vom Schlachtmesser losgekauft. So wurden wir Pferdebesitzer. Strupp war von kleinem Wuchs, ein russisches Kosakenpferd. Lovis gab mit Vergnügen die Erzählung zum Besten, daß die Kosaken oder Tataren das rohe Fleisch unter ihre Sättel gelegt hätten, um es weich zu reiten. Deswegen hieße es heute noch ›Beefsteak Tatar‹. Ich fand diese Geschichte damals aufregend und habe sie auch nie vergessen. Denn ich esse Tatar für mein Leben gern.

Nun zu unserem Knecht Franz. Auch er ist von Lovis radiert worden und gehört zu der Folge von vierzehn Radierungen *Bei den Corinthern* (1919). Er hatte unseren kleinen Strupp wieder zu Kräften gebracht. Mutti kaufte ein Wägelchen für den Sommer und für den Winter einen Schlitten, der sogar Schellen hatte. Das war für uns Kinder wie im Märchen. Ich lernte, mit Strupp umzugehen, bürstete und striegelte ihn, säuberte ihm die Hufe, fütterte ihn, und trieb mich den ganzen Tag im Stall herum. Der Stall war nicht groß. Pferd und Ziege mußten ihn teilen. Bald nahm meine Jacke den Stallgeruch so stark an, daß sogar Lovis, der ja mehr mit dem Landleben und seinen Düften vertraut war als wir Städter, lachend sagte: »Jetzt kommst du mir nicht mehr ins Wohnzimmer, wenn du dich nicht vorher völlig umgezogen hast.« Bald wurden Pferd und Wägelchen für uns eine Notwendigkeit, denn um für die Familie oder gelegentliche Gäste einzukaufen, mußten wir ins Dorf Kochel hinunter. Meist durfte ich kutschieren. Aber ein späterer Knecht, Klaus, saß aufmerksam neben mir und mußte oft die Zügel übernehmen. Denn unser Strupp war eigensinnig und konnte sich nicht an die wenigen Autos gewöhnen. Ich kann mir das heute gar nicht mehr vorstellen, wenn ich an die Autolawine von New York denke. Damals begegnete einem nur selten einmal ein Automobil auf der Straße. Aber wenn eines dann mit Geknatter daherkam, uns überholte, dann scheute Strupp ganz furchtbar und stürmte davon, immer bergab in Richtung Kochel, so daß mir manchmal angst und bang wurde. Nach Urfeld zurück ging es ganz gemächlich. Denn dann mußten wir ja bergauf. Auf halbem Wege gab es eine Pferdetränke. Strupp durfte ausruhen und trinken. Eines Tages fuhr vor uns ein Wagen, der von einer Stute gezogen wurde. Klaus brummte ärgerlich vor sich hin, und zu meinem Erstaunen strebte Strupp an der Tränke vorbei, wollte gar nicht trinken und eilte gar im Trab dem anderen Wagen nach, obgleich es doch bergauf ging. Ich bat Klaus, mir dieses seltsame Benehmen unseres Pferdchens zu erklären. Aber ich bekam keine verständliche Antwort. Schließlich nuschelte er, ich möge den Herrn Professor, meinen Vater, fragen. Ich sollte also den Herrn Professor fragen! Aber der Herr Professor Lovis meinte, daß ich doch lieber die Mutter befragen sollte. Denn solche Gespräche waren Corinth nicht angenehm. Jedenfalls nicht mit mir. Der Maler, dessen Darstellungen üppiger weiblicher Akte berühmt sind, übte in der Familie diskreteste Zurückhaltung. Niemals habe ich ein ordinäres Wort von ihm gehört oder auch nur die leiseste Anspielung einer Anzüglichkeit.

Klaus mußte über die Ausgaben, die er im Dorf Kochel für die Lebensmittel gemacht hatte, täglich mit meiner Mutter abrechnen. Das geschah am Abend nach dem Essen. Ich hätte mich wirklich nicht mehr an dieses Ritual erinnert, wenn es nicht durch das Skizzenbuch von Lovis festgehalten worden wäre. Auf einer Seite steht da: »Abrechnung mit Klaus«.

Dann kommen andere Blätter: »Mine, apfelessend«, »Mine lesend«, »Thomas lesend«, »Thomas und Petermannchen Mühle spielend«. Das sind die Beschriftungen, die Lovis selbst unter die Blätter gesetzt hat. »Die Familie beim Kartenspiel« hat auch einen Platz im Skizzenbuch. Beim Kartenspielen ließen sie mich grundsätzlich gewinnen. Denn ich war die Kleine, die stolz mit ihren Pfennigen in der Tasche klimperte. Wir lachten, neckten uns, waren vergnügt und ganz einfach glücklich miteinander. Nicht, daß wir es je ausgesprochen hätten. Das beileibe nicht. Aber wir wußten, daß wir zueinander gehörten. Wir waren die ›vier Corinther‹! Jetzt bin ich allein!

Beim Durchblättern stoße ich auf eine Zeichnung, die Lovis »Petermann als Theodor Körner« betitelt hat. Das war einer der Späße, die meine Mutter erfand, um das von ihr so geliebte Schmunzeln auf Lovis' Gesicht zu zaubern. Ein anderes Blatt heißt »Kalte Füße«. Mutti sitzt im großen Lehnstuhl, hat eine Decke auf den Knien und hält die Füße an den wärmenden Kachelofen. Die Schuhe stehen auf der Ofenbank. Wenn ich diese Skizze betrachte, fühle ich die Wohligkeit, die einen durchströmte, wenn man sich gegen den Kachelofen lehnte. Keine noch so moderne Heizanlage kann diese gemütliche Wärme verbreiten.

Jede Buchseite läßt Erinnerungen wach werden, und ich sehe, mit welch großartiger künstlerischer Inspiration Lovis an diesem doch so kleinen Buch gearbeitet hat. Aber mein Vater wußte gewiß, was er tat. Er wollte mir als Dank für meinen kindlichen Wunsch, ihm mit dem selbstgefertigten Buch eine Freude zu bereiten, etwas von großem Wert in die Kinderhände zurücklegen. So hat er sich auf einem der Blätter in einem tiefernsten erschütternden Selbstporträt dargestellt. Für mich ist es eines seiner schönsten Selbstporträts der letzten Jahre. Mit seiner lithographischen Kreide und über das ganze Blatt hinweg schrieb Lovis seinen Namen, und noch weiter unten mit Tinte »Selbstporträt Lovis Corinth«. Eine andere Kostbarkeit ist eine herrliche Walchenseelandschaft mit der berühmten Lärche, dem Wahrzeichen seiner weltbekannten Walchenseebilder. Hier hat er darunter notiert »Der Wetterstein mit Walchensee – Lovis Corinth«.

Corinth hat alle diese Blätter vollgezeichnet und signiert. So hat mein Vater in diesem kleinen Skizzenbüchlein nichts ausgelassen, was Urfeld und der Walchensee während dieser kurzen beiden Wochen Winterferien 1923 für uns bedeuteten. Dieses so bescheiden anmutende Buch hielt ich in meinen Händen. Es wog schwer. Dieses Kleinod befindet sich jetzt im Museum Ostdeutsche Galerie Regensburg.

Die Zeichnungen zeigen auf eindringliche Weise, wie sehr das Leben in Urfeld sich von dem in Berlin unterschied. Denn in Urfeld waren wir alle zusammen. Von morgens bis abends. Da waren wir wirklich eine glückliche Familie. In Berlin dagegen lief es anders. Lovis war sehr einsilbig und mit seinen Gedanken bei seiner Arbeit. Auch Mutti sah ich häufig nur zu den Mahlzeiten. Manchmal auch am Nachmittag. Aber im allgemeinen war das die Zeit, wo auch sie sehr beschäftigt war. Aus heutiger Sicht verstehe ich das. Sie hatte damals Schauspielermappen zusammengestellt. Freundinnen und Freunde hatten sie mit der Schauspielwelt bekannt gemacht. So war sie mit Lucie Höflich eng befreundet, und mit Ilka Grüning, die zur damaligen Zeit eine Berühmtheit war. Da blieb es nicht aus, daß sie auch Fritzi Massary kennenlernte und deren Mann Max Pallenberg. Theatergrößen im damaligen Berlin. Sie arbeitete an verschiedenen solcher Mappen. Eine Sache machte besonders Furore: eines ihrer Modelle war die Tänzerin Valeska Gert. Sie galt als sehr frei, erotisch und männermordend. Das war ihr Stil, ihr Markenzeichen.

Meine Mutter zeichnete sie während des Tanzes mit hochgehobenen Röcken und gespreizten Beinen. Muttis Arbeit nahm viele, viele Wochen in Anspruch. Fast an jedem Abend ging sie fort, um im Theater hinter den Kulissen zu zeichnen. Thomas und ich sprachen nicht darüber, daß wir Mutti abends nie zu Gesicht bekamen. Aber ganz leicht ist es uns nicht gefallen, auf sie zu verzichten. Und heimlich habe ich mir damals geschworen, daß mir so etwas mit eigenen Kindern nie passieren würde. Heute sehe ich das etwas anders. Aber damals fehlte sie uns. Und wir mußten uns allein mit Lovis beim Abendessen ›vergnügen‹, dabei wurde dann kein Wort gesprochen. Wenn Mutti da war, war alles ganz anders. Sie gab unserem Zusammensein Leben, sie fragte uns nach der Schule, nach den Erlebnissen des Tages, und wir erzählten eifrig. Nie haben wir uns gefragt, ob Lovis das überhaupt hören wollte. Ohne Mutti waren wir stumm.

Als Kind war ich oft nur mir überlassen. Es wurde zwar dafür gesorgt, daß ich ein Kinderfräulein hatte und später Gouvernanten, Damen aus verarmtem Adel, die meine Erziehung überwachen sollten, aber auch junge Studentinnen, die ihr Budget aufbesserten. Gott sei Dank spielten sie mit mir. Denn Freundinnen hatte ich ja leider nicht, da wir zu weit weg wohnten. Wenn ich mir heutige Verhältnisse vorstelle: Eltern, die umziehen, damit ihre Kinder gute Schulen besuchen können, keine allzu weiten Wege machen müssen und auch Freunde in der Nähe haben, dann hatten wir es damals nicht gut getroffen. Aber solche Überlegungen gab es nicht. Der Gedanke, daß Corinth sein Atelier aus solchen Gründen hätte aufgeben wollen, ist gar nicht zu Ende zu denken. Daß er in eine Gegend ziehen würde, die – wie man heute sagt –, kinderfreundlich ist, grenzt an Absurdität. So mußte ich mich mit einer ganzen Reihe von Fräuleins und besseren Damen begnügen. Aber sie verließen uns sehr oft und sehr schnell und meist ohne Angabe von Gründen.

Mit einer dieser ›Fräuleins‹ ging ich öfter im Tiergarten spazieren. Sie erzählte mir immer wieder von ihrem Bruder, der als Gefängnisbeamter die Todeskandidaten im Gefängnistrakt mit den Todeszellen zu betreuen hatte. Zuerst habe ich mir vor Schreck die Ohren zugehalten. So etwas Entsetzliches wollte ich nicht hören. Dann aber packte mich die Neugier. Sie hat mir tatsächlich vom Erhängen erzählt, vom Kopfabschlagen und andere blutrünstige Schauergeschichten. Nach solch gräßlichen Erzählungen, die ich ein paar Tage mit mir herumgetragen habe, erzählte ich alles Mutti. Die ›Dame‹ hat den nächsten Tag nicht ›überlebt‹, sie wurde kurzerhand entlassen.

Ich entsinne mich einer anderen, die auch mit mir spazierenging und die ich eigentlich mochte. Andere wiederum kamen nur am Nachmittag nach der Schule, um die Hausaufgaben zu überwachen. Sie blieben bis zum Abendessen. Wieder andere aber schliefen sogar mit in meinem Zimmer. Ich hatte ein ziemlich großes Zimmer, so daß ein zweites Bett noch Platz hatte. Einmal wachte ich nachts auf, es war klirrekalt, und ich versuchte, unter der warmen Decke zu bleiben. Wenn ich nachts mal ›mußte‹, ging ich nicht auf die kalte Toilette, sondern benutzte wie jeder von uns den Nachttopf. Er stand unterm Bett und wurde von dem Mädchen morgens rausgetragen. Diesmal mochte ich noch nicht mal aufs Töpfchen gehen und versuchte wieder einzuschlafen. Plötzlich traute ich meinen Augen nicht: ich sah, wie meine Zimmergenossin ihren Nachttopf in der Hand hielt, natürlich nachdem sie ihn benutzt hatte, damit zu meinem kleinen Waschbecken ging und den Inhalt reinkippte. Mir war elend. Sie hatte nur ein bißchen kaltes Wasser aufgedreht und nachgespült, ist dann friedlich mit ihrem Nachttopf in der Hand wieder zurückgewackelt und in ihr Bett gestiegen. Für sie war der Fall erledigt. Sehr bald schnarchte sie. Ich lag wach und dachte darüber nach, was nun werden sollte. Mein Hauptproblem war, sich da morgen früh waschen zu müssen. Innerlich tobte es in mir und ich sagte immer wieder halblaut: »Das tu ich einfach nicht, nein das tu ich nicht. Das ist mir ganz egal, was auch geschieht, ich tu es nicht.« Schließlich brach der Tag an und ich stand auf. Das Mädchen hatte geheizt und ordnete an: »Putz dir die Zähne, wasch dir die Hände und das Gesicht.« Ich rief wütend: »Nein, das tu ich heute nicht.« Sie wieder: »Kommt nicht in Frage, du mußt dir doch die Zähne putzen und die Hände waschen.« Ich blieb stur und brüllte: »Nein, das tu ich nicht.« So ging es eine Weile hin und her. Schließlich wurde sie böse. Ich wurde lauter, dann kam meine Mutter und wollte wissen, was los sei. Das Mädchen klagte, daß ich weder Zähneputzen noch Händewaschen wollte. Ich stampfte mit dem Fuß auf und wiederholte stur: »Nein, das tu ich nicht.« Meine Mutter merkte natürlich sofort, daß irgend etwas los war. Sie nahm mich zu sich in ihr Zimmer. Ich ging heulend mit und erzählte ihr alles. Dieses Kinderfräulein sah ich nie wieder. Sie flog sofort.

Auch auf eine andere besinne ich mich. Die Sache war eigentlich ganz harmlos, aber es hat Jahre gedauert, bis ich diese Geschichte abgeschüttelt hatte. Das Mädchen erzählte mir nämlich von ihrem Papagei. Und dieser Papagei konnte sprechen. Irgendwann einmal sah er eine nackte Person von hinten. Seitdem plapperte er unentwegt dumpf vor sich hin: »Dicke Backen, dicke Backen.« Das Mädchen fand das so komisch, daß sie mir davon dauernd erzählen mußte. Ständig kicherte sie wie der Papagei: »Dicke Backen, dicke Backen«. Ich fand das unangenehm und geradezu unappetitlich und genierte mich sogar, es meiner Mutter zu erzählen. Eigentlich habe ich diese Geschichte erst als erwachsene Frau überwunden. Aber immer wenn ich nackte Menschen auf einem Bild sah oder ein nacktes Hinterteil, hatte ich die Assoziation dieser schrecklich ›dicken Backen, dicken Backen«. Und es mag komisch klingen, aber manchmal verfolgt es mich heute noch. Ob ich meiner Mutter damals nicht doch etwas gesagt hatte, weiß ich nicht mehr. Jedenfalls blieb auch dieses Mädchen nicht lange.

Das waren die Gefährten während meiner Kinderzeit. Manchmal wurde ich zu Kindergesellschaften gebeten, aber das geschah ganz selten und hing damit zusammen, daß wir die Einladungen nie erwidern konnten. Kinder störten. Es störte Lovis, wenn er runterkam und das Gekreisch von kleinen Mädchen ertragen mußte.

Einmal ergatterte ich doch eine Einladung zu einer Kindergesellschaft. Mein Kinderfräulein sollte mich zur angegebenen Adresse bringen und dort abliefern. Aber wir fanden weder Straße noch Hausnummer und so irrten wir stundenlang durch die Riesenstadt Berlin. Ich war furchtbar enttäuscht.

Wir hatten eben meist Pech mit unseren Kindermädchen. Nur eine blieb verhältnismäßig lange bei uns. Lovis hat sie 1919 mit Schwertlilien im Henkelkorb als *Flora* gemalt. Wir nannten sie Schoko – ihren Spitznamen hatte sie, weil sie wahnsinnig gern Schokolade futterte. Und das gleich nach dem Krieg, in einer Zeit also, in der solche Delikatessen kaum zu bekommen waren. Aber sie hatte wohl geheime Quellen, denn an Schokolade mangelte es uns nie. Bis zu diesem Zeitpunkt war ich spindeldürr, sicher auch eine Folge der Hungerjahre. Schoko steckte mir immer wieder Schokolade in den Mund und sogar meiner Mutter fiel auf, daß ich abends keinen Appetit auf Brote oder Bratkartoffeln mit Spiegeleiern hatte. Ich entschuldigte mich: »Du weißt ja gar nicht, was sie Gutes für mich tut.«

Eines ist sicher: Schokos süße Quelle hatte etwas mit einem Mann zu tun. Darauf bin ich natürlich erst später gekommen. Sie muß einen Geliebten gehabt haben, den sie heimlich traf. Zu diesem Rendezvous nahm sie mich mit. Sie traf sich mit ihm in einer Gegend, die mir völlig fremd war. Es war Winter, eiskalt. Das Haus, in dem sie immer verschwand, hatte auch ein Hinterhaus. Um dahin zu kommen, mußte man vom Vorderhaus her über einen großen Hof. Waren wir dort angelangt, sagte sie: »Warte mal hier einen Augenblick, ich komme gleich wieder runter. Ich muß nur irgend jemand ganz kurz sehen.« Da stand ich dann, mindestens eine Stunde lang, ganz allein im Hof. Ab und zu ging jemand vorbei, um im Hinterhaus Kohlen oder Gemüse abzuliefern. Ich dachte, vielleicht ist sie durch einen dritten Ausgang vom Hinterhaus aus auf Nimmerwiedersehen verschwunden. Und ich finde nie mehr wieder nach Hause zurück. Ich fror entsetzlich und hatte Angst. Mein dünnes Mäntelchen wärmte kaum. Da bin ich in dem Hof hin- und hergelaufen, hab meine Füße warmgetrampelt und in die Hände geblasen. Endlich erschien sie, nach endlos langer Zeit. Sie war vergnügt, hatte einen hochroten Kopf, erzählte und machte sich keinerlei Gedanken, daß ich mich da unten geängstigt hatte. So hat sie das manches Mal mit mir gemacht. Diese Geschichte habe ich meiner Mutter nie gebeichtet. Ich hatte zwar das unbestimmte Gefühl, daß die Sache nicht ganz in der Ordnung sei, aber weil ich es nicht richtig erklären konnte, habe ich es für mich behalten. Denn sonst mochte ich sie ja sehr gern.

So bin ich also in den entscheidenden Jahren aufgewachsen. Heute weiß man, wie wichtig gerade diese Jahre für das spätere Leben sind: Daß man soziale Bindungen pflegen muß, um entsprechende Verhaltensweisen im Umgang mit anderen zu erlernen. Diese Zeit hat sicher mein ganzes Leben irgendwie bestimmt. Weil das so war, hab ich auch nie Jungs oder später dann gleichaltrige junge Männer kennengelernt. Harmlose Späße, Herumtollen oder Necken bis zu einer gewissen Grenze, das habe ich nie erlebt. Ich kannte es einfach nicht. Auch so etwas wie Aufklärung fand nicht statt. Meine einzige Information bezog ich aus der Küche. Unsere Köchin Ilse half mir auf die Sprünge. Auf meine Frage, woher denn dieses eklige spiralartige Gebilde in manchen Eiern komme, antwortete sie kurz angebunden: »Das kommt vom Hahn.« Ich war baß erstaunt. »Wieso denn? Die Hühner legen doch die Eier.« Wenn wir im Sommer verreisten, hat sie mich oft mitgenommen, um die Eier unter den Hennen einzusammeln. »Der Hahn kräht doch und weckt uns morgens viel zu früh. Der kann doch zu nichts gut sein, und wie soll er denn dieses schlabbrige Zeug in die Eier reintun!«

»Es kommt trotzdem vom Hahn.« Darauf bestand die Köchin. Sie hatte einen roten Kopf und sah ärgerlich aus. So zuckte ich die Schultern und beschloß, die Sache auf sich beruhen zu lassen. Aber mir schwante, daß da anscheinend doch ein Unterschied bestand zwischen Männchen und Weibchen. Irgendwann hatte ich meine Mutter gefragt, woher denn die Babys kämen. Denn die Sache mit dem Klapperstorch, das wußte ich bereits, war ein Märchen. Mutti hatte lächelnd ihre Hand auf die Magengegend gelegt und ganz selbstverständlich erklärt: »Die Mutter trägt ihr Kind unter dem Herzen.« Das klang schön und es befriedigte mich zu der Zeit vollauf. Und dann hat sie noch hinzugefügt, daß ich mit solchen Fragen lieber zu ihr kommen sollte und nicht zu einem der Dienstmädchen. Aber das mit dem Hahn und dem Ei war was völlig anderes. Es reizte mich zum Nachdenken. Später in der Schule kam es mir sogar zugute. Die Biologiestunde war mein liebstes Fach. Ich liebte Tiere und war begierig, mehr über sie zu lernen. Ausführlicher aber als über die Tiere ließ sich die Lehrerin über die Pflanzen aus. Da lernten wir von

Blütenstaub und Stempel, von der Notwendigkeit, daß die Bienen das eine zum anderen tragen, damit schöne Blumen entstehen. Das beeindruckte mich und ich versuchte, über die Tiere auch so etwas zu erfahren. Nichts dergleichen. Die Männchen waren lediglich stärker und größer als die Weibchen. Erst mit der Zeit kam ich drauf, daß so etwas ähnliches wie bei den Blumen wahrscheinlich auch bei den Tieren passieren mußte, daß sich unsere Lehrerin jedoch partout nicht dazu äußern wollte. Nur soviel ließ sie sich entlocken: es mußte immer ein Pärchen sein, wenn es die süßen kleinen Kätzchen geben sollte oder andere junge Tiere, die ich ja von Urfeld kannte oder auch vom Berliner Zoo. Von da war es nur ein Schritt zu den Menschen. Nur darüber wollte niemand mit mir sprechen. Die praktische Ausführung dieses Vorgangs ließ mich noch für längere Zeit kalt. Ob ich später wirklich mit weiteren Fragen zu meiner Mutter ging, weiß ich nicht mehr. Trotz der Fortschrittlichkeit, die bei uns zu Hause herrschte und der Selbstverständlichkeit, mit der ich die Aktbilder im Atelier betrachtete, war man sehr zurückhaltend. Damals vermied man es, mit der eigenen Mutter über diese ›Dinge‹ zu reden. So ist es wirklich ein Segen, daß heute in den Schulen ›ganz cool‹ über das Geschlechtsleben der Menschen diskutiert wird. Ich meine allerdings, daß damit viel Geheimnisvolles verlorengeht. Das ist schade in mancher Beziehung, aber in weit größerem Umfang ein Vorteil.

Ich hatte in meiner Kinderzeit nur eine Freundin, die ich mir mit Müh und Not und kleinen Geschenken ›geködert‹ hatte. Sie hieß Hilde und in einem Sommer durfte ich sie endlich mitbringen. Sie war für vier oder sechs Wochen unser Gast in Urfeld. Es kann sein, daß wir ihr sogar die Fahrkarte bezahlt haben, aber das weiß ich nicht mehr. Alles war wunderschön und die Ferien verliefen friedlich. Als wir zurückkehrten, waren Hildes Eltern nicht am Bahnhof. Sie hatten sie wohl verpaßt. Hilde schien ängstlich. Wir mußten sie mit zu uns in die Klopstockstraße nehmen und sie versuchte, ihre Eltern telefonisch zu erreichen. Aus irgendeinem Grunde mußte sie mehrere Stadtgespräche führen. Da kam Lovis ins Zimmer gestürzt, mit einem hochroten Kopf. Als er Hilde am Telefon sah, wetterte er los: »Jetzt ist es genug. Schon wieder neue Ausgaben mit dem Telefonieren. Jetzt ist Schluß. Ich will's nicht mehr so haben. Häng sofort ein. Du machst keine weiteren Telefonate mehr. Wir haben genug Geld ausgegeben.« Dann ging er, laut polternd. Es war fürchterlich. Ich bin schier in den Boden versunken, denn von Geld wurde normalerweise bei uns überhaupt nie gesprochen. Hilde stand zitternd da, den Telefonhörer in der Hand. Was Lovis aufgebracht hat, hab ich nicht ergründen können. Vielleicht hatte es ihn heimlich geärgert, daß Hilde wochenlang unser Gast war. Manchmal brach es eben doch bei ihm durch: seine Herkunft und seine Situation in jungen Jahren, als er mit Geld knapp gehalten wurde. Aber vielleicht hat er auch nur das Mädchen nicht leiden können.

Lovis sprach sich grundsätzlich nicht aus. Auch über diesen Fall gab es keine Erklärung. Schon gar nicht mir gegenüber. Und das war mehr oder weniger das Ende dieser Freundschaft mit Hilde. Aber irgendwie muß sich die Sache ein letztes Mal eingerenkt haben, denn ich wurde in den nächsten Sommerferien zu ihr eingeladen. Daran habe ich eine wunderbare Erinnerung. Alles war anders als ich es bis dahin kannte. Wir wohnten im Hause ihrer Großmutter in Tübingen. Die Eltern von Hilde waren gewiß nicht begütert. Der Vater, ein bürgerlicher, rechtschaffener Mann, mußte mit dem Geld rechnen. Auch hatte Hilde viele Geschwister. Die Großmutter besaß ein kleines Häuschen in der alten Universitätsstadt, und Hilde und ich machten stundenlange Fahrradtouren durch die herrlichen Wälder dort. Wir haben im Fluß gebadet und so richtig unbeschwert dahingelebt. Die Abende waren für mich ein besonderes Ereignis: Zum Essen gab es für jeden eine Brezel, dazu etwas Quark und dann so viele Kirschen, wie man wollte. Es war Kirschenzeit und ich hatte immer Bauchschmerzen, denn man pflückte sie sich von den Bäumen, wann immer man Lust hatte. Heute denke ich lächelnd daran zurück, denn es klingt beinah wie ein Märchen, aber die gute alte Großmutter hatte keine Zähne mehr und konnte nur das weiche Innere der Brezel essen. Das Harte brach sie raus und wir kriegten es zusätzlich zu unserer Brezel. Das war ein Hochgenuß und wir knabberten mit großem Spaß und Gekrache an dem Kringel herum. Bei uns wurde auch nicht immer fürstlich gespeist. Aber daß man nur eine Brezel zum Abendbrot erhielt, kannte ich wirklich nicht. Man war eben bedürfnislos, auch wenn man nicht zu den Ärmsten gehörte.

Auch was die Kleidung betraf, kaufte man zwar das Beste ein, das aber keineswegs in großen Mengen. Das Beste in Berlin erhielt man bei Arnold Müller in der Tauentzienstraße. Es war das feinste Kindergeschäft weit und breit. Dort wurde auch mein Schottenkleid gekauft. Ich trage es 1916 auf dem Bild *Thomas und Wilhelmine*. In den zweiten Stock dieses Ladens führte eine breite Treppe, dort war die Hutabteilung. Sich vorzustellen, daß es über eine ganze Etage nur Hüte für junge Mädchen gab, außerdem vor einem besonders eleganten Ambiente, das war für damals schon beeindruckend. Ich liebte die Strohhüte, besser gesagt, die Matrosenhüte und liebäugelte vor allem mit einem weißen Exemplar. Er wurde gekauft, und ich trage ihn auf dem Bild *Wilhelmine mit Ball*, das heute in Oldenburg hängt. Aber Mutti hatte es sich irgendwie in den Kopf gesetzt, daß ich dieses Mal einen weißen Spitzenhut bekommen sollte, passend zu einem Spitzenkleid. Den Spitzenhut sehe ich noch vor mir, er war üppig drapiert. »Ich will ihn nicht, er ist scheußlich«, fertigte ich die Sache ab. Mutti erklärte geduldig: »Probier ihn doch mal, setz ihn doch erst auf.« Und auch die Verkäuferin flötete: »Ist ja süß, ist ja himmlisch.« Das hat mich völlig irritiert. ›Süß‹ und ›himmlisch‹ wollte ich überhaupt nicht aussehen. Und da ging mein Temperament mit mir durch: ich habe mit den Füßen aufgestampft, wütend den ›süßen‹ Hut vom Kopf gerissen und auf den Boden geworfen. Es muß wie im Tollhaus zugegangen sein, denn die Leute kamen von unten herauf um zu sehen, was sich da oben Entsetzliches zuträgt, ob das arme Kind am Ende abgestochen wurde. Mein Auftritt hatte sich gelohnt. Der Spitzenhut blieb da, und ich zog mit dem weißen Strohhut ab.

Schuhe gab es in Berlin gleichfalls in der Tauentzienstraße. Bei Leiser & Stiller. Alle haben sich über den herrlichen Slogan amüsiert: »Immer Leiser, immer Stiller.« Von dort bekam ich jedes Jahr ein Paar der schönsten Lederschuhe. Abgesehen von der Kriegszeit, wo wir Schuhe mit Holzsohlen trugen und das Oberteil statt aus Leder aus Stoff oder sogar manchmal aus Papier war. Ich erinnere mich noch an die Schuhe mit Schnürsenkeln und daß ich sehr eifersüchtig auf Thomas war. Seine Schuhe wurden kreuzweise geschnürt. Ich fand das herrlich und wollte unbedingt auch solche Schuhe haben. Aber da war meine Mutter eisern, das kam gar nicht in Frage. Ich bekam richtige Mädchenschuhe mit Löchern, wo die Bänder normal durchgefädelt wurden. – Und wenn ich heute so an meine eigenen Kinder denke, die ja längst erwachsen sind, oder auch an die Enkelkinder, dann merke ich erst, wie sich die Zeiten doch geändert haben. Heute sagt so ein Kind glatt: »Die Marie oder die Dorothy, die kriegen die und die Schuhe von ihren Eltern. Ich muß das auch haben.« Und dann wird gekauft ohne Rücksicht auf Verluste. Und wenn ich auch gar nicht altmodisch bin, aber solche Dinge gab es damals einfach nicht. Es wurde entschieden, was gekauft wurde und wenn ein Kind gelegentlich sehr energisch auftrat, so wie ich im Hutladen, dann hatte das gewiß Folgen.

Die Erziehung in unserem Elternhaus war für damalige Verhältnisse außerordentlich liberal. Schläge waren verpönt, und streng gesprochen hat man selten mit uns. Ich war allerdings als kleines Kind recht bockig. Später hat sich das dann gegeben. Nein, weder Lovis noch meine Mutter waren autoritär. Auch Bestrafungen – heute dürfen die Kinder dann nicht fernsehen oder bekommen keine Schokolade – waren bei uns nicht üblich. Um uns von etwas zu überzeugen, haben die Eltern einfach vernünftig mit uns geredet. – Man war ›artig‹ zu der Zeit. Zum Stichwort ›artig‹ fällt mir ein: Thomas erzählte mir später einmal von seiner Spielschürze. (Damals trugen die Buben auch Schürzen.) Auf seiner Schürze war vorne auf dem Bauch in großen Buchstaben aufgemalt ›Sei artig‹. Nachdenklich meinte er: »Wenn ich diese Schürze nicht gehabt hätte mit dieser ständigen Ermahnung ›Sei artig‹, ich glaube, mein ganzes Leben wäre anders verlaufen. Aber so habe ich gelernt ›artig‹ zu sein.« Dann hat er geschmunzelt. Aber ich glaube, daß es ihm ernst gewesen ist. Und ernst ist es gewiß gewesen. Denn uns ist es im späteren Leben schwergefallen mit den nötigen Ellenbogen unsere Wünsche durchzusetzen. Wir waren keine Kämpfer, weil man ›artig‹ den anderen gefallen wollte. Aber diese Erziehung hatte auch manchen Vorteil: Daß man einfach zupackt, wenn es nötig ist, sich für keine Arbeit zu schade sein darf, ist mir während des Zweiten Weltkrieges zugute gekommen. Ich habe körperliche Arbeit leisten müssen und sie in einer Weise geschafft, von der ich als Kind nicht zu träumen wagte. Auch in New York habe ich die schweren Zeiten gut überstanden. Boden putzen, im Garten arbeiten, sogar Bäume fällen – das habe ich einfach gemacht und gar nicht diskutiert. Wenn man so erzogen wurde wie wir, hat man nicht das Gefühl, sich etwas zu vergeben. Früher hieß es: »Aber mein Kind, man kann alles tun, wenn man nur will! Man kann alles leisten!« Das ist eine große Weisheit, und ich habe sie bis heute beherzigt.

»Rosa Matinée«

Meine Großmutter fällt mir ein, und ich denke gern an sie zurück. Sie war einfach ein wichtiger Teil unserer Familie und viel mit uns zusammen. Für gewöhnlich kam sie einmal in der Woche – und zwar am Sonntag – zum Mittagessen. Kurz vor der Mahlzeit traf sie ein. Sie nahm die elektrische Straßenbahn. Ich erinnere mich, daß sie aus irgendeinem Grund zu stolz war, einen Stock zu tragen. So benutzte sie statt dessen bei Wind und Wetter, Sonne oder Regen, ihren schwarzen Regenschirm. Aufgerollt war er ihr ein voller Stockersatz. Nicht etwa, daß Großmutter irgendwie hinfällig gewesen wäre, aber mit einer Stütze in der Hand fühlte sie sich eben sicherer. Unsere gemeinsamen Mittagessen verliefen auf immer gleiche, manchmal nervtötende Art und Weise. Vor allem hat Mutti sich stets innerlich gekrümmt und mir Blicke zugeworfen, wenn Großmutter regelmäßig dieselbe Frage stellte, sobald das Essen gereicht wurde. Dann sagte sie nämlich: »Mein Kind, für was esse ich das?« Und meine Mutter, reichlich gereizt, antwortete jedes Mal: »Mama, es ist Schmorbraten. Und bitte, du ißt es nicht als was, sondern es *ist* Schmorbraten!« Oder was immer es auch war. Mutti war durch die Monotonie der immer gleichen Fragen ziemlich irritiert. Und so saß ich an jedem Sonntag wie auf Kohlen und habe nur darauf gewartet, daß Großmutter wieder anfangen würde: »Mein Kind, für was esse ich das?« Es war wohl eine Berliner Redensart, dieses ›für was esse ich das?‹ Im Grunde sollte es einfach heißen: Was ist das, was ich esse? – So kompliziert hat Großmutter unsere sonntägliche Konversation gestaltet.

Nicht daß sie an der Qualität des Essens gezweifelt hätte. Es war einfach ein Ausspruch, den sie sich über die Jahrzehnte hin angewöhnt hatte. Aber es war ihre Art und wir mußten damit leben. Leider hat sie uns auf diese Weise manches Essen im wahrsten Sinne des Wortes versalzen.

Großmutter war die Mutter meiner Mutter. Die Eltern meines Vaters habe ich nie kennengelernt. Ich kenne den Großvater aus Königsberg nur von Lovis' Porträts. Es existierte sonst niemand mehr aus seiner Familie. Lovis hat stets betont, daß seine Familie ausgestorben sei. Er sagte immer: »Wenn sich je jemand mit dem Namen Corinth melden sollte, dann hat der mit mir nichts zu tun. Von uns gibt es niemanden mehr. Die meisten haben sich selbst umgebracht, andere sind an irgendeiner schrecklichen Krankheit zugrunde gegangen.«

Nach den Mittagessen gab es auch ein paar Highlights. Nachdem wir vom Boden aufgestanden waren, auf dem wir uns ja – wegen der besseren Verdauung – ausstrecken mußten, gab es die Nachspeise. Meist einen Pudding. Der Griespudding stand bei uns am höchsten im Kurs. Er war unser absoluter Favorit. Er wurde nämlich in eine Fischform gegossen und anschließend gestürzt. Thomas bestand regelmäßig darauf, den Kopf vom Fisch zu bekommen. Manchmal meldete auch ich Ansprüche an, sagte: »Jetzt bin ich an der Reihe mit dem Kopf.« Jedenfalls haben wir, je nachdem, wer den Kopf erwischt hatte, das Fischauge ausgekratzt und in das so entstandene Loch Himbeersaft geträufelt. Das war eine für uns lustige Unterbrechung der oft steifen Mahlzeiten. Nachdem das Mittagsmahl eingenommen war, setzte sich Lovis für gewöhnlich in seinen Ledersessel, zündete sich eine Zigarre an, und Großmutter nahm regelmäßig neben ihm Platz. Mutti hat sich irgendwie ›verkrümelt‹, vielleicht zu einem Nachmittagsschlaf hingelegt. Manchmal habe ich mich auf eine Weile zu den beiden gesellt. Lovis und Großmutter haben sich nämlich während der Nachmittage sehr lebhaft unterhalten. Lovis liebte es sehr, wenn sie ihm von Berlin erzählte. Aus ihrer Kindheit, von ihren Erlebnissen aus dem 70/71er-Krieg. So hörte ich auch die Geschichten von der Siegessäule, vom Schloß und vieles, vieles mehr. Und so merkwürdig es klingt, aber Großmutter und Lovis waren sich altersmäßig fast näher, als meine Mutter und er. Daher kam wahrscheinlich auch das besonders gute Verhältnis zwischen den beiden. Immer wieder erwähnte sie voller Stolz auch ihre beiden Schwestern. Ich kannte nur die eine. Sie war in ihrem Alter und muß in der Jugend eine ganz besondere Schönheit gewesen sein. Großmutter und sie waren gertenschlanke Mädchen. Oft hat sie zu mir gesagt: »Mein Kind, du hättest mich damals sehen sollen, als ich jung war. Wir waren beide so schlank, daß die Bäckerjungen hinter uns herriefen: ›Fräuleinchens, passen Sie auf, daß Ihre Taillen nicht durchbrechen!‹« So vergingen die Sonntagnachmittage, kein Zweifel, Lovis mochte seine Schwiegermutter sehr gern, was wohl auf Gegenseitigkeit beruhte. Aber man war nicht zu vertraulich miteinander. Die beiden sprachen sich grundsätzlich mit ›Sie‹ an. Das familiäre ›Du‹ war zwischen ihnen nicht üblich. In den alten Zeiten hat man doch nicht einmal die Eltern geduzt. So war das wohl bei den beiden ein Relikt von damals, aber auch ein Zeichen der Wertschätzung.

Großmutter bedeutete uns Kindern sehr viel. So ist sie an den Abenden, wenn sie bei uns war, regelmäßig die Treppe hinaufgestiegen, was ihr sicher nicht leichtfiel, setzte sich an unser Bett und erzählte Märchen. Viele davon hatte sie sich selbst ausgedacht. Das war sicherlich eine Familienbegabung. Denn Alice Berend, die Schwester meiner Mutter, eine Schriftstellerin und in Berlin später sehr anerkannt, besaß dieses Talent in ganz besonderem Maße. Auch Mutti, die ja Malerin war, hat später wunderbare Bücher und Artikel geschrieben. Was ihre Töchter zu Papier brachten, hat Großmutter zu Thomas' und meiner Freude mit großer Eloquenz in Worte umgesetzt. Wir hörten ihr immer fasziniert zu.

Als meine Eltern nach der gut überstandenen schweren Krankheit von Lovis im Februar 1912 nach Bordighera zur Erholung reisten, wobei ich glaube, daß Mutti sie damals noch nötiger gebraucht hätte als er, denn die Pflege hatte sie stark mitgenommen, übernahm Großmutter unseren Haushalt. Sie hat die Dienstmädchen angeleitet, mit uns gespielt und uns die Mutter ersetzt. In jeder Hinsicht war sie für uns da und zum Glück auch noch rüstig genug, um uns beiden Wildfängen gewachsen zu sein. Aus dieser Zeit gibt es noch hübsche Fotos. Ich erinnere mich vor allen Dingen an Thomas' Erzählung von einem Zirkusbesuch. Er hat ihn mir in glühenden Farben oft geschildert. Ich war nicht mit von der Partie, denn ich war damals erst drei Jahre alt.

Nur eines weiß ich aus dieser Zeit noch sehr genau. Ich hatte ein großes Papiermaché-Schwein. Es war innen hohl und mit vielen kleinen Schweinchen gefüllt. Stundenlang konnte ich mich mit diesen Papierschweinchen beschäftigen. Ich zog sie raus, schob sie wieder rein und spielte ›Bauernhof‹. Ich hatte ungeheure Freude mit diesen rosaroten Papierferkeln.

Wenn ich mich in diesem Zusammenhang an Urfeld erinnere, dann gehörte Großmutter zu den wenigen Gästen, die von Corinth gern gesehen waren. In fast jedem Sommer ist sie mit uns dort gewesen. Abgesehen von den wenigen Malen, die sie mit ihrer Tochter Alice in deren Häuschen in Konstanz verbrachte. Aber meine Mutter stand ihr aus vielerlei Gründen näher. Und nicht nur, weil Mutti mehr für sie sorgte. Alice hatte nicht die finanziellen Möglichkeiten. Wenn ich mir die Fotos von damals anschaue (und es sind eine ganze Menge), wo Großmutter mit drauf ist, dann stelle ich fest, daß sie sich sehr bescheiden im Hintergrund gehalten hat. Sie war es von ihrer Ehe her gewöhnt, daß die Frau die zweite Geige zu spielen hatte. Da war bereits ein gewaltiger Unterschied zu meiner Mutter zu erkennen, die von Anfang an ihre eigene Persönlichkeit durchsetzte. Meine Mutter bestand – im Gegensatz zu ihrer Mutter – auf Selbständigkeit. Und so ist eine interessante Geschichte von Großmutter überliefert, die sich gleich nach der Berendschen Hochzeitsreise abspielte. Vor allem kann man daran die Verschiedenartigkeit der Charaktere meiner Großeltern Hedwig und Ernst Berend erkennen. Zum Einzug ins neue Heim hatte sich mein Großvater, Ernst Berend, eine besondere Überraschung ausgedacht. Die ganze Wohnung war mit roten Rosen ausgeschmückt. Seine junge Frau sollte ›auf Rosen gebettet‹ in die Ehe schreiten. Aber statt entzückt zu sein, rief Großmutter zum Entsetzen des jungen Ehemannes: »Das ist ja fürchterlich. Diese Verschwendung! Alles für etwas, das ohnehin nur einen oder zwei Tage lang schön ist. Wenn es wenigstens Töpfe wären! Aber all diese abgeschnittenen Blumen. Da kann man ja zusehen, wie sie verwelken. Das Ganze ist in vierundzwanzig Stunden futsch!« Da bekam mein Großvater wohl einen kleinen Vorgeschmack von dem, was dieses bildschöne Mädchen, das er da geheiratet hatte, für einen Lebensstil zu praktizieren gedachte. Allerdings muß man natürlich die Umstände berücksichtigen. Sie hatte Geld, stammte aus einer wohlhabenden Familie. Ihre Aussteuer dürfte nicht kleinlich ausgefallen sein. Aber so wie es damals der Brauch war, konnte nach der Eheschließung nur noch der Ehemann über alles verfügen. Wann immer sie Geld brauchte, mußte sie ihn fragen: Das Schicksal aller Frauen zu dieser Zeit, egal ob es sich um das Wirtschaftsgeld handelte oder um das Kleidergeld. So blieb nichts anderes übrig, als heimlich, still und leise ein paar

Groschen ›um die Ecke zu bringen‹, wollte man sich selbst etwas gönnen. Für heutige Verhältnisse ist eine solche Situation natürlich völlig unvorstellbar. Großmutter aber ist so aufgewachsen. Und die meisten Damen der damaligen Gesellschaft nicht anders. Die Frauen und Mädchen aus weniger betuchten Kreisen hatten die gleichen Probleme auf ihre Weise. Man war daran gewöhnt, sparsam zu sein, keine selbstbewußten Forderungen zu stellen und nichts zu tun, was nicht die Zustimmung des Ehemannes hatte. Kein Wunder, daß sie uns ein angenehmer Gast war, der nie störte, sich nie aufdringlich verhielt und nie irgendwelche Ansprüche stellte. Woher Großmutter ihre bezaubernden Ideen für ihre Märchen nahm, ist mir bis heute ein Rätsel. Denn als Frau in diesem Alter hat man ja meist andere Probleme zu bewältigen. Vor allem hatte sie auch einen nur begrenzten Erfahrungshorizont; hatte sie doch kaum etwas Aufregendes erlebt. Wir, Thomas und ich, dachten allerdings, das sei selbstverständlich: Mutter erzählt Märchen, Großmutter erzählt Märchen, die Tante schreibt alle diese schönen Geschichten auf. Also ist das eine Sache, die jeder kann. Und dasselbe galt für das Malen.

Auch muß Großmutter ein toleranter und uneigennütziger Mensch gewesen sein, denn sie hat doch viele Jahre im Schatten eines sehr selbstbewußten Ehemannes gelebt – Lovis hat sie oft gemalt. Das schönste Bild wohl, das zunächst meinem Bruder gehörte und jetzt auf seine Frau Katharina übergegangen ist, hängt in deren Wohnung und heißt *Rosa Matinée* (Porträt Hedwig Berend 1916). Das ist ein wirklich wunderbares Bild, sowohl in den Farben als auch in der Komposition. Großmutter schaut da ganz versonnen vor sich hin, wenn auch etwas traurig...

Natürlich gibt es noch andere Porträts, die Corinth von ihr gemacht hat. Heute fällt mir ein, wie entsetzt sie damals war, genau wie ich heute entsetzt darüber bin, daß man irgendwann einmal tatsächlich alt ist. Denn man hat sich immer jung gefühlt, kam sich zumindest so vor, und wollte es einfach nicht wahrhaben, daß die Jugend eines Tages vorbei ist. Auf den Bildern, die Corinth von ihr gemalt hat, spielte das Alter keine besondere Rolle. Wichtig war nur der künstlerische Ausdruck.

Wenn ich hier von Großmutter spreche und mich daran erinnere, wie oft sie bei uns zu Gast war und auch das Haus geführt hat, dann ist damit untrennbar die Zeit verbunden, die meine Eltern in Bordighera verbracht haben. Das war im Jahr 1912. Meine Mutter war damals zweiunddreißig Jahre alt, an ihrer Seite ein schwerkranker Mann. Als Ort für eine mögliche Genesung hatten sie sich ein herrliches Fleckchen Erde ausgesucht, die französische Riviera. Hier denkt man an Sonne, Meer, Palmen, einfach an glückliche Stunden. Aber für meine Mutter bedeutete es Pflege, Hoffnung, Verzweiflung. Oft hat sie mir später erzählt, wie allein sie war und daß sie es manchmal kaum mehr ausgehalten hat. Immer mußte sie im Zimmer neben Lovis still sitzen. Manchmal auch draußen irgendwo im Schatten. Einmal ist sie allein spazierengegangen und hat sich auf eine Bank im Park gesetzt. Plötzlich bemerkte sie einen jungen Mann neben sich. Er setzte sich zu ihr und begann, ihr von allen möglichen Dingen zu erzählen. Uninteressiert hat sie ihn abgewehrt und ihm bedeutet, daß sie kein Gespräch zu führen wünsche. Er aber war hartnäckig, behauptete, er habe sie schon längere Zeit im Ort beobachtet, wenn sie mit ihrem Vater langsam spazierengehe. Und dann meinte er, daß es doch wohl eine ziemliche Zumutung sei, wenn sie als junges Mädchen ihre gesamte Zeit diesem alten Herrn widme. Sie solle sich etwas mehr Freiheit nehmen und das Leben hier in dieser herrlichen Gegend genießen. Meine Mutter war arg betroffen und eilte weinend ins Hotel zurück.

Das war nicht die einzige Begegnung, die sie in Bordighera hatte. Viel interessanter war die Bekanntschaft mit Mary Baker-Eddy, der Begründerin der Christian Science. Die beiden Damen begegneten sich per Zufall. Mary Baker-Eddy sprach meine Mutter eines Tages auf der Straße an und sagte: »Junge Frau, Sie interessieren mich. Sie haben einen so außergewöhnlichen Ausdruck. Ich sehe Sie mit dem alten, kranken Mann öfter spazierengehen. Es muß doch sehr schwer für Sie sein.« Und dann hat sie ihr erklärt, was Christian Science ist, was meiner Mutter wiederum unbekannt war und sich schließlich als deren Begründerin vorgestellt. Mary Baker-Eddy hat einen tiefen Eindruck bei meiner Mutter hinterlassen. Nicht, daß sie ihrer Ideologie gefolgt wäre, aber es steckten doch viele Weisheiten in dem, was sie von ihr erfuhr. Wie sie mir oft erzählte, ist sie ihr unvergeßlich geblieben. Denn wer hat schon Gelegenheit, diese doch immerhin einzigartige und bedeutende Frau selbst gesprochen und persönlich gekannt zu haben. Für mich ist in diesem Zusammenhang eine Sache besonders interessant und wichtig. Mary Baker-Eddy hat seinerzeit zu meiner Mutter gesagt, sie empfinge die Wahrnehmung von ihr, sie hätte die Gabe, durch ihre persönliche Nähe und das Auflegen ihrer Hand heilende Wirkung zu erzielen. Tatsache ist, daß ich als Kind immer eine Besserung in meinem Befinden verspürt habe, wenn meine Mutter ihre Hand auf meine Stirn legte und leise zu mir sprach. Da kann man nun dran glauben oder nicht. Und seitdem ich von der Begegnung mit Mary Baker-Eddy wußte, hatte ich das subjektive Gefühl, daß da Kräfte wirksam sind, die zumindest mir geholfen haben.

Wie die Wochen der Rekonvaleszenz in Bordighera für Corinth verliefen, kann man am besten den Aufzeichnungen meiner Mutter entnehmen, die ich hier einfügen möchte.

»In der Nacht des 19. Dezember 1911 erlitt Corinth einen Schlaganfall. Diesen Mann, dem der Körper eines Herkules verliehen war, gefällt zu sehen wie eine Eiche, die der Orkan ausgerissen hat, dies mit anzusehen und zu ertragen, erforderte übermenschliche Kraft von mir. Es ist mein fester Glaube, daß Gott sie mir zufließen ließ, damit ich dem so innig Geliebten eine Pflege angedeihen lassen konnte, die von keiner Krankenschwester zu fordern oder zu erwarten war. Corinth unterwarf sich der schweren Prüfung wahrhaft wie ein frommer Gottesknecht. Kaum gehorchten ihm seine Hände, als er bereits ›Hiob‹ zeichnete. Mich porträtierte er, während ich, ihn anblickend, am Fußende seines Bettes stand. Mit dem Zeichenstift zeichnete er auf einem Blatt, das mir als das schönste von allen scheint, die er mir je gewidmet hat. Da ist nun nichts mehr von der zu übermütigen Scherzen aufgelegten bisherigen Jugendlichkeit. Ein unbeugsamer Wille, ihn um den Preis eines jeden Opfers zu retten, drückt sich in meinen Zügen aus. Weil er tobte, versuchten die Ärzte, ihn mit Morphium zu beruhigen. Entsetzliche Ängste befielen ihn darauf. Er stöhnte und bat mich flehentlich, an seiner Seite zu bleiben und ihn keinen Augenblick allein zu lassen. Es graute ihm vor den Schatten, die ihm der Schein der Nachtlampe brachte. Übernatürlich groß sah er die Gestalt des Krankenpflegers heranwandeln und sich über das Bett beugen. Es war gräßlich. Ich verließ ihn nie, nicht für einen Augenblick. Ich war immer bei ihm. Als er endlich aufstehen konnte, sah ich einen Lovis Corinth, wie ich ihn bisher nicht gekannt hatte vorher. Hohlwangig mit weit aufgerissenen Augen, brütete er, in einem Sessel sitzend, vor sich hin. Als er mit Einwilligung der Ärzte zum erstenmal das Atelier betrat, war bereits der Februar des Jahres 1912 angebrochen. Von mir gestützt, hastete er die Treppen hinauf. Vier Stockwerke. Er stürmte auf den großen Spiegel zu, sah lange, sehr lange hinein. Dann griff er sich den Pinsel und die Palette und malte in fiebernder Eile, während sein von Trauer und Leid umschatteter Blick immer wieder zum Spiegel ging. Er malte das *Selbstbildnis mit schwarzem Hut*. Erschüttert und von schrecklicher Angst um ihn gepeinigt, sah ich ihm zu. Empfindungen rissen mich hin und her. Ich wagte nicht, mich in diesen Akt schöpferischer Selbstbestätigung einzumischen. Um dem Rekonvaleszenten den Berliner Winter zu ersparen, rieten die Ärzte zu einem Riviera-Aufenthalt. Sie empfahlen Bordighera und erboten sich, in einem Hotel, das sie kannten, Zimmer zu bestellen. Ich mache es den Ärzten noch jetzt zum Vorwurf, daß sie mir in leichtfertiger Weise die ungeheure Verantwortung aufgehalst haben, mit einem Leidenden ins Ausland zu reisen. Mit einem Mann, der sich nicht einmal anziehen konnte, der noch mit keinem Schritt draußen auf der Straße gewesen war. Bis zu diesem Tag hatten wir für Corinth einen Krankenpfleger und einen Diener gehabt. Nun war er ausschließlich auf mich angewiesen. Und dieses in einer sehr viel schwierigeren Situation. Als wir nach langer Bahnfahrt um 11 Uhr nachts in Bordighera eintrafen, stand kein Wagen für uns bereit und niemand erwartete uns. Corinth saß zusammengekauert auf einem Koffer, während ich auf der Suche nach einem Fahrzeug war. Schließlich brachten wir es doch fertig, zum Hotel zu gelangen. Die ganze Fassade des Hotels war in Dunkelheit gehüllt, nirgends brannte ein Licht. Nachdem ich schier endlos geläutet hatte, erschien schläfrig ein Hausknecht an der Tür. Das Haus war voll besetzt, kein Zimmer für uns reserviert. Auf mein inständiges Bitten hin trat der gute Mensch sein eigenes Bett an Lovis ab. Wir kletterten eine eiserne Wendeltreppe hinauf bis unters Dach, in den Kleidern, so wie er war, sank Corinth auf das noch von dem Mann aufgewühlte Lager und sofort schlief er ein. Ich verbrachte den Rest der Nacht auf einem Holzschemel sitzend. In aller Frühe bemühte ich mich im Büro um ein Zimmer und hatte wenigstens den Erfolg, daß ich ein im Souterrain gelegenes Zimmer zugewiesen bekam, das zwar kein Tageslicht hatte, aber immerhin ein brauchbares Bett. ›Mein Kerlchen‹, versuchte Corinth mich zu trösten, nachdem wir unser düsteres Quartier bezogen hatten. ›Es ist doch ganz schön hier‹, sagte er, ›sorge dich nicht zu sehr.‹ Mich ließ dieser für einen eben Genesenden unmögliche schädliche Zustand jedoch nicht ruhen. Da ich mich entsann, daß von meinem Vetter Philipp ein ›Hotel Amst‹ sehr lobend erwähnt worden war, zog ich los, mein Glück zu erproben. Der Direktor des ›Hotel Amst‹, wie muß ich auf ihn gewirkt haben, ungewaschen und zerzaust wie ich war, und dies in der goldenen Vorkriegsepoche mit dem Luxus der Riviera. Aber der Mann erwies sich als einsichtig und hilfsbereit. ›Ich kenne Ihren Vetter, ich besinne mich auf ihn und verstehe Ihre Situation. Sie bekommen schöne und vor allem gesunde Zimmer. Ich werde es mir angelegen sein lassen, Sie mit besonderer Aufmerksamkeit zu bedienen.‹ Und er hielt sein Wort. Ich hatte erwartet, Corinth beim Betreten der geräumigen und vornehm ausgestatteten Zimmer und angesichts des großen Balkons, in freudiger Überraschung zu sehen. Er war so erschöpft, daß er nur ›Dank dir Kerlchen‹, zu murmeln verstand und sodann den ganzen Tag über schlief. Es begann eine schwere Zeit. Corinth konnte nichts ohne Hilfe tun. Doch so matt und behindert er war, er jammerte nie, kein einziges Klagewort habe ich je von ihm gehört. Nachdem er einige Tage fast ohne zu sprechen in der herrlichen Luft auf dem Balkon gelegen hatte und sein Befinden sich ein wenig gebessert zu haben schien, schlug ich ihm einen kleinen Gehversuch in dem zum Hotel gehörenden Palmen- und Blumengarten vor. Gestützt auf mich und an einem Stock schleppte er sich von Bank zu Bank. Wie muß er darunter gelitten haben, daß er, der sich stets auf seinen Körper hatte verlassen können, nun so an meinem Arm dahinzuschleichen gezwungen war. Um ihm auch durch fremde Gesichter Ablenkung und Anregung zu verschaffen, überredete ich ihn, die Mahlzeiten anstatt wie bisher im Zimmer serviert zu bekommen, im großen Speisesaal einzunehmen. Ohne die veränderte Umgebung zu beachten, führte er die von mir zurecht gelegten Bissen apathisch zum Munde. Dann und wann seufzte er, vom Teller zu mir hochblickend auf ›ach mein Petermannchen‹. Ich wußte, was er da dachte und war vom gleichen Gedanken bewegt. Würde er jemals wieder imstande sein, zu malen? Daß er in Berlin noch vor kurzem ein Selbstbildnis gemalt hatte, ein Zeugnis seines Genies, das schien jetzt unvorstellbar. Jetzt hätte er das nicht gekonnt. Die Frühlingsnächte waren wunderbar lau, voll mit Blumenduft und südländischer Pracht. Aber ich saß, weil Corinth sich täglich um 8 Uhr bereits schlafen legte, allein auf dem Balkon und statt Beglückung wohnte in meinem Herzen die Angst. Und dabei war ich noch jung, erst

31 Jahre. Ich sehnte mich nach meinen Kindern, die ich in Berlin meiner Mutter anvertraut hatte. Was würde die Zukunft uns bringen? Was würde für Corinth ein Leben ohne die Möglichkeit für eine künstlerische Entfaltung sein. So denkend verbrachte ich die Nacht. Nun endlich kam ein Tag, an dem Lovis mich fragte: ›Hast du eigentlich die Malsachen mitgebracht?‹ Ganz selig sagte ich: ›Ja, das habe ich. Sogar die alte ekelhafte Staffelei. Wollen wir sie mal aufstellen?‹ ›Petermannchen, das wird schwer gehen.‹ ›Es wird gehen, ich lege dir die Farben auf die Palette. So, und hier sind deine Pinsel.‹ Ich klemmte ihm die Palette und die Pinsel in die noch wenig bewegliche, ihm noch nicht recht gehorchende linke Hand. Schmerzerfüllt sah er mich an. ›Willst du mich malen?‹ ermutigte ich ihn. ›Vielleicht mit dem kleinen Fächer? Du weißt, den mit den grünen Federn.‹ ›Ja, ja, das dachte ich und mit dem schwarzen Samthut.‹ ›Stehe ich richtig im Licht?‹ Seine Antwort war kaum vernehmbar.

Er malte an dem kleinen Bild ziemlich lange. Dann sank er ermattet im Sessel zurück. Ich nahm ihm die Malutensilien aus der durch die Anstrengung und das Halten steif gewordenen Hand. Luke (da möchte ich dazu sagen, daß sie ihn aus Zärtlichkeit Luke nannte, weil er ihr am Anfang der Ehe erzählt hatte, daß seine Mutter ihn als Kind so gerufen hatte. So wie er sie ›Petermannchen‹ nannte, so nannte sie ihn ›Luke‹), Luke, du hast ja ein reizendes Bild gemalt. ›Und morgen male ich es zu Ende.‹ Danach, als wir in dem betörenden Blumengarten des Hotels nebeneinander saßen, starrte er geistesabwesend auf den Boden zu seinen Füßen. Er war bei seiner Arbeit, er erlebte die zweite Entwicklungsphase des Gemäldes bis zur Vollendung. ›Ein feines Bild, was für ein feines Bild‹, rief ich spontan, als er am anderen Tage daran gemalt hatte. Allmählich kehrte seine Initiativkraft zurück. Schritt die Genesung nun endlich fort? ›Weißt du Petermannchen, du könntest mal dein schönes blaues Kleid anziehen. Ich möchte dich darin malen. Ich denke, du stellst dich dazu auf den Balkon und spannst den kleinen schwarzen Spitzenschirm auf, den du von deiner Großmutter hast. Meinst du, das ließe sich so arrangieren, daß ich es malen kann?‹ Ich bereitete für den folgenden Tag alles Notwendige vor. Wie er es sich gewünscht hatte, posierte ich in meinem blauen Kleid aus Paris und mit dem altmodischen Schirm. Meine Haltung, mit der ich instinktiv das Richtige traf, begeisterte ihn. ›Herrlich ist das, bleibe so stehen‹, lobte er mich. ›Ich werde die Komposition so anlegen, daß man im Vordergrund das Balkongitter sieht. Das wird den Standort der Figur verdeutlichen.‹ Bald konnte ich zu meiner Freude bemerken, daß er mühelos malte. Die rechte Hand führte den Pinsel so leicht wie vordem und er kam zügig voran. Sein Gesicht spiegelte sein seelisches Ergriffensein, aber auch das physische Angegriffensein prägte sich aus. Gott, wie abgemagert er war. Seine Augen erschienen, wenn er den Blick auf mich richtete, unheimlich groß. Ich hielt den Atem an. Ihn mit Singen und Scherzen aufzumuntern, wie ich das früher getan hatte und wie er es so sehr geliebt hatte, wagte ich jetzt nicht. Ich war mir bewußt, um welchen Einsatz es in dieser Stunde ging. Nachdem er lange und ohne zu erschlaffen gemalt hatte, wandte er sich von der Staffelei ab. ›Genug für heute‹, stellte er fest, aber seine Stimme war fröhlich. Am nächsten Tag setzte er die Arbeit fort. Wieder hatte ich ihm die Farbtuben, nachdem ich die Verschlußkappen abgenommen hatte, auf einem Schemel neben ihm zurechtgelegt, so daß er sich ihrer bequem bedienen konnte. Er arbeitete flott und es war nicht mehr der unbeholfene führungsbedürftige Kranke. Offensichtlich zufrieden mit sich, beendete er das Gemälde. Doch nach diesem kurzen Aufflackern freudigen Lebensmutes verschloß er sich wieder in sich selbst. ›Lovis‹, sagte ich am folgenden Morgen sehr zärtlich zu ihm, ›du denkst gewiß schon wieder an ein neues Bild und stellst dir vor, wie das aussehen wird. Ich freue mich so mit dir, nur weißt du, ich bin hier sozusagen dein Arzt.‹ ›Was meinst du denn damit? Soll ich denn nicht mehr malen?‹ Früher hatte er schon beim Verdacht einer solchen Zumutung wütend aufbegehrt. Jetzt jedoch klang aus seinen Worten eher bittere Resignation. ›Du sollst hier doch wieder zu Kräften kommen. Beim Malen gibst du sie immer gleich wieder her. Du mußt dich erst einmal ein bißchen erholen und gesünder werden.‹ ›Nicht malen?‹ Mit weit geöffneten Augen blickte er mich angstvoll an. ›Doch, natürlich sollst du malen. Aber es wäre vernünftiger, jetzt eine Pause einzulegen. Wir wollen versuchen, unsere Spaziergänge weiter auszudehnen.‹ ›Sag nur immer, was ich tun soll, Petermannchen. Du hast recht. Wir wollen also ein bißchen auf unserem Gehege hier herumgehen und sehen, wo wir überhaupt sind.‹ Sich fest auf meinen Arm und seinen Stock stützend, schlurfte er neben mir her. Aber wenn es auch Mühe kostete, Schrittchen um Schrittchen kamen wir voran. Der Hotelgarten lag hinter uns, vor uns ein breiter Weg und da stand ein kleines Stück weiter eine Bank. Als wir dort angelangt waren, sah er sich die neue Umgebung mit einer Interessiertheit an, die ich an ihm lange nicht mehr beobachtet habe. ›Es ist sehr schön hier‹, sagte er dankbar. ›Morgen können wir vielleicht wieder herkommen und du bringst mir dann vielleicht einen Zeichenblock mit.‹ Und so geschah es dann auch. Als er auf der Bank sitzend, den Zeichenblock aufschlagen wollte, erwies es sich jedoch, daß seine linke Hand sehr unsicher war. Sie vermochte den Block nicht zu halten. Ich rückte ganz dicht an Corinth heran und versuchte sie zu ersetzen, indem ich die meinige unterschob und den Block am Rande so unauffällig wie möglich ergriff. Corinth bemerkte es nicht oder er ließ es sich jedenfalls nicht anmerken, daß er dieser so notwendigen Hilfe gewahr geworden war. Es war für uns beide eine todernste Situation. Welche Energie brachte er auf. Wie hatte er sich selbst überwunden. Nie hat er mir mehr bewundernde Achtung abgenötigt, als in dieser kritischen Zeit. ›Der heilige Ernst der Arbeit‹, das Leitmotiv seines Lebens, gab ihm die regenerative Kraft, langsam aber stetig richtete der gefällte Riese sich wieder auf. Das Gehen wurde ihm leichter. Mehr und mehr erweckte die Umgebung seine Aufmerksamkeit. Dann trat eines Morgens ein entsetzlicher Rückfall ein. Mit dem Frühstückstablett hatte man uns die Post ins Zimmer gebracht. Ich las eben einen Brief, den meine Mutter nach dem Diktat der Kinder geschrieben hatte, als ich ein grauenhaftes Stöhnen vernahm. Corinth hatte den Kopf nach hinten auf die Rücklehne des Sessels sinken lassen und seine Hände, mit denen er die Briefe umklammerte, zitterten stark. ›Lovis‹! Ich stürzte zu ihm. ›Lies!‹ stöhnte er. Zwei Bekannte berichteten unabhängig voneinander, Paul Cassirer verbreite in Berlin, Corinth sei seit seiner Erkrankung unzurechnungsfähig, sei geistig umnachtet. Das wurde nun eifrig kolportiert. Es sei deshalb angezeigt, etwas zu unternehmen und die Gerüchte zu widerlegen. Das stand in dem Brief. ›Komm

Lovis, komm‹, redete ich ihm zu. ›Wir gehen jetzt spazieren und überlegen uns die Sache erst einmal.‹ In der Folgezeit peinigten ihn Depressionen der allerschlimmsten Art. Jeder Versuch ihn zu trösten war aussichtslos. Wie wohl die meisten genialen Künstler lebte Corinth insgeheim in der Furcht, den Verstand zu verlieren. Er wußte nur zu gut, daß die schöpferische Existenz sich in einem Ausnahmezustand hart an der Grenze, ja bisweilen jenseits des Normalen vollzieht und mancher schon sein Orientierungsvermögen für immer und ewig eingebüßt hatte. Daß sich in der Familie bei einem Onkel ein Fall von Geisteskrankheit ereignet hatte, hat er noch nicht einmal so sehr als Bedrohung empfunden, denn er war offenbar biologisch gesund, und er glaubte sich durch sein Bauernblut geschützt. Nun schien es jedoch, ein Freund sagte es ja, daß er dem Wahnsinn verfallen war. Ich sah mich vor eine kaum lösbar erscheinende Aufgabe gestellt. Unermüdlich versuchte ich ihn zu überzeugen, daß er sich im Vollbesitz seiner geistigen Kräfte befand und es in dieser Hinsicht keinen Grund zur Beunruhigung gab und daß in Berlin ganz einfach töricht geschwätzt worden war, wie bei vielen anderen Gelegenheiten auch. In tausend Abwandlungen wiederholte ich das. Allmählich drang davon etwas in ihn ein. Gott sei Dank, er glaubte mir. Sein Selbstvertrauen wuchs, zumal auch die linke Hand sich augenmerklich zu bessern begann. Als sie stark genug war, den Zeichenblock während der Arbeit selbst zu halten, fühlte Corinth sich neu belebt, sein Gemütszustand hellte sich auf. «

Das erste Bild, das Lovis nach seinem gut überstandenen Schlaganfall von meiner Mutter wieder malte, ist heute im Besitz des Folkwang-Museums in Essen.

Ich komme zurück auf Großmutter und das, was sie mit unserem Leben verbunden hat. Wie ich schon erwähnte, war das Verhältnis zwischen ihr und Lovis ein besonders gutes. Als sie sich seinerzeit plötzlich alt vorkam und darüber erschrak, daß sie anders auf den Porträts aussah, als sie sich fühlte, hat sie sich mit Lovis besprochen. Er meinte dann in seiner sehr offenen und nicht immer chevaleresken Art: »Na, so etwas gibt es ja gar nicht. Schön oder häßlich. Alt oder jung.« Vielleicht um sie etwas zu beruhigen, sagte er ihr, daß ihr Gesicht jetzt wohl das Alter reflektiere, die Lebenserfahrung, das Leben, das sie bereits gemeistert habe. In dieser Art haben sie oft diskutiert und geradezu philosophische Gedanken gewälzt. Ich glaube, daß Großmutter das sehr gut getan hat.

Nach Lovis' Tod, Großmutter hat ihn um viele Jahre überlebt, kam sie weiter regelmäßig zu uns. Sie hatte längst nicht mehr die großzügige Wohnung wie zu Lebzeiten ihres Mannes. Sie hatte sich ja schon lange verkleinern müssen und lebte in Halensee in der Joachim Friedrich-Straße in wesentlich einfacheren Verhältnissen als zu Beginn ihrer Ehe. Ich habe sie dort oft besucht. Später dann zusammen mit Moro, unserem Hund. Ich war ein junges Mädchen damals, sechzehn Jahre alt. Unbedarft und von jeder Menschenkenntnis ungetrübt, wie man sich das heute überhaupt nicht mehr vorstellen kann. Allerdings so gewisse Ahnungen hatte ich wohl. Eines Tages hatte ich ein unangenehmes Erlebnis in der Stadtbahn. Damals gab es viele einzelne Waggons, die nicht durchgehend aneinandergekoppelt waren, man konnte nicht innerhalb des Zuges von einem Abteil ins nächste gehen. Zu Beginn meiner Besuche in Halensee war ich ohne Moro gefahren. Da ist es mehrmals geschehen, daß ich irgendeinen Kerl im Abteil hatte, der sich plötzlich vor mir entblößte. Ich habe schrekkensstarr aus dem Fenster geschaut, hab nicht gesehen, was er getan hat. Aber mich packten Panik und Abscheu. Was tut man in einer solchen Situation, wenn man in einem fahrenden Zug sitzt und niemand weiter im Abteil ist?! Man sieht krampfhaft aus dem Fenster und rennt, so jedenfalls habe ich es gemacht, an der nächstbesten Station einfach raus. Lange konnte ich das damals nicht richtig einordnen, habe nicht gewußt, daß diese Leute krankhaft handeln. Nur eines wußte ich, daß ein normaler Mensch so etwas nicht tut. So faßte ich den Entschluß, Moro als meinen Begleitschutz mitzunehmen. Es war damals erlaubt, einen Hund im Abteil dabei zu haben und mein schreckliches Erlebnis hat sich – vielleicht gerade darum – nicht wiederholt. Mit Moro bin ich dann in Großmutters schöner kleiner Wohnung angekommen. Auch damals herrschte Wohnungsknappheit. Trotzdem hatte sie genügend Platz: ein Schlafzimmer, ein Eßzimmer, ein Wohnzimmer, eine große Küche und natürlich ein Badezimmer. Auch der Balkon fehlte nicht, auf dem im Sommer die herrlichsten Blumen blühten.

Solche Räumlichkeiten für eine alleinstehende alte Dame nannte man damals ›klein‹. Wenn ich heute die Studio-Apartments in New York sehe, die oft von einem Ehepaar, gar mit Baby, geteilt werden... bestehend aus einem Zimmer mit Schlafcouch, eingebauter Küche und Bad!

Großmutter hat nie aufgehört, mit Stil zu wohnen und zu leben. Ungeachtet der Tatsache, daß sie schon lange Witwe war und allein lebte. Täglich – und das finde ich enorm, denn ich tue es nicht – zelebrierte sie jede Mahlzeit. Sie legte eine wunderschöne Tischdecke auf, dazu edles Prozellan, silbernes Besteck. Manchmal zündete sie sogar eine Kerze an. Ich muß sagen, wenn ich allein bin, mache ich diesen Umstand nicht. Ich esse aus dem Papier oder mache mir einen Teller zurecht, setze mich irgendwo hin, lege die Beine hoch und entspanne. Ich kann ihre Disziplin nur voller Respekt bewundern. Aber

Großmutter war nun mal so und hielt ihr ganzes Leben lang auf Etikette. Während des Zweiten Weltkrieges, als es wenig zu essen gab und Lebensmittelkarten, bekam sie von meiner Mutter aus unseren heimlichen Quellen immer mal ein bißchen Speck oder auch Butter zugesteckt. Aber das hat sie nicht etwa selbst gegessen, sondern für Tante Alice verwahrt. Mutti war dann ärgerlich: »Also, wenn ich das so wollte, könnte ich es gleich an Alice weitergeben. Ich will aber, daß du es ißt. Du wirst ja ganz elend.« Und auch mir hat Großmutter hin und wieder ein Brot gemacht mit dem bißchen Butter, das ihr zur Verfügung stand. Wenn ich das mit heutigen Verhältnissen vergleiche, wo alles Diät hält – eine verrückte Vorstellung! Großmutter hat damals erst die Butter dick auf die Brote geschmiert und dann hat sie sie mit dem Messer wieder abgekratzt. Und als ich dann mal feststellte, daß jetzt ja wohl nichts mehr drauf sein könnte, sagte sie: »Doch, das geht in die Poren vom Brot. Und das ist genug.« Das, was sie abgekratzt hatte, legte sie für Alice zurück. Daran muß ich oft denken. Unsere gemeinsamen Spaziergänge führten uns immer wieder in den Tiergarten, dort haben wir uns auf irgendeine Bank gesetzt, ein bißchen geplaudert. Sie hielt ihren altmodischen Regenschirm umklammert.

Die beschaulichen Spaziergänge mit meiner Großmutter im Tiergarten wecken Erinnerungen an jene, die ich Jahre vorher mit Lovis und Thomas zusammen dorthin gemacht habe. Der Tiergarten war für uns drei immer Anfang und Ende eines Zoobesuches. Am Neuen See entlang über die Löwenbrücke, die durch den Tiergarten führte, haben wir Lovis oft zu seinen Malstudien begleitet. Die Brücke war für Thomas von besonderer Bedeutung. Lovis bat den damals noch kleinen Buben, im Vorbeigehen den gußeisernen Löwen (sie sind ebenso wie die Brücke 1838 von Christian Friedrich Tieck geschaffen und bei Borsig gegossen worden) »Guten Tag« zu sagen und deren mächtige Pranken zu streicheln. So entstand eine lustige Karikatur, wie sich das Bengelchen vertrauensvoll von dem aufrecht schreitenden Löwenpaar spazierenführen läßt. Die »Löwenbrücke im Tiergarten« gehört zu den ganz besonders schönen graphischen Darstellungen, die Corinth 1920 geschaffen hat. Mir war der Tiergarten damals immer eher etwas langweilig. Viel mehr Spaß machte mir der Besuch im Zoo. Corinth hat mir später eine Kassette mit 17 Tierzeichnungen geschenkt, die er dort angefertigt hatte. Als ich etwas größer war, begeisterte mich vor allem eine Karikatur, die ihn als Seehund mit Schnauzbart zeigte.

Der Zoo war auch für Corinth ein Ort der Freude und Entspannung. Er liebte Tiere genausosehr wie wir. Von unserem Haus in der Berliner Klopstockstraße war es nur ein Katzensprung bis zum Zoo. Wir legten den Weg dorthin immer durch die Reitbahn im Tiergarten zurück. 50 Pfennig kostete damals der Eintritt für Erwachsene. Wenn wir das Wärterhäuschen passiert hatten, bogen wir gleich nach rechts ab in Richtung Elefantenhaus. Lovis holte eine kleine Kupferplatte aus seiner Tasche und radierte mit seiner Diamant-Nadel einen der Dickhäuter. Das Nilpferdhaus, das mir besonders gut gefiel, weil die alle immer so schrecklich schön schnaubten, ließ er links liegen. Lovis mochte die Affen. So begrüßte ihn ein Gorilla draußen im Käfig schon von weitem. Sobald er den Meister sichtete, grunzte er grauslich und klammerte sich voller Freude mit den Händen an die Gitterstäbe, so daß sie in ihren Angeln bedrohlich zitterten. Corinth näherte sich ihm beherzt und kraulte ihm das Fell mit seinem Spazierstock. Der angebliche Menschenverwandte knurrte zufrieden. Ich fand das ungeheuer aufregend, hielt mich aber meistens hinter Lovis versteckt, während Thomas sich mutig neben ihn stellte. Gar nicht mitmachen wollte ich mehr, wenn Lovis vom Wärter durch eine verbotene Tür ins Innere des Affenhauses geführt wurde. Dort hauste eine Schimpansin mit ihrem Jungen in einem Käfig. Einmal hatte Lovis ihr ein paar trocken gewordene Kriegskekse mitgebracht, die von unserer Familie als ungenießbar in den Abfalleimer geworfen worden waren. Aber auch die Äffin fraß nicht alles. Sie spuckte die Kekse nach dem ersten Biß wütend aus, fuchtelte blitzschnell durch die Gitterstäbe durch und kniff Lovis unter großem Gequietsche in den Arm. Er machte sich lachend los, rief: »Du bist ein schlaues Biest.« Zur ›Strafe‹ wurde sie in seinen Affenstudien verewigt.

Wir machten im allgemeinen immer dieselbe Runde. Vom Affenhaus pilgerten wir zum Adlerfelsen. Corinth hat einen der Raubvögel mit ausgebreiteten Flügeln gezeichnet. Dann ging es weiter zu den Gehegen der Rentiere und anderer Wiederkäuer. Oft konnte er da ewig lange verweilen, so daß wir schon unruhig wurden. Aber er war nun mal ein Mann, der die Beschaulichkeit über alles liebte. Und als Mutti, der wir das erzählten, ihn darauf ansprach, meinte er nur: »Bei mir ist das wie bei den Elchen. Die brauchen auch Einsamkeit.« Für uns Kinder war es immer besonders hübsch, die Zookarawane zu bestaunen. Das waren regelmäßige Umzüge von Kamelen, Dromedaren und Elefanten. Auf ihren Rücken ritten Kinder in unserem Alter. Wir durften diesen Zug immer nur aus der Ferne bestaunen, denn Lovis machte einen Bogen um ihn. Ihn interessierte mehr das Raubtierhaus.

Täglich, außer mittwochs, fand die Fütterung der Löwen und Tiger statt. Und immer standen da viele Besucher, die das Schauspiel miterleben wollten. Ich erinnere mich genau, wie die großen hungrigen Katzen nervös in ihren Käfigen hin und her wanderten. Manchmal stießen sie ein ganz fürchterliches

Gebrüll aus. Als endlich der Wärter kam und ihnen mit einer Stange riesige Pferdefleischstücke durchs Gitter zuschob, stürzten sie sich so gierig darauf, daß ich mich immer ängstlich am Jackenzipfel von Lovis festhielt. Ich hatte die phantastische Vorstellung, daß die Bestien womöglich mal durch die Gitter brechen könnten. Corinth beruhigte mich aber: »Kleine Mädchen und Buben mögen sie nicht, an euch ist ja nichts dran.« So ist an irgendeinem Tag im Jahre 1917 der *Fressende Tiger*, ein andermal *Löwenkäfig im Zoo* entstanden. Auch andere berühmte Tierbilder.

Nach den Raubtieren statteten wir dem Bärenzwinger einen Besuch ab. Ich glaube, Lovis mochte diese tapsigen, urstarken Ungeheuer besonders. Jedenfalls weiß ich von Mutti, daß der sonst eher schwerblütige Ostpreuße auf Gesellschaften zum Gaudium der Gäste bisweilen einen Bärentanz aufführte. Aber nur, wenn er Laune und eine Flasche schweren Rotweins intus hatte. Von Mutti weiß ich auch, daß Corinth sich lange vor ihrer Zeit gerne auf der ›Läster-Allee‹ aufgehalten hat, die sich zwischen den beiden Zoo-Kapellen befand. Dieser Weg hieß deswegen so, weil auf den Bänken immer Leute saßen, die sich über Vorbeiflanierende mokierten. Und umgekehrt. Mutti hat in den damaligen Neunzigern als junges Mädchen mit ihren Eltern öfter in der ›Läster-Allee-Gegend‹ einen Imbiß genommen. Dort hielt sich das feine Bürgervolk auf. Herren mit Zylinder und Spazierstock mit Silberkrücke, Damen im modischen Outfit, wie man heute sagen würde. Und sogar die Kinder sollen ziemlich herausgeputzt dahergekommen sein. Als wir mit Lovis dort waren, gab es das alles nicht mehr. Corinth setzte sich auf einen Klappstuhl an der Allee, für den man Miete bezahlen mußte. Während wir Himmel und Hölle spielten, beobachtete Corinth zwar die Passanten, so wie es damals üblich war. Aber er redete nicht über sie, sondern zeichnete sie mit seinem Spazierstock in den

Sandboden. Diese Kunstwerke überließ er dem Wind, der sie alsbald in alle Richtungen verwehte. Den Heimweg nahmen wir meistens durch den Hinterausgang. Oft waren wir spät dran und mußten schnellen Schrittes nach Hauses laufen, weil wir die Tiere zu lange beobachtet hatten. Wir Kinder zum Vergnügen, Corinth malend. Es waren schöne Stunden, die wir mit ihm dort verbrachten. Im Berliner Tiergarten gehörte er uns ganz allein.

Als Großmutter starb, war ich erwachsen und fuhr mein erstes kleines Auto, Marke Ford. Das Vehikel, ein kümmerliches zwar, lief für meine Begriffe großartig. Ich hatte chauffieren gelernt, war mit einer älteren Freundin, Friedl, zum ersten Mal ganz allein über das Gebirge nach Italien gereist. Über den Brenner zunächst und später an die Riviera. Wir wollten flirten. Absolut nur flirten und fröhlich sein. Da erreichte mich der Anruf von Thomas und die Nachricht, daß Großmutter gestorben sei. Und mit dem furchtbaren Egoismus, den junge Menschen immer haben, fragte ich entsetzt: »Muß ich jetzt etwa nach Hause fahren?« Thomas antwortete damals ruhig: »Nein.« Er hatte mit Mutti gesprochen. Sie war zwar auch verreist, aber natürlich sofort zurückgekommen. Und auch Thomas, der zu der Zeit in London war, nahm die nächste Reisemöglichkeit, um bei der Beerdigung dabei zu sein. Mutti war irgendwo in Dänemark an der Küste und malte. Alice erschien nicht. Sie steckte in Italien, konnte nicht kommen, was meine Mutter ihr zeitlebens sehr verübelt hat. Auch ich dachte in meinem jugendlichen Lebenshunger nur: ›Um Gottes Willen, bloß jetzt nicht die Ferien abbrechen müssen.‹ Heute sehe ich das ganz anders und bin traurig über meine Reaktion von damals.
Aber die erste Ferienreise, die ich mit meinem kleinen Auto

machen konnte, war wirklich ein ganz besonderes Erlebnis
für mich. Ich fühlte mich selbständig und vergnügt. Man hatte
damals ja ein völlig anderes Gefühl zum Reisen und zum
Leben als heutzutage. Wir wollten wirklich nur fröhlich sein.
Vergessen haben wir Großmutter nie. Ich habe heute noch
Fotos von ihrer Wohnung. Und sie amüsieren mich, wenn ich
sie betrachte. Großmutter hatte seinerzeit noch Gaslicht. Ich
fand es immer aufregend, wenn sie den riesigen Kronleuchter, der mit sechs großen runden Gasflammen bestückt war,
auf eine etwas vorsintflutliche Weise bedienen mußte, um
Licht zu haben. Sie zog an einer Strippe und dann flammten
die Kerzen bzw. die Lampen auf. Erst sehr viel später wurde
der Leuchter auf elektrisches Licht umgearbeitet. Wenn sie
bei uns in der Wohnung zu Gast war, wir hatten schon lange
elektrisches Licht, ermahnte sie mich regelmäßig: »Mein
Kind, wenn du aus dem Zimmer gehst, dann lösche bitte das
Licht. Das ist doch keine Affäre, den Schalter einfach umzu-
drehen.« Irgendwie ist mir das bis heute so hängengeblieben.
Wenn ich meine Wohnung verlasse, greife ich ganz automatisch zum Lichtschalter und knipse das Licht aus. Ein besonderer Spaß war für mich Großmutters Telefon. Sie hatte es an
der Wand in einer Höhe, die für sie gerade richtig war. Zwar
war auch sie nicht groß, aber immerhin doch viel größer als
ich. Ich habe mich als Kind anstrengen müssen, um an dieses
altmodische Telefon heranzukommen. Ich mußte mich auf die
Zehenspitzen stellen, um überhaupt diesen Teil, in den man
hineinsprach, zu erreichen. Den Hörer hielt man in der Hand,
wie eine kleine Keule und preßte ihn sich ans Ohr. Diese
altmodische Vorrichtung habe ich in bester Erinnerung. Es
gab zur damaligen Zeit ja ganz wenige Telefone in der Stadt
und auch nur ein paar Nummern. Unsere Telefonnummer in
der Klopstockstraße habe ich bis heute nicht vergessen. Das
war Moabit 5502. Die vielen Telefonnummern, die inzwischen

mein Telefonbuch und auch meinen Kopf passiert haben, habe ich längst gestrichen. Auch die Nummer von Großmutter ist mir entfallen.

An ihr Wohnzimmer, das man selten betrat, denke ich manchmal mit gewisser Wehmut zurück. Das war für damalige Verhältnisse ›en vogue‹. Für heutige Verhältnisse allerdings unmöglich. Es war vollgestopft mit den wunderbarsten Nippes aus Dresdner und Meißner Porzellan. Da gab es Tänzerinnen und junge Damen in Rokoko-Kostümen mit Spitzenröcken, und schicke Galane. Von besonderem Wert waren die englischen Figuren. Großmutter hatte sie von ihrem Mann geschenkt bekommen, als Mitbringsel von seinen Englandreisen. Mir haben immer besonders die Möpse gefallen, die es in allen Größen und in allen Farbzusammenstellungen gab. Manchmal denke ich, wie schön es doch wäre, wenn man heute nur noch einen davon besäße: Heute sind sie unerschwinglich, diese dicken Kerlchen mit den Halskrausen. Auch eine Katze, die Blumen auf ihrem Fell hatte, fand ich immer besonders lustig. Wenn ich jetzt manchmal Sightseeing in der Fifth Avenue gehe, an den teuersten Geschäften vorbeischlendere, dann entdecke ich sie in den Schaufenstern. Und dann sehe ich diese Porzellanpretiosen vor mir, die bei Großmutter in Mengen einfach herumstanden. Sie hat es mir nie verübelt, wenn ich mit dem einen oder anderen wertvollen Stück gespielt habe. Sie hat mich einfach machen lassen. Sie hatte Verständnis für Kinderwünsche und war nicht darauf aus, ihre Schätze wie in einem Museum heilig zu halten. Sie war wirklich eine ganz außergewöhnliche Frau. Nur wirkte ein Leben lang die Unterdrückung durch ihren Mann bei ihr nach. Abgelegt hat sie das auch nach seinem Tode nicht. Sie fühlte sich immer zweitklassig. Gott sei Dank haben sich die heutigen Frauen davon befreit und kennen solche Minderwertigkeitskomplexe nicht.

Ich habe schon eingangs von meiner ersten kleinen Reise erzählt, die mit Großmutters Tod zusammenfiel. Dabei fällt mir nun eine andere sehr imposante Reise ein, die ich mit Mutti zusammen gemacht habe. Das war im Jahre 1928. Wir sind damals zu dritt aufgebrochen. Thomas war zu Beginn mit uns. Allerdings hat er uns leider recht bald verlassen müssen. Er mußte zurück zum Studium an die Universität. Meine Mutter war im Reisen geübt. Schon zu Corinths Lebzeiten ist sie oft allein unterwegs gewesen, so in Spanien, Italien oder auch in Deutschland. Der Grund war immer der gleiche: Sie malte. Eine für damalige Verhältnisse noch ungewöhnliche Malreise nach Tunesien und Algerien, die sie mit einer Freundin unternahm, fand bei Corinth jede Zustimmung. Im Jahre 1929, Corinth war vier Jahre tot, entschloß sie sich zu einem besonderen Trip. Sie wollte neue Eindrücke sammeln und versuchen, sich von dem zu befreien, was sie hinter sich hatte, endlich das große Leid um den Tod von Corinth langsam abstreifen. Aber sie wollte auch nicht alleine losziehen. Ich sollte mit dabei sein. In diesem Fall war es keine Schwierigkeit. Ich hatte gerade die Schule beendet und studierte an der Kunstakademie in der Hardenbergstraße. Also gab es keine Probleme mehr. So nannten wir die Exkursion, die wir starteten, unsere Orientreise. Strenggenommen war es nur der Vordere Orient, den wir besuchten. Nämlich die Türkei, Syrien, Libanon und schließlich Ägypten. Damals war es in der Gegend noch so friedlich, ganz im Gegensatz zu heute. So konnte man planen und ohne Ängste die berühmten Stätten besuchen. Damals habe ich noch die Tempel von Abu Simbel gesehen, die inzwischen längst unter Wasser stehen, von denen man heute nur Fragmente im New Yorker Metropolitan Museum besichtigen kann. Aber zurück zum Beginn der Reise.

Düsen-Jets gab es zu der Zeit noch nicht, also benutzte man

die Bahn und anschließend das Schiff. So gingen wir drei von Triest aus zunächst auf einen italienischen Dampfer. Sinnigerweise sind wir dabei durch die ›Straße von Corinth‹ gefahren. Wir Corinths schipperten also durch den Kanal von Corinth, der wirklich so eng ist, so daß wir damals fürchteten, das Schiff würde die Passage nicht schaffen. Irgendwann erreichten wir wieder das Mittelmeer und landeten schließlich in der Türkei. Unsere Reise mag zwei, vielleicht auch drei Monate gedauert haben und hatte nichts von dem berühmten Slogan an sich: »It's Tuesday, it must be Belgium.« Ich will sagen, wir wußten zur damaligen Zeit noch recht genau, wo wir uns befanden. Nicht so, wie es heute manchmal bei amerikanischen Reisegesellschaften üblich ist, die in acht Tagen rund um die Welt düsen.

Uns stand eine lange Reise bevor, die in erster Linie der Malerei gelten sollte. So waren wir mit allen Utensilien reichlich ausgerüstet. Wir schleppten Leinwände, Malkästen, Pinsel mit. Alles, was eben dazugehört. Aber alles mußte auch getragen werden. Auch ich hatte zweifellos eine starke Begabung zum Malen, auch wenn ich das Kinderfräulein damals anders gesehen habe als die Eltern. Aber diese ewige Schlepperei, dieses ewige Wuchten von schwersten Gegenständen, habe ich damals hassen gelernt. Man war nicht nur bepackt, sondern kam völlig erschöpft dort an, wo man schließlich sein Motiv gesucht und gefunden hatte. Fast noch unangenehmer erschien mir, daß man ständig vollgeschmiert war mit Farbe, nie ein anständiges Kleid anziehen konnte und wie ein Handwerksbursche herumlaufen mußte. Das waren die Dinge, zu denen ich keine Lust mehr hatte. Sicherlich zeigte sich in dieser Abneigung auch, daß meine Begabung nicht stark genug war. Sonst hätten mich die Unannehmlichkeiten gar nicht angefochten. Ich habe später in Amerika, um es hier gleich einzufügen, noch ein paar

Aquarelle gemalt. Aber dabei ist es dann letzten Endes auch geblieben.

Das türkische Abenteuer ist für mich in der Erinnerung mit einigen persönlich wichtigen Höhepunkten verbunden. So habe ich im damaligen Konstantinopel in einem sehr schönen Hotel, es war wohl das Hotel Nowotny und gehörte einem Deutschen, die erste Wassermelone meines Lebens gesehen und gegessen. In einem bezaubernden Gartenrestaurant, das zum Hotel gehörte. Ich habe es sehr genossen, daß man mal etwas anderes zu essen bekam als das, was ich von zu Hause kannte. Was gab es noch? Natürlich haben wir die Moscheen besichtigt und sind ans Marmara-Meer gefahren. Auf Muttis Wunsch und vielleicht auch aus eigenem Antrieb, habe ich dort etwas aquarelliert. Sie malte in Öl. Mit gewissem Stolz kann ich anmerken, daß einige dieser Aquarelle, die ich auf einem Block hatte, bis heute noch erhalten und eigentlich recht schön sind. In Konstantinopel, dem heutigen Istanbul, habe ich mich mit dem Zeichenbuch vor die besonders attraktiven Motive gestellt. Thomas hat uns in Konstantinopel verlassen; Mutti und ich sind auf einem Show-Business-Schiff, einem Musikdampfer würde man wahrscheinlich besser sagen, nach Syrien, nach Damaskus, weitergefahren.

Auch Beirut haben wir gesehen. Und wenn ich heute die Zeitung aufschlage und lese von diesem entsetzlichen Gemetzel, vor allem in Beirut – dann steht für mich die Welt auf dem Kopf. Damals war es eine der friedlichsten und schönsten Gegenden, die man sich vorstellen kann. Ich erinnere mich besonders gerne daran, daß wir in Damaskus oft und mit Vergnügen in die großen Cafés gegangen sind, dem bunten Treiben zugeschaut haben, das sich auf den Straßen abspielte. Ein richtiger Flaniercorso. Mit Begeisterung haben wir den türkischen Mokka geschlürft, der so schwer war und so dick vom Zucker, daß der Löffel darin steckengeblieben ist.

Mutti war damals neunundvierzig Jahre alt, ich fand das ein immenses Alter. Heute ist man Ende Vierzig eine Frau in den besten Jahren. Auch damals hatte Mutti die tollsten Chancen bei Männern. Auf dem Schiff versammelten sich die interessantesten Typen um sie. Und wenn wir in einem Café saßen, gesellte sich mancher junge Mann zu uns. Sie wollten alle partout ihre Bekanntschaft machen. Manchmal lernte sie sie auch nur kennen, weil sie mit ihrer Staffelei irgendwo stand und vielleicht ein bißchen kokettierte. Aber wie gesagt, sie hat sie angelockt und es waren meistens hochinteressante Leute. Ich gebe zu, ich war ziemlich eifersüchtig, auch neidisch, wenn nicht gar beleidigt. Ich dachte mir nämlich: ›Mein Gott, hier stehe ich, bin jung. Und meine Mutter ist doch eigentlich eine alte Frau. Aber zu der wollen sie! Warum wollen die nichts von mir. Ich sehe doch auch nicht übel aus.‹ Auch wenn ich noch immer ein bißchen Babyspeck hatte und unvorteilhaft gekleidet war. Aber Mutti auch! Wir beide hatten einfach keinen Blick für den letzten Chic und für die entsprechende Mode. Am allerschlimmsten war die Sache mit den Haaren. Sie und ich hatten uns für diese Reise die ersten Dauerwellen machen lassen, eine nagelneue Erfindung. Aber die ließen noch sehr zu wünschen übrig. Es waren richtige Negerkrausen, mit denen man »geschlagen« war.

In Istanbul, es war wohl im Hotel Novotny, ist es dann endlich mal passiert, daß man auch auf mich aufmerksam wurde. Ein Herr setzte sich zu uns an den Tisch, sah mich lange und ernsthaft an und zu meiner Mutter gewandt, sagte er dann leise: »Ich habe das Gefühl, dieses Mädchen wird später einmal sehr schön sein und vielen Männern den Kopf verdrehen.« Ich dachte, ich hör nicht recht! Ich wollte den Kerl umbringen. Ein solches Urteil über mich! Er war wohl verrückt. Wieviel Jahre sollte ich denn noch warten, bis sie aufmerksam wurden? Heulend zog ich mich aufs Zimmer zurück. Wenn ich so überlege, er hat natürlich recht gehabt. Ich war damals neunzehn, war ein unausgegorener Backfisch, mit dem die Männer nichts anzufangen wußten. Im übrigen war es damals überhaupt nicht üblich, daß man mit neunzehn auf den Mann losging, oder umgekehrt. Ein Mädchen aus gutem Hause war eben behütet. Wahrscheinlich zu gut behütet, als daß sie für irgendeine flüchtige Liaison offen gewesen wäre. Heute haben die meisten Mädchen dieses Alters schon ganz andere Erfahrungen. Ehrlich gesagt, ich weiß nicht, was besser ist.

Wenn ich an unseren Aufenthalt in Syrien denke, dann fällt mir eine halsbrecherische Fahrt mit dem Taxi durchs Gebirge ein. Als wir später nach dieser Tour wieder im Hotel waren, haben die Leute die Hände über dem Kopf zusammengeschlagen und uns für total verrückt gehalten. Zwei Frauen allein im Taxi! Und irgendwohin, wo man sich nicht auskannte! Das Lamento war riesig. Aber wir hatten weder Angst, noch das Gefühl, etwas Gefährliches unternommen zu haben.

Ich habe aus dem Fenster geschaut und erinnere mich, daß ein wunderschön anzusehender Beduine, mit herrlichem Kopfschmuck, eingehüllt in seine weißen Tücher, an uns vorbeiritt. Ich weiß nicht mehr, ob er auf einem Rappen oder auf einem Schimmel saß. Aber es war ein Bild, wie aus ›Tausendundeiner Nacht‹. Irgendwann verloren wir ihn aus den Augen und begegneten Kamelkarawanen, begleitet von vielen fremdartigen Menschen. Ich glaube, sie haben uns genauso als Exoten betrachtet, wie wir sie. Von Syrien aus haben wir einen kurzen Abstecher nach Beirut gemacht, wo Mutti leider sehr krank wurde. Zwei Wochen lang mußte sie im Hotel das Bett hüten, und ich versuchte, so gut wie möglich für sie zu sorgen. Es gab einen englischen Arzt und nur eine einzige englische Apotheke, in der man die nötigsten Medikamente besorgen konnte. Woanders war es nicht ratsam etwas zu kaufen, wollte man nicht noch kränker werden. Ich glaube, sie hatte eine Art Magen-/Darmgrippe, eine dort übliche Krankheit, die auch in Ägypten und in der Türkei nicht selten auftritt. Jedenfalls mußte ich jeden Tag in die Stadt zur Apotheke und um jede einzelne Tablette kämpfen, denn gute Medikamente waren rar. Auf dem Weg begegneten mir in den Straßen immer wieder die gleichen Kamele und Karawanen, die wir Tage vorher auf unserer abenteuerlichen Tour gesehen hatten. Sie gehörten zum Straßenbild.

Von Syrien aus sind wir per Schiff nach Kairo gefahren. Ich erinnere mich nur, daß es ein scheußlicher Dampfer war. Dreckig und ungepflegt, ohne sanitäre Anlagen. Ich war ganz krank bei dem Gedanken, daß es dort nicht einmal ein richtiges Klo gab. Gott sei Dank dauerte die Fahrt nicht lang. Als wir in Kairo angelegt hatten, entschlossen wir uns, eine Weile zu bleiben. Doch dann ereilte mich das Schicksal: »Der Fluch des Pharao« hatte mich getroffen. Ich mußte zu Bett und literweise Rhizinusöl schlucken. Das war das schlimmste von allem. Jedenfalls mußte nun leider Mutti für mich sorgen. In ›angeschlagenem‹ Zustand, aber dann doch einigermaßen wieder auf Deck, haben wir irgendwann einmal unsere Staffeleien herausgeholt und gemalt.

In unserem Kairoer Hotel fühlten wir uns sehr wohl. Auch fanden wir die Menschen liebenswert und zuvorkommend. Ganz abgesehen davon, daß sie ganz besonders gut aussahen. Ich erinnere mich an einen kleinen Liftboy, den Mutti hingebungsvoll gemalt hat. Er gefiel auch mir gut: Mit seiner roten Kappe und seinem ausdrucksstarken schönen Gesicht, der sanften Bräune seiner Haut und seinem edel geformten Körper.

In Ägypten haben wir eine Reihe Exkursionen unternommen und sind in die nahe bei Kairo gelegene »Tote Stadt« gefahren. Zu jener verfallenen Siedlung, in der es nur noch von

Menschen verlassene Ruinen gab. Dort spazierten die Katzen in Gemütsruhe herum. Wir haben diese Tour mit einem Führer unternommen. Auch die Halbinsel Elephantine hat uns fasziniert. Vor allem fiel uns auf, daß die meisten Frauen in tiefschwarze Gewänder gehüllt waren. Sie scheuten sich, von uns gemalt zu werden. Auch Fotografieren war nicht möglich. Jedesmal, wenn Mutti versuchte, näher heranzukommen, sind sie meist in großer Aufregung auf und davongelaufen. Dabei hielten sie ihre Tücher eng vor das Gesicht gepreßt, denn im Islam darf das Gesicht nicht gemalt werden. Schließlich haben wir einige dann doch dazu gebracht, sich von uns konterfeien zu lassen. Und so ist es Mutti gelungen, einige wunderbare Bilder von diesen edlen Frauen mit nach Hause zu bringen. Sie hat sie lebensgroß gemalt. Ich habe mich im Aquarellieren versucht.

Mutti malte später auch bei Assuan, in der Gegend, wo sich heute der Staudamm befindet. Den Tempel Muth und die wunderbare Sphinx-Allee haben wir natürlich auch besichtigt, die Gräber des Tutenchamun, sie waren damals gerade erst eröffnet worden, haben wir sozusagen noch jungfräulich gesehen. Ich weiß nicht, ob man da heute noch hingeführt wird. Für mich und auch für Mutti war es ein außerordentliches Erlebnis, als wir mit eigenen Augen diese phantastischen Hieroglyphen und Wandmalereien betrachten konnten. Sie sahen so frisch aus, als seien sie gerade erst entstanden. Natürlich haben wir auch den großen Sphinx und die drei Pyramiden bei Kairo besichtigt. Die Stufenpyramide habe ich sogar ein paar Meter weit erklommen.

Wir haben die Reise in den Vorderen Orient sehr genossen. Nur die Bakschischjäger waren damals schon anstrengend. Ich erinnere mich, daß ich vieles natürlich nur mit der Zeichensprache erledigen konnte, sowohl die Bezahlung im Basar, den wir gerne besucht haben oder in den Läden. Dann habe ich die Finger hochgehalten und sie abgezählt. Manchmal habe ich meine Wünsche auf den Boden oder auf einen Block gemalt.

Aber ganz besonders in Erinnerung ist mir geblieben, daß wir in den Hotels selten gut behandelt worden sind. Das lag daran, daß wir als Damen allein reisten und wie Bohemiens gekleidet herumliefen. Regelmäßig wurden uns nur die schlechtesten Tische angeboten, worunter vor allem meine Mutter gelitten hat. Manchmal hat sie, wenn wir hungrig und verschwitzt irgendwo saßen, geklagt: »Wenn ich früher mit Lovis gereist bin, dann waren die besten Tische nicht gut genug für uns. Die Leute dienerten um uns herum und verwöhnten uns mit allen erdenklichen Köstlichkeiten, von Champagner bis Kaviar. Jetzt, da ich allein bin, muß ich mit Katzentischen vorliebnehmen und in der Ecke sitzen.« Aber es lag auch ein bißchen an uns. Ich war nicht der Typ, der richtig auftreten konnte und Mutti war gewiß nicht in der Verfassung, sich in den Vordergrund zu spielen. Außerdem waren wir nicht entsprechend gekleidet. Modischer Firlefanz war, das stammte noch aus Corinths Zeiten, unter unserer Würde!

Die Rückreise haben wir nicht über Kairo, sondern über Alexandria angetreten, und haben von dort ein Schiff durchs Mittelmeer bis nach Venedig genommen. Das war dann das Ende dieser denkwürdigen Tour. Auf der Rückfahrt wurde es dann allerdings noch einmal dramatisch. Es muß inzwischen Weihnachten oder Neujahr gewesen sein, einer dieser ohnehin für uns schwer erträglichen Feiertage. Jedenfalls herrschte hoher Seegang. Später haben wir uns beide vergeblich bemüht, uns an dieses Ereignis zu erinnern. Mutti und ich hatten ein Mittel gegen Seekrankheit eingenommen. Die Kajüte, in der wir die Nacht zubrachten und nebeneinander schliefen, war nicht ungemütlich. Ich erinnere mich nur, daß meine Mutter eine Orange schälte, die wir uns teilen wollten. Während sie noch dabei war, die Orangenfilets auseinanderzunehmen, verließ mich plötzlich das Bewußtsein. Ihr erging es genauso. Als wir nach vielen Stunden, vielleicht war es schon der nächste Tag, wieder aufwachten und zu uns kamen, hatte sie in der einen Hand noch immer das Messer und in der anderen die Apfelsine. Was mit uns geschehen war, wußten wir nicht. Als wir dem Kapitän davon berichteten, wußte er auch keine Erklärung. In Venedig endete unser Abenteuer und beide hatten wir das Gefühl, daß die Reise uns nicht nur viel gebracht, sondern uns noch mehr miteinander verbunden hatte.

Wenn ich allerdings heute diese Tour machen würde, abgesehen von den politischen Zuständen, die mich davon abhalten, hätte ich gewiß mehr davon. Das kann ich heute in meinem Alter und am Ende meines Lebens mit Überzeugung behaupten.

»Fridericus Rex«

Lovis und ich hatten etwas gemeinsam, worüber wir miteinander sprechen konnten und was uns für eine lange Zeit das Gefühl der Zusammengehörigkeit gab. Das war Friedrich der Große, Fridericus Rex. Lovis hatte Thomas Carlyles Bände über Friedrich den Großen studiert und damit begonnen, seine berühmte Serie ›Fridericus Rex‹ zu erstellen. Im ganzen erarbeitete er 1921/22 achtundvierzig farbige Lithographien, die in zwei Mappen im Verlag Fritz Gurlitt in Berlin erschienen.

Warum auch mich das interessierte? Damals war ich nämlich erst zwölf Jahre alt, aber der Grund war plausibel: Zu der Zeit lief in den Kinos »Friedrich der Große« mit Otto Gebühr in der Hauptrolle. Ich habe mir den Film nicht nur einmal, sondern vielleicht fünf- oder gar zehnmal angeschaut. Zusammen mit Hilde, meiner einzigen Freundin, oder auch mit einem Kindermädchen. Immer wieder wollte ich da hinein. Ich war verliebt in den Otto Gebühr, der den Friedrich so fabelhaft spielte. So begann ich Carlyle zu lesen. Ich konzentrierte mich hauptsächlich auf den jungen Friedrich und natürlich auf die Beziehung zu seinem Freund Katte. Ich hatte keine Ahnung, was dahinter steckte. Das wird einem ja auch in den Schulbüchern vorenthalten. Die ganze Geschichte rührte mich zutiefst. Und ich erinnere mich an manche Szene: Die Freunde wollten fliehen, und es wurde dem König hinterbracht; Freund Katte wurde hingerichtet, Friedrich, in Gefangenschaft, mußte der Hinrichtung zusehen. Mein Herz blutete für sie. – Ich hatte lange Gespräche mit Lovis über diese Ungerechtigkeit und Unmenschlichkeit des Königs, dem Vater von Friedrich II. Als mein Geburtstag nahte, erbat ich als einziges Geschenk ein Buch über Friedrich den Großen. Ich wünschte mir jenes, das von Menzel illustriert worden war. Und siehe da, auf meinem Geburtstagstisch lag der Band. Ich weiß nicht, was ich mir damals unter dem Buch vorgestellt hatte, aber es gefiel mir überhaupt nicht, und ich war maßlos enttäuscht. Es war größer als ein normales Buch, doch nicht so groß und schön, wie ich es mir erträumt hatte. Die Zeichnungen von Menzel waren recht klein abgedruckt. Ich konnte mich leider nicht mehr beherrschen, machte meinem Herzen Luft. Und es tröstete mich auch nicht, daß Lovis es mir liebevoll gewidmet hatte: »Der lieben Wilhelmine zum Geburtstag dieses Buch von Friedrich dem Großen. Ihr Vater Lovis.« Heute bedaure ich es, daß ich dieses Buch nicht mehr besitze.

Bald darauf fuhr ich mit meiner Mutter nach Bad Pyrmont, die dort eine Kur machte. Kaum eingetroffen, erhielt ich von Corinth zwei liebevolle Briefe, die ich später oft in der Hand gehalten habe. Hier möchte ich sie gerne wiedergeben. Sie sind datiert vom 16. und 23. Juni 1923 in Berlin. Corinth schreibt da:

»Meine liebe Wilhelmine,
es tut mir so sehr leid, daß Dir der Kugler nicht gefällt. Trotzdem wir in unserer Malerei immer so übereinstimmen, schien es hier doch nicht der Fall zu sein, denn eine größere Ausgabe gibt es doch wohl nicht meines Wissens. Auch werden die Zeichnungen von Menzel nicht besser. Kostbarer sind natürlich seine Originalholzschnitte, aber die gibt es ja nicht mehr. Die Zeichnungen sind aber immer gleich gut. Der Geist von Menzel bleibt.

In der heutigen Zeit ist natürlich die Arbeit miserabel, ein Buch aus den Friedenszeiten schon daher viel wertvoller. Aber man kann ja nichts dafür. Ein anderer Umstand ist mir aber unangenehmer. Nämlich, ich bekomme überhaupt von Gurlitt gar kein Exemplar [das bezieht sich nun auf seine eigene Fridericus-Rex-Serie. Anmerkung von Wilhelmine Corinth]. – Durch Friedrich den Großen war ich immer gegen Gurlitt im Krieg. Wir haben uns arg an die Köpfe gekriegt. Nun bis Frieden war, war ich dummerweise zu stolz, irgendetwas zu erbitten. Und wie nun gar die Signaturen kamen, dachte ich überhaupt an nichts anderes und so bedauere ich es sehr lebhaft, daß Du überhaupt schon ohne diesen, meinen Friedrich den Großen, sein wirst. Aber verzweifle nicht. Irgendwie kommt es vielleicht doch. Was willst Du eigentlich für eine Bilderskizze haben? Ich dachte, Dir einen ›Verlorenen Sohn mit Schweinen‹ mittenmang zu schenken. Aber dann hatte ich vor Dir Angst, daß es wieder nicht das richtige wäre. Aber das kann ich jeden Augenblick machen. Was immer Du haben willst. Das wäre das wenigste. Wenn Du zurückkommst, wirst Du höchstwahrscheinlich meine Ausstellung in der Nationalgalerie sehen. Die Mama soll nicht vergessen, sich die Adresse von Herrn M. geben zu lassen. Morgen male ich die *Schloßfreiheit*. Es muß Sonntag fertig werden. Ein Kuß auf die ›Tirn‹ [So sagte ich als Kind immer, wenn ich nicht Stirn sagen konnte. Anmerkung von Wilhelmine Corinth]
von Deinem alten Lovis-Papa.«

Und dann der zweite Brief, den er gleich danach geschrieben hat:

»Meine liebe Wilhelmine.

Du bist immerhin noch jung und deshalb mußt Du noch einiges lernen. Wenn jeder Mensch die Geschichte resp. große[r] Männer gleich schreiben würden⟨!⟩, dann braucht ja nur einer die Sache zu schreiben. Dagegen sieht jeder das einzelne anders an, weil die Menschen gewöhnt sind, als einzelnes individuell alles anders zu betrachten. Dazu kommt noch die Partei von einem jeden und auch die Religion. Strebertum, namentlich in der Geschichte der Könige, weil sich der Historiker sehr oft beliebt machen will in den Augen der späteren Nachkommen dieser Fürsten. Zum Schluß auf ihre eigene Auffassung, ebenso wie es verschiedene Maler gibt. Gute und schlechte. Wenn Menzel von seinem Verlag den Auftrag erhalten hätte, die Geschichte Friedrich des Großen von Carlyle zu illustrieren, alsdann hätte er auch das bewirkt. Nun sollte der ›Kugler‹ illustriert werden und nach Carlyle habe ich die bewußte Mappe bei Gurlitt gemacht. Da mußt Du Dich schon trösten und es freut mich, daß Deine Mama als Löwin den Gurlitt anfallen will. Er wird Angst kriegen. Du kriegst die Mappe. Es wäre mir sehr angenehm, wenn Du sämtliche Bände von Carlyle sammelst, daß das kostbare Geschichtswerk nicht verloren geht. [Leider ist das doch geschehen! Anmerkung von Wilhelmine Corinth] Wie ich leider das Buch von Dr. Kraft verloren habe. Nimm doch lieber das Brustbild vom jungen König Fritz. Ich glaube, ich habe es Dir schon früher geschenkt. Häng es an die Wand. Vor dem brauchst Du Dich nicht zu genieren.«

Hier muß ich einfügen, daß ich Lovis erzählt hatte, daß mich ein Bild, das an meiner Wand hing, nervös machte. Ich weiß nicht mehr, ob es ein Porträt war von ihm oder von irgend jemand anderem. Jedenfalls hatte ich Hemmungen, mich auszuziehen. Ich fühlte mich von dem, der da hing, betrachtet und das war mir unangenehm. In seinem Brief fährt er dann fort:

»Gib mir lieber einen anderen Auftrag, der mir selber Spaß macht. Mir hängt im Augenblick der Alte Fritz zum Halse raus. Sag der Mama, daß gestern Claas im Atelier war. [Das war der mit der *Marzipantorte* aus Königsberg. Anmerkung von Wilhelmine Corinth] Der kam mit den Zeichnungen. Sonst ist nichts passiert. Von der *Schloßfreiheit* habe ich mich schon erholt. [Das war das Bild, das er malen sollte.] Es ist sehr gut geworden. Sage der Mama auch, daß es uns herrlich und in Freuden geht durch den Dollar. [Damals war Inflationszeit.] Gesund sind wir alle. Die Zigarren sind mir leider ausgegangen. Gestern war Frau Leistikow bei mir. Hat feierlich Tee getrunken, läßt Mama grüßen und bleibt längere Zeit in Berlin. Beide werden sich jedenfalls sehen. Ich bin nun sehr zappelig wegen meiner großen Ausstellung im Kronprinzenpalais. Die Kerls sind so gleichgültig und langsam, daß man rein platzen könnte. Ich muß Dich sehr loben, über Deine so gute Schrift und über Deinen Stil. Allerhand bonn heur. Gruß, Kuß Euch Beiden.
Lovis.«

In diesem Stil also schrieb Lovis an mich. Immer beginnend mit ›Meine liebe Wilhelmine‹. Und so hat er mir auch viele graphische Blätter und Gemälde dediziert.
Und ›Wilhelmine‹ war ich für Lovis von klein auf. Er hat mich nie anders genannt. Jeder andere nannte mich Mine oder Minchen. Ich fand mich mit meinem Namen ›Wilhelmine‹ wirklich geschlagen. Ich mochte den Namen nie. Daß ich

Wilhelmine heiße, geht auf Lovis' Mutter zurück. Auch sie hatte diesen typisch deutschen Vornamen. Das Seltsame ist, daß ich heute nach so vielen Jahren – von Mine auf Wilhelmine zurückgekommen bin. In Amerika hatte ich anfänglich große Mühe. Mine verstand niemand. Sie verwechselten es mit Mike. Ich habe zu erklären versucht, daß Mine von Wilhelmine abgeleitet ist. Zur Antwort bekam ich ein höfliches, aber oft verständnisloses: ›Oh, what a nice name.‹ Manchem Amerikaner gefiel es wohl deswegen, weil die holländische Königin so ähnlich heißt. Ich habe dann wieder erklärt, sie heißt Wilhelmina, daß das so korrekt ist. Inzwischen hat sich der Geschmack der Amerikaner geändert: jetzt lieben sie lange, ausländisch klingende Namen mehr als die kurzen Rufnamen. So bin ich zu ›Wilhelmine‹ zurückgekehrt.

Um noch einmal auf mein ›Genantsein‹ in Kinderzeiten zurückzukommen: Ich habe mich nicht nur vor Corinths ›Fridericus Rex‹ geniert und mochte mich in seiner Gegenwart nicht an- noch ausziehen oder aufs Töpfchen gehen, sondern ich schämte mich auch vor meinem Teddybären, den ich dann einfach zur Wand schauen ließ. Meinen Teddy liebte ich, und aus lauter Sympathie für Lovis schor ich meinem Teddy eines Tages eine Glatze, weil Lovis doch auch eine hatte. Ich fand das ganz in Ordnung so, die andern fanden es wohl eher komisch. Schön wär's, wenn ich meinen alten Teddybären heute noch hätte. In den New Yorker Schaufenstern gibt's heute anders aussehende Steiff-Knopf-im-Ohr. Ich find sie bei weitem nicht so schön wie meinen alten Teddy, dafür sind sie aber um vieles teurer.

Ich war als Kind eher scheu als forsch. Nur selten war ich Mittelpunkt. Während der Schulzeit ist es einmal passiert, daß ich zur Attraktion der Klasse wurde. Das hatte mit einer »Faust«-Aufführung von Barnowsky zu tun. Zu seiner Zeit galt er als ein fast ebenso berühmter Regisseur wie Max Reinhardt. Corinth hatte den Auftrag, die Bühnenbilder zu gestalten. Käthe Dorsch spielt das Gretchen, Ilka Grüning die Marthe, Emil Jannings den Faust. Die gesamte Aufführung war ein Riesenerfolg. Schlagzeilen in den Zeitungen berichteten von der phänomenalen Inszenierung. Ich dachte mir nichts Besonderes, bis zu dem Morgen, als ich in der Schule ankam. Es war wohl der Tag nach der Premiere, und als unsere Lehrerin die Zeitung aufschlug, schwante mir nichts Gutes. Ich sah schon von meinem Platz aus, daß sie die Seite in der Hand hielt, auf der die Kritik gedruckt war. Zu allem Übel las sie alles vor. Sie sprach von Lovis Corinth, schwärmte von den Bühnenbildern und den Kostümen, die er entworfen hatte. Ich dachte, vor Verlegenheit in die Erde zu versinken und bin halt unter den Sitz gekrochen. Alle meine Mitschüler starrten mich mit großen Augen an. Lovis Corinth und Mine Corinth, »das ist doch dein Vater, oder? – »Ja«, habe ich nur ganz verschüchtert gesagt, »das ist mein Vater.« Das Ganze war mir höchst peinlich. Statt stolz zu sein, genierte ich mich wieder einmal. Aber wer kann schon in Kinderseelen hineinschauen! Inzwischen hat sich das geändert. Ich freue mich, wenn ich etwas Positives über Lovis Corinth lese oder höre. Und ich bin stolz darauf, daß ich seine Tochter bin.

Was die Schulzeit betrifft, war es bei uns nicht anders als überall. Irgendwann einmal kamen neue Schüler in die Klasse. Wir waren nur zwölf Mädchen. Da war eine Neue natürlich eine Sensation. Entweder man mochte sie von Anfang an oder nie. Eines Tages kam so eine Neue. Sie war größer als wir und wohl auch etwas älter. Sie hieß Nina Slevogt. Schüchtern war sie und hielt sich sehr für sich. Als ich an diesem Tag nach Hause kam und wir beim Mittagessen saßen, kam die übliche Frage: »Na, wie war's denn in der Schule?« – Die Frage stellte natürlich Mutti. Lovis fragte so etwas nie. Ich antwortete: »So wie immer! Aber seit heute haben wir eine neue Schülerin. Sie heißt Nina Slevogt.« Kaum hatte ich den Namen ausgesprochen, blickten Lovis und Mutti sich an und riefen wie aus einem Munde: »Slevogt? Ist das etwa die Tochter von Max Slevogt?« Ich darauf prompt: »Nein, ach wo.« Man sagt doch als Kind immer erst einmal nein, wenn die Eltern etwas fragen. Nach dem Motto: ›Was wißt ihr denn schon, das geht euch auch gar nichts an.‹ Aber sie ließen nicht locker, behaupteten, Slevogt sei doch kein häufiger Name, wollten wissen, wie sie ausschaut, wie alt sie ist und was sie so macht und redet. Ich drückte mich und erzählte nur, daß sie scheinbar älter sei als wir, und fügte prahlerisch an: »Die ist schon ziemlich entwickelt.« Mutti lachte schallend und Lovis, der eigentlich so etwas nicht gern hörte, fragte mich schmunzelnd: »Sag mal, wie meinst du das denn?« Meine erschöpfende Antwort war: »So vorne herum. Wir haben das alles noch gar nicht, was sie da hat.« Schließlich klärte sich die Sache! Nina war die Tochter von Max Slevogt und ungefähr zwei Jahre älter als ich und die anderen Mädchen in meiner Klasse.

Nina Slevogt war viel auf die weiten Reisen der Eltern mitgenommen worden, sie hatte stets nur Privatunterricht genossen, war dadurch dem vorgeschriebenen Schulpensum nicht gefolgt. Daher mußte die Arme nun mit uns viel Jüngeren in einer Klasse sitzen. Nina und ich freundeten uns an, vorsichtig, wir waren beide recht zurückhaltende Mädchen. Aber eines Tages wurde ich zu einem großen Fest im Hause der Eltern eingeladen. Max Slevogt war dafür berühmt, daß er solche Feste besonders üppig, besonders elegant gestaltete. Es war ein Kostümfest und er selbst hatte die Räume ausgestaltet, Vorhänge bemalt und ähnliches. Seine Bilder hingen so dicht an den Wänden, daß mir fast schwindlig wurde. Mir gefiel das überhaupt nicht. Bei uns hingen ja auch viele Bilder, aber da waren sie so gehängt, daß immer Raum zwischen ihnen blieb. Bei Slevogts dagegen hingen sie von der Decke ab hinunter, übereinander, nebeneinander, so dicht, daß sich die Rahmen berührten. Frau Slevogt war eine sehr reizende, charmante Dame, eine herrliche Gastgeberin, aber sehr füllig. Vor allem so oben herum, was ich später zu Hause gleich zum besten gab. »Die könnte sich ein Tablett mit Tassen vorne auf die Brust stellen, die würden nicht runterfallen.« Tatsächlich, das waren meine Worte, ich weiß es noch genau. Auch Ninas Bruder, so in Thomas' Alter, war recht kräftig. Von der Mutter her neigten sie wohl alle zur Rundlichkeit. Max Slevogt selbst war stets quicklebendig und schien immer guter Dinge. Sie stammten aus der schönen Pfalz – welch anderes Temperament als unser ostpreußischer Lovis. Mit Nina verband mich in späteren Jahren auf lange Zeit eine Freundschaft. Das war nach dem Kriege, als ich bereits in New York lebte. Eugen Lehmann, Ninas sehr lieber Ehemann, brachte uns wieder zusammen. Zu einem Weihnachtsfest bekam ich einen Brief aus München, von ihm geschrieben, daß dieses sein Weihnachtsgeschenk an Nina sei. Sie würde sich so freuen, wenn wir unsere Kinderfreundschaft wieder aufnehmen würden! Jedoch, sie sei eine arg faule Briefschreiberin, und so übernähme er gern diese Aufgabe. Sie wären beide glücklich, wenn ich antworten würde, was ich natürlich sofort und mit Freude getan habe.

Es wurde eine wirkliche Freundschaft daraus, der sich auch Thomas brieflich anschloß, denn es gab zwischen ihm und Eugen viel Interessantes aus dem Kunstbereich zu besprechen. Ich aber reiste zu der Zeit noch viel nach Deutschland, und in München war ich stets Gast bei Lehmanns. Wirklich traurig machte mich der baldige Tod von Eugen. Der liebe und kluge, aber in dieser Hinsicht dumm-eigensinnige Mensch glaubte, nicht ohne seine zwei Packungen Zigaretten am Tage leben zu können. So starb er daran. Nina, die faule Briefschreiberin, ließ tatsächlich, trotz meiner Bemühungen, die Sache bald einschlafen. Sie siedelte von München zurück in ihr Elternhaus, den »Slevogt-Hof«, inmitten alter Weinberge gelegen. Auch sie starb nach wenigen Jahren, und so ist auch dieses Kapitel längst für mich abgeschlossen. Der »Slevogt-Hof« ist inzwischen Museum für die Werke Max Slevogts. Das wurmt mich allerdings, denn ich wünschte so sehr, daß es eine derart bleibende Stelle auch für Corinths Werk geben möchte. Ich wünsche es noch und warte darauf, in der wöchentlichen New Yorker Lotterie die entsprechenden Millionen zu gewinnen – dann baue ich davon für Lovis' Werk und das meiner Mutter ein Museum!

Die ganze Slevogt-Episode führt mich auf die befreundeten Männer zurück: Corinth und Max Slevogt, Liebermann und die Berliner Sezession. Aus erster Freundschaft dieser drei bedeutenden Künstler entstand eine Feindschaft – das Resultat kunstpolitischer Geschehnisse. Oft bekomme ich über dieses Kapitel Nachfragen: Was war eigentlich mit der Berliner Sezession? Was geschah, daß sich die dort vereinten Künstler überwarfen? Dazu muß ich gestehen, daß ich aus eigener Erfahrung nichts weiter davon weiß, als daß Lovis und Mutti beim Mittagessen oft sehr ungehalten über etwas mit der Sezession Verbundenes waren. Einmal lachte ich mich schief darüber, weil ich sie von »Statuten« im neuen Vorstand hatte sprechen hören, und glaubte, sie hätten »Stuten« gemeint, also Pferde. Sie fanden mein Lachen gar nicht angebracht und wurden richtig böse. Ja, so war ich doch noch ein alberner Teenager, Backfisch nannte man das früher.

Thomas dagegen, fünf Jahre älter und immer vernünftiger als ich, hatte sich bereits in jungen Jahren für diese künstlerischen Fragen interessiert. Im späteren Leben hat er, außer vielen anderen Artikeln über Lovis, auch eine längere Abhandlung verfaßt: »Lovis Corinth und Berlin«, worin er ausführlich die Zusammenhänge erläutert, die zum Entstehen, der Zersplitterung und dem Neu-Aufbau der Berliner Sezession führten. Dieser Aufsatz, noch durch Beratungen unserer Mutter unterstützt, erschien im Sonderdruck für das Jahrbuch der Stiftung »Preußischer Kulturbesitz«, Band III, aus dem Jahre 1964/65.

Ich glaube, daß Thomas dem zustimmen würde, wenn ich daraus, im Sinne dieses Buches, zitiere:

»Lovis Corinth und Berlin. – Wer heute in der Nationalgalerie bewundernd vor den herrlichen Gemälden steht, die Lovis Corinth schuf, wird sich kaum immer bewußt sein, daß dieser aus Tapiau in Ostpreußen gebürtige kraftvolle Künstler ein Vierteljahrhundert seines Lebens, von der Jahrhundertwende bis zu seinem Tode, in Berlin lebte und arbeitete. Der Anlaß zu Lovis Corinths Übersiedlung nach Berlin war eine Aufforderung der Berliner Sezession. ›Secessio‹ heißt ›Abwanderung‹ in Lateinisch und in der Tat ging es hier um eine Trennung, denn eine Gruppe Berliner Künstler hatte sich von veralteten und akademischen Malern und Bildhauern der Stadt abgesondert. Die neue Künstlerbewegung, von Max Liebermann und Walter Leistikow organisiert, eröffnete ihre erste Ausstellung am 20. Mai 1899 im eigenen Gebäude in Charlottenburg, Kantstraße 12. Das Unternehmen hatte gleich großen Erfolg. Um aber lebensfähig zu bleiben, mußten neue Talente herangezogen werden, die die folgenden Ausstellungen immer hochwertiger gestalten sollten. Der Vorstand der Sezession stand damals vor dem Problem, weitere zukunftsreiche Künstler als Mitglieder zu finden. Das damalige

Berlin war arm an modernen Malern, so daß Ausschau in anderen Städten gehalten werden mußte. Dabei fiel die Wahl auf Lovis Corinth, der bereits zur ersten Sezessions-Ausstellung zwei Gemälde ›Dämon‹ und ›Heimziehende Bacchanten‹ beigesteuert hatte. Dieser Ostpreuße war damals schon in mittleren Jahren und verlebte seine Tage malend und trinkend unter den Künstlern Münchens. Arbeiten von Corinth waren schon in Berlin mehrfach erfolgreich ausgestellt gewesen und er selbst bei Liebermann und Leistikow wohlbekannt. Aber die Vorstandsmitglieder der Sezession mögen sich erstaunt angesehen haben, als Corinths Name zur Diskussion gestellt wurde. Zweifellos war er ein aufgehender Stern am Kunsthimmel. Besitzer der goldenen Medaille des Münchner Glaspalastes und von den Kollegen hoch geachtet. Auch schrieb Hässler später in einem Berlinbuch, daß Corinth neben Liebermann und Slevogt dazu berufen war, die Reichsmetropole zur Kunststadt zu machen. Aber im Fin-de-Siècle war Corinth jemand, der heftige Kontroversen erregte. An Ausstellungsgelegenheit fehlte es ihm nicht, obgleich die Münchner Sezession ihn schon vor Jahren exkommuniziert hatte, weil er mit anderen jungen Modernen revoltiert und die ›Neue Vereinigung‹ begründet hatte. Selbst ein späterer Freund, Walter Leistikow, fühlte sich bei der ersten Begegnung in Berlin, 1887/88, von ihm abgestoßen. Erst 1890, als beide in Königsberg arbeiteten, kamen sie sich näher. Leistikow konnte ihm die Achtung nicht versagen, weil er sah, daß Corinth selbständig seinen Weg ging, ohne sich um irgendwelche Gunst zu kümmern. Die Presse war über Corinths Arbeiten geteilter Meinung. Der Münchner Generalanzeiger hatte den Maler, der den Münchner Kunstverein beschickte, schlimm heruntergerissen und geschrieben, dem Künstler als Hauptvertreter der modernen Richtung müsse das Ausstellen verboten werden. Er sollte eigentlich Strafe zahlen, da seine Bilder entsetzliche Proben einer Kunst der äußersten Linken wären, wie etwa die Werke des Norwegers Edvard Munch. Entgegengesetzter Meinung war der Börsenkourier, als Corinth mit der ›XXIV‹, eine Vereinigung moderner Münchner Künstler, in Berlin bei Eduard Schulte unter den Linden ausstellte. Diese Zeitung zeichnete Corinth als eine starke künstlerische Potenz von hohem Wert, von dem man Großes erwarten könne. Er stempelte ihn zu dem hervorragendsten unter den Münchner Künstlern überhaupt. Corinth selber blieb über diese Meinungsverschiedenheiten erhaben. Max Liebermann war objektiv genug, Corinths Werk zu erkennen. Er entsandte Leistikow als Mitgliedswerber zu Corinth nach München. Da kletterte dann Leistikow die drei Stockwerke zu Corinths Atelier in der Gabelsbergerstraße hinauf und gab sich alle Mühe, den Ostpreußen zu bestimmen, seinen Wohnsitz nach Berlin zu verlegen, um der Berliner Sezession zu helfen und hier seine Kräfte zur Verfügung zu stellen. Die unmittelbare Folge dieser Unterredung war, daß Corinth sein neuestes, in München registriertes Gemälde ›Salome mit dem Haupt des Johannes‹ zur nächsten Berliner Sezessions-Ausstellung sandte. Das Bild wurde ein ganz großer Erfolg und der Maler selbst eine Kapazität in Berlin. Lovis aber, obwohl wegen der Anfeindungen der Münchner Künstlerschaft in der Bayerischen Hauptstadt nicht mehr recht glücklich, zögerte doch mit der Übersiedlung, denn er wollte die Brücken in München erst abbrechen, wenn er seines Erfolges in Berlin sicher war. Wie ein Komet zog Corinth seine Bahn, welche u. a. nach Paris, nach

Italien, nach Hamburg und schließlich wieder zurück nach Königsberg führte, wo er 1887 seinen Vater malte. Dieses Porträt brachte der Sohn in die große Berliner Kunstausstellung am Lehrter Bahnhof. Der Erfolg fiel zwar recht dürftig aus, denn in den Kritiken wurde der junge Maler arg verrissen. Dennoch reizte es ihn, einen Versuch mit Berlin zu machen und so blieb er dort im Winter 1887/88. Er besuchte Stauffer-Bern in dessen feudalem Atelier im Hansaviertel, Klopstockstraße 52 [später wurde die Hausnummer Nr. 48. Anmerkung von Wilhelmine Corinth], ohne zu ahnen, daß dieses einst seine eigene Arbeitsstätte werden würde. Eine disharmonische Heiligabendfeier mit dem Schweizer Maler und anderen in der nahen Pension ›Anna‹ in der Lessingstraße, beendete diese Bekanntschaft. Auch war die hektische Betriebsamkeit des damaligen Berlin, wo so mancher abenteuerlustige junge Künstler über Nacht sein Glück machte, zu beunruhigend für den komplizierten Charakter des Ostpreußen, den es in seine stillere Heimat zurücktrieb. Es zog ihn zunächst wieder nach München, wo er so lange blieb, bis Leistikow seine geheimen Wünsche, nach Berlin zu gehen, bestärkte. Er versprach ihm goldene Berge und mit Recht, denn Leistikow spürte, daß Berlin im Aufblühen begriffen war und daß reich gewordene Finanziers für die Kunst etwas tun wollten. Eine Malschule für strebsame tüchtige Maler in Berlin zu gründen, müßte möglich sein. Dieses alles entsprach Lovis Corinths Hoffnung. Dabei fühlte er, daß er durch Leistikows Einladung ein Sprungbrett zur Verfügung hatte, sein Talent und seine Kräfte in Berlin zur Geltung zu bringen. Er wollte seine Erfolge nur sich selbst verdanken. Er war aber gern bereit, bei seinen Entscheidungen den Winken des Schicksals zu folgen. So hatte sich Corinth mit dem Gedanken vertraut gemacht, München zu verlassen. Im Frühjahr 1900 traf er in ›Preußisch Berlin‹ ein. Er wird wohl bald darauf Leistikow in der Klopstockstraße besucht haben, der inzwischen Stauffer-Berns Atelier übernommen hatte. Leistikow, eingedenk seines Vorsatzes, es seinem Freund in Berlin recht angenehm zu machen, sorgte für Aufträge und veranlaßte Corinth, sein Versprechen zu halten und nach dem nahen Schulzendorf als Logiergast zu gehen. Die Dame des Hauses, die schöne Frau Bianca, ließ sich dort von Corinth mehrmals malen. Auch andere Porträtaufträge und die amüsantesten Geselligkeiten folgten. Lovis schrieb nach München, er lebe auf dem Lande ganz solide und trinke nur noch eine Flasche Rotwein jeden Abend. Von Mai bis Juni malte er dort bei dem kunstsinnigen Gutsbesitzerpaar und kneippte frische Luft. Dann packte Corinth unwiderstehlich das Reisefieber und fort ging's nach Königsberg und Kopenhagen. Leistikow trat wieder in Aktion, traf mit Corinth in Agger zusammen und ließ sich von ihm dort malen. Dabei hat er Corinth wohl nochmals von den Fleischtöpfen Berlins erzählt, sprach auch von seinen Freunden, dem Dichter Gerhart Hauptmann und seiner Frau in Berlin-Grunewald, die sich malen lassen würden. Jedenfalls befand sich Corinth im September des Jahres wieder in Berlin und nahm ein Atelier in der Lützowstraße 82. Gerhart Hauptmann und seine Frau malte er im Oktober. Auch machte ihn Leistikow zum Mitglied des ›Rosenbundes‹, den er zur Freude und Ehre von Gerhart Hauptmann begründete. Von allen Seiten wurde Corinth mit offenen Armen empfangen. Der junge Kunsthändler, Paul Cassirer, der Sekretär der Sezession wār, war es, der Corinths steigende Bedeutung für den Kunstmarkt erkannte und planmäßig die ideellen Werte in handgreifliche Marktwerte umzusetzen verstand. Paul Cassirer veranstaltete eine Kollektiv-Ausstellung mit Corinths Gemälden in seiner Galerie in der Viktoriastraße 35. Aber auch für Unterhaltung war reichlich gesorgt. Im Dezember lud Gerhart Hauptmann die Mitglieder des ›Rosenbundes‹ zu der Generalprobe seines ›Michael Kramer‹ ins Lessingtheater ein. Es folgte ein Festessen im Palast-Hotel, an dem auch Theaterdirektor Brahm, der Schauspieler Rudolf Rittner, Max Reinhardt, der Verleger S. Fischer und andere teilnahmen. Die ›Rosenbund‹-Mitglieder hatten Rosenkränze auf dem Haupt und tranken Sekt, in vorgerückter Stunde soll Corinth den vergeblichen Versuch gemacht haben, eine Rede zu halten. Auch der Silvester-Abend wurde in guter Laune gefeiert, denn Corinth konnte auf ein erfolgreiches Jahr in Berlin zurückblikken. Neben künstlerischer Anerkennung hatte es ihm den Erfolg gebracht, daß eine Reihe von Porträts verkauft waren. Die für die Salome erzielten 2500,– Mark schien ihm eine enorme Summe, da er mit Preisen nicht verwöhnt war. Durch Leistikow, der ihn wirklich liebte, war er in die interessantesten Berliner Kreise gekommen. Auch war er nun ein Mitglied der Berliner Sezession. Durch die Gegnerschaft des Kaisers, der gegen alles Neue eine Aversion hatte, strahlte gegen Corinth und die anderen Sezessionsmitglieder der Glanz einer Märtyrer-Krone. Aber weder Kunstpolitik noch Feste hielten Corinth von seiner Arbeit zurück. An den damaligen Lebensstil Corinths in Berlin erinnert ein Aufsatz in der Zeitschrift ›Kunst und Künstler‹, in dem es u. a. heißt: ›Der Künstler, den die Erfolge krönten, lebt in der Großstadt wie in einem bezaubernden Morgenland-Traum. Er schiebt sich von einem vornehmen Haus ins reiche andere, er setzt sich, ohne sich lange zu besinnen, an die üppigsten Eßtische und macht kauend und süffelnd Unterhaltung. Wie im Rausch lebt er dahin und sein Talent? Läßt solch ein Künstler denn sein Talent liegen? Welche Frage, im Gegenteil. Unbewußt erstarkt das Talent, wenn man darauf los lebt.‹ –

Nach dem Jahreswechsel arbeitete er weiter an dem begonnenen Kolossalgemälde ›Perseus und Andromeda‹ (1900). Es war eines seiner schwierigsten Bilder. Er hatte es auf eine Breite von drei Metern angelegt, mit Pferden, Pagen, einem großen Drachen und Amouretten. Eines schönen Tages zerschnitt er es und verkleinerte es auf ein Minimum, schickte es dann auf die Berliner Sezessions-Ausstellung und ›Die Kunst für alle‹ fotografierte den Maler vor dem Bilde ›Am Firniss-Tage‹. Es wurde als eines seiner besten Werke angesehen. Nun fühlte sich Corinth sicher genug in Berlin, um endgültig von München fortzugehen. Er mietete in Berlin ab 1. Oktober die Atelierwohnung Leistikows in der Klopstockstraße, denn Leistikow war inzwischen in die Goethestraße umgezogen. Corinth hatte schon in den Katalog der Berliner Sezession eine Anzeige setzen lassen, worin er die Eröffnung einer Malschule für Akt und Porträt am 15. Oktober 1901 ankündigte. Rechtzeitig vor diesem Termin klopfte es an des neuen Lehrers Ateliertür. Da stand schon Charlotte Berend mit ihrer Zeichenmappe, um als Schülerin aufgenommen zu werden. Sie hatte schon in der Klosterstraße bei Professor Max Schäfer und später auf der Kunstgewerbeschule der Prinz Albrecht-Straße bei Professor Manzel Unterricht genommen. Corinth interessierte sich besonders für die Arbeiten, die vor Beginn dieses Studiums entstanden waren und er fand Charlotte recht talentiert. Dann führte der Lehrer sie in das Atelier, wo sie arbeiten sollte. Er zeigte ihr einige seiner Gemälde und sie bewunderte besonders ›Perseus und Andromeda‹ sowie ›Dämon‹. Später füllten immer mehr Schülerinnen die Malschule und seine Unterrichtsmethode trug Früchte, so daß Corinth nach einem Vierteljahr, Anfang 1902, in seinem Atelier eine Ausstellung seiner Schüler veranstalten konnte. Es kamen viele Besucher, feine elegant gekleidete Damen aus Berlin West, die sich die Anfängerarbeiten lächelnd ansahen. Charlotte Berend führte die Gäste, denn Lovis Corinth hatte sich vor dieser Geselligkeit gedrückt. Das Verhältnis zwischen dem Meister und Charlotte wurde immer herzlicher. Es reizte ihn, mehrere Porträts von ihr zu malen. Als sie krankheitshalber aus der Klasse fehlen mußte, entwickelte sich ein fast täglicher Briefwechsel zwischen ihrer Wohnung in der Ringbahnstraße und dem Atelier.

Corinth schrieb, er habe eine Reinhardt-Premiere in ›Schall und Rauch‹ gesehen und dann Oscar Wildes ›Salome‹ im Kleinen Theater. Von dem letzten war er so begeistert, daß er Gertrud Eysoldt in der Titelrolle porträtierte. ›Sie saß sehr gut und ich malte sehr gut.‹ – So schrieb er an Charlotte, und auch die ›Monna Vanna‹-Aufführung von Maeterlinck sah der Maler. ›Heute gehe ich zum Maeterlinck-Fressen im Hotel ›De Rom‹ – fuhr er fort. Aber das Festessen wäre ein Skandal gewesen, was die Zeitungen totgeschwiegen hätten. Noch weniger mochte der Maler das ›Nachtasyl‹ von Maxim Gorki, von Max Reinhardt inszeniert. – ›Im Theater war er ja recht interessant, aber ich kann den Kerl, Maxim Gorki, nicht leiden. Und das tritt immer wieder ein, wenn ich ihn sehe.‹ So berichtete Corinth an Petermannchen in Spiegelschrift, die sich die beiden als Geheimschrift für ihre

Liebesbriefe ausgedacht hatten. Die Zuneigung dieser ungewöhnlichen Künstlernaturen hatte sich zur Liebe gesteigert und im März 1903 wurde Charlotte, genannt Petermannchen, Lovis Corinths Frau. Bald sagte ganz Berlin, wie verjüngt der neugebackene Ehemann aussähe, denn das war der Einfluß der über zwei Jahrzehnte jüngeren Frau auf den 45jährigen Ehemann. Das Wohnatelier in der Klopstockstraße wurde beibehalten. Nach einiger Zeit entschieden sich Corinths, die etwas werkstattmäßig eingerichtete Behausung in eine künstlerisch moderne und geschmackvolle Wohnung umzubauen. Um seiner jungen Frau Unbequemlichkeiten zu ersparen, schickte Corinth sie an einen Ferienplatz in der Mark und übernahm es selbst, sich mit den Wohnungsarbeiten herumzuplagen. Er schrieb ihr darüber getreulich: ›Hier in dem Farbengestank, Staub und Dreck wäre es nichts für Dich. Also das Oberlichtatelier ist heute fertig gestrichen.‹ Aber auch Angenehmes hatte er mitzuteilen. Paul Cassirer hatte eine Cézanne-Ausstellung veranstaltet, die Charlotte nach ihrer Rückkehr sehen sollte. Denn das wäre etwas fürs ganze Leben.

Da das Klopstockstraßen-Atelier seinen Charakter als Arbeitsstätte ziemlich verloren hatte und da Baby Thomas im Oktober 1904 geboren wurde, nahm sich Corinth ein zweites Atelier in der nahen Händelstraße, um dort ungestört malen zu können. Dort schuf er den Gemäldezyklus ›Das Leben‹ (*Die Lebensalter*. Teil II). Später zerschnitt er das zweite Gemälde davon, er zerteilte es in kleine vollständige Bilder, die er ein wenig übermalte und separat signierte und betitelte. Das inhaltsreiche Leben für Corinth in Berlin erfuhr eine weitere Steigerung. Es entstanden Porträts von Charlotte, die *Junge Frau mit Katzen* (1904), *Im Liegestuhl* (1904), *Unter dem Kronleuchter* (1905), Kind (*Nacktes Kind*, 1904), um nur ein paar zu nennen. Ebenfalls malte der Meister z. B. ›Thomas, Sohn des Künstlers‹ *(Baby Thomas, Sohn des Künstlers*, 1905), *Mutter und Kind* (1905) und andere Kinderbilder. Aus den Gemälden kann man sich ein anschauliches Bild seines Familienlebens in Berlin machen. Auch wurde Petermannchen, unter Corinths Freunden in Berlin und außerhalb, bereitwillig aufgenommen. Denn die begabte junge Malerin und Ehefrau verstand es, sich des Meisters Kreisen anzupassen und diese zu erweitern. Auf Geselligkeiten war sie selbstverständlich an seiner Seite, wodurch Corinth ein noch lieber gesehener Gast wurde, als er das als Junggeselle schon gewesen war. Charlotte machte damals auch Aufzeichnungen in ihr Tagebuch über Berliner Kunstereignisse. Sie schrieb über die Ausstellungseröffnung des Deutschen Künstlerbundes im neuen Sezessionsgebäude Kurfürstendamm 208. Lovis hatte dort sein geniales Gemälde ›Mutter und Kind‹ gezeigt. Am Abend folgte ein Festessen im Palast-Hotel, wo neben Corinth die Elite der Kunstwelt erschien. Liebermann, Leistikow, Ferdinand Hodler aus der Schweiz, der Wiener Gustav Klimt, der Maler Graf Kalckreuth, der Kunstschriftsteller Lichtwark u. a. ›Es wurde stramm Sekt getrunken. Wir kamen um 4 Uhr morgens nach Hause‹, so schrieb Charlotte in ihr Tagebuch. Jedenfalls ließen sich Corinths trotz ernstester Arbeit wenig Vergnügungen entgehen.

Sein Monumentalgemälde ›Kreuzabnahme‹ malte Corinth währenddessen am Tage in größter Frische. Die abendlichen Abwechslungen taten ihm gut. Nebenbei modellierte der Bildhauer Fritz Klimsch, seine, Corinths Büste. Corinth fand sie ähnlich, aber schwieg sich darüber aus, ob er sie für künstlerisch hielt. Corinths Kopf hatte eine anerkannte Ähnlichkeit mit Bismarck. So ging er auf ein bald darauffolgendes Maskenfest als Bismarck-Kopf. Auf einer anderen Geselligkeit sprach er mit Gerhart Hauptmann, den seine schlechten Kritiken wurmten. Corinth gab dem Dichter recht, daß er mehr leisten wollte, als Stücke wie ›Die Weber‹ zu verfassen, von denen er dennoch wußte, daß sie glänzend aufgenommen wurden. Der Maler selber war gegen schlechte Kritiken abgehärtet, die er in seiner Jugend lachend seinen Freunden vorgelesen hatte. Jetzt aber behandelte ihn die Presse besser, auch die Bildverkäufe florierten.

Wie ein Hecht schwamm der Maler durch die Gewässer der Berliner Kunstwelt. Durch seine Wirksamkeit in der Sezession, deren Präsident er schließlich wurde, war er in der glücklichen Lage, nicht nur ein volles Leben mit ihm sympathischen Menschen zu führen, sondern auch einen Strom von Porträtaufträgen und Bildverkäufen auf sich zu lenken. Kein Wunder also, daß Corinth Berlin zu seiner Stadt machte. Jedoch ein Künstler wie Corinth war letzten Endes immer eher ein gebender als ein nehmender Mensch. Was er der Stadt verdankte, gab er in doppelter Münze zurück.

Durch das Zurückdrängen der reaktionären Kräfte in der Kunst, durch das Aufblühen des Interesses für alle lebendigen Probleme auf diesem Gebiet, durch das Interesse auswärtiger und ausländischer Künstler am Berliner Kunstleben, trugen Corinth und seine Kampfgenossen dazu bei, daß Berlin München die Stellung einer deutschen Kunstmetropole abtrat. Dessen waren sich auch die tonangebenden kunstliebenden Kreise Berlins sehr wohl bewußt.

Corinth verkörperte für Berlin den wahren Künstler.

Seine Anwesenheit in der Stadt, von den Zeitungen durch häufige Meldungen über sein Tun und Lassen, über den engeren Kreis der Kunstfreunde hinaus, bekannt. Das bedeutete einen Anziehungspunkt ersten Grades. Man sprach über seine Persönlichkeit und über die beliebten Reden bei der Eröffnung von Ausstellungen. 1910 hielt er für die Freie Studentenschaft in der Dorotheenstraße einen Vortrag über Deutsche Malerei. Der Ansturm war so groß, daß viele keinen Einlaß finden konnten. Die jungen Menschen wollten den Mann hören und sehen, von dem sie Verständnis für ihre Bestrebungen erwarten konnten. Er pflegte seine Reden vorher niederzuschreiben und dann anspruchslos abzulesen. Übrigens berlinert hatte Corinth nie, außer wenn er Liebermann zitierte. Wer nicht Ölgemälde, graphische Blätter oder von Corinth illustrierte Bücher sammeln konnte, begnügte sich mit Reproduktionen, Postkarten und Farbdrucken. Sein Name wurde für Berlin so populär, daß sehr häufig ein schwieriges Wort am Telefon buchstabiert wurde: ›C‹ wie Corinth. Aber viel wichtiger als äußere Erfolge waren für Corinth, was er selbst über seine Arbeit dachte. Im Händelstraßen-Atelier schuf er das Riesengemälde *Die Gefangennahme Simsons* (1907) und ebenfalls *Urteil des Paris* (1907). Für die Staffage des letzteren hatte der Maler ein lebendes Lamm bei einem Kohlenhändler gekauft, das sich als recht brauchbar zum Modellstehen erwies. Corinth war auch nicht zu stolz, auf Wunsch seiner Malerfreunde selbst als Modell zu posieren. Eines Abends, so schrieb Lovis an Charlotte, die nach Florenz gefahren war, suchte ihn Liebermann in allen Kneipen, denn er wollte ihn zum Modell für Kopf und Hände für das Porträt eines Bankdirektors, der ebenfalls Bismarck ähnelte. Der Lohn für Corinth war eine Zigarre. ›Wat janz Feines‹, wie Max Liebermann versicherte. Dieser war damals 1. Vorsitzender und der Ostpreuße war in der Ausstellungsleitung der Sezession. In der Frühjahrsausstellung hingen Corinths Bilder ›Urteil des Paris‹, ›Simson‹ sowie auch ein Gemälde von Charlotte Berend. Er schickte ihr Zeitungsrezensionen nach Italien. In der Zeitung ›Der Tag‹ war der Hauptsaal der Sezession mit Corinths Gemälden abgebildet. Zu lesen stand da auch, daß sich die Jury der Sezession aus den folgenden Künstlern zusammen setzt: Liebermann, Leistikow, Corinth, Slevogt, Ulrich Hübner, Robert Breyer, Reinhold Lepsius, August Gaul, Fritz Klimsch, Paul Cassirer. Die Ausstellung würde nur bis 1. August 1906 dauern. Corinth blieb aber nicht während der ganzen Ausstellung in Berlin.

Ende April fuhr er nach Florenz, um seine Familie zu besuchen. Er war aber Anfang Mai bereits wieder in der Reichshauptstadt. Ein Grund für seine eilige Umkehr war, daß er seine Unterrichtsklasse bei Lewin-Funke, nicht länger im Stich lassen wollte. Sein Verantwortungsbewußtsein Privat- und Klassenschülern gegenüber, lohnte sich. Denn viele, die er heranbildete, entwickelten sich zu tüchtigen Künstlern. Charlotte Berend, Gerhart Hauptmanns Sohn Ivo, der junge August Macke, Ewald Mataré, Jakob Steinhardt, um nur einige zu nennen. Mehrere seiner Schüler wurden seine guten Freunde und blieben es, nachdem sie von Berlin weggezogen waren. Corinths Ruhm hatte sich weiter über Berlin hinaus ausgebreitet. So sehr Corinth Berlin liebte, so reiste er mindestens ebenso gern. Er malte dann auf Reisen und brachte die Ernte seiner Arbeit zurück nach Berlin. Im Sommer 1908 fuhr er mit einem Dampfer von Hamburg nach Antwerpen, von dort nach

Nordwyk/Holland, wo er seinen Sezessionskollegen Max Slevogt porträtierte. Nach dem anschließenden Ferienaufenthalt war aber dieses Mal die Rückkehr nach Berlin trauriger Natur. Walter Leistikow starb in seiner Wohnung in Schlachtensee. Von dort hatte Corinth noch zu seinem 50. Geburtstag am 21. 7. ein Gratulationstelegramm erhalten: ›Dich feiern wir, den Meister und treuesten der Freunde.‹ – Leistikow hatte das Telegramm selbst verfaßt, es war seine letzte Äußerung an die Außenwelt. Lovis Corinth schrieb später zum Gedenken an den lieben Freund ein Buch ›Das Leben Walter Leistikows – Ein Stück Berliner Kulturgeschichte‹ – ein schriftstellerisches Dokument ersten Ranges, das auch Corinths Verhältnis zu Berlin wiedergibt. Schon zu Leistikows Zeit fing es an, in der Sezession von den Krisen zu rumoren, so daß so gar dieser ›den ganzen Krempel‹ aufgesteckt hätte, wenn nicht Corinth mit aller Energie für die weitere Existenz der Vereinigung eingetreten wäre. Aber als nach Leistikows Tode dessen beschwichtigender Einfluß fehlte, kam es zu immer größeren Zwistigkeiten. Corinth notierte damals in sein Tagebuch: ›1908 wurde die Sezession ganz ruiniert.‹ Doch ging es weiter. Der Ostpreuße blieb im Vorstand. Die nächsten Jahre waren für ihn segensreich. Er schuf eines seiner bedeutendsten Gemälde, ›Der Künstler und seine Familie‹ (*Familienbild des Künstlers*, 1909) [im Landesmuseum in Hannover. Anmerkung von Wilhelmine Corinth] mit dem wenige Monate alten Töchterchen auf dem Schoß der Mutter, das nach Corinths Mutter Wilhelmine getauft wurde. Das Atelier in der Händelstraße hatte Corinth unterdessen aufgegeben und eine weitere Etage mit Wohnräumen in der Klopstockstraße gemietet. So konnte der Maler wieder in seinem alten Atelier arbeiten. Die Taufe des Babys fand in dem weitläufigen Raum des Studios statt. Der Pfarrer der nahen Kaiser-Friedrich-Gedächtniskirche, der den Taufakt vollziehen sollte, vergewisserte sich durch vorherige Inspektion, daß keine anstößigen Akte im Atelier waren. Man mußte abhängen, was der strenge Geist für richtig hielt. Jedoch bestand der Maler darauf, daß wenigstens seine ›Totenklage‹ hängen blieb. Ohne die hohe künstlerische Qualität dieses Werkes, das später das Landesmuseum in Hannover ankaufte, infrage zu stellen, blieb offen, ob gerade dieses traurige Thema für eine Tauffeier geeignet war. Dabei war Corinth ein sehr religiöser Mensch. Dieses offenbarte sich in seinen vielen Christusbildern. In die Kirchen Berlins ging er allerdings fast gar nicht. Er lebte nach dem Grundsatz ›Wenn du beten willst, geh in dein Kämmerlein‹. Biblische Themata lagen ihm nahe. Um diese Zeit schuf er farbige Lithographien zum Buch Judith und zum ›Hohen Lied‹, bei Paul Cassirer verlegt. Sein Verhältnis zu dem jungen Verleger und Kunsthändler blieb gut, obwohl es schon wieder in der Sezession brodelte. Max Liebermann und einige andere traten in einer Krisenatmosphäre vom Vorstand zurück. Corinth aber sagte mit der ihm eigentümlichen, oft beneideten Geistesgegenwart: ›Ich bleibe.‹

Bei der Reorganisation des Vorstandes ergab es sich dann, daß Corinth zum Präsidenten der Vereinigung gewählt wurde. Der Vorstand bestand jetzt aus einer jungen Generation von Künstlern, von denen sich manche erst beweisen mußten. Liebermann wurde Ehrenpräsident. Als Corinth sein neues Amt antrat, sah er es als seine Pflicht an, junge, zukunftsreiche Talente für die neue Ausstellung heranzuziehen. Aber auch die älteren modernen Künstler, die bereits anerkannt waren, wollte er zeigen. Im Sezessionskatalog der Ausstellung, die von der neuen Jury zusammengestellt wurde und am 13. April 1911 eröffnete, waren u. a. die folgenden Aussteller verzeichnet: Max Beckmann, Lovis Corinth, Lyonel Feininger, Thomas Theodor Heine, Ferdinand Hodler, Max Liebermann, Hans Meid, Julius Pascin, Max Slevogt, Wilhelm Trübner, Heinrich Zille, Charlotte Berend, Ernst Barlach, Georg Holbe. Der Ostpreuße hatte sein Porträt ›Eduard Meyer, Dekan der Berliner Universität‹ aus dem Besitz der Hamburger Kunsthalle ausgestellt.

Die Erfolge Corinths steigerten sich weiterhin. Ebenfalls seine Meisterschaft. Jedoch unerwartet im Dezember 1911, zu der Zeit, als er in Berlin sein Gemälde *Adam und Eva im Paradies* begonnen hatte, erkrankte der Meister sehr schwer. Seine starke Natur und die aufopfernde Pflege seiner Frau Charlotte brachten ihn wieder zum Leben zurück. Corinth nahm seine Arbeit mit erneuter Kraft auf und beendet sein Gemälde ›Adam und Eva‹. Obschon der Maler dieses Bild während seiner Krankheit hatte liegenlassen müssen, erschien es nach der Vollendung wie aus einem Guß. Überhaupt war Corinths Pinselführung unmittelbar vor und nach der Krankheit nicht durchgehend verschieden, obwohl sich Jahre später eine Stilwandlung durchsetzte. Andererseits wiesen schon manche frühen Bilder Corinths Merkmale auf, die auf seine spätere Entwicklung hindeuteten. Aus diesem Grunde war es später manchmal schwer, bei undatierten Werken, die um die Zeit von 1911 entstanden sein mochten, zu entscheiden, ob sie vor oder nach der Krankheit geschaffen wurden. Auch Corinths Berliner Zeitgenossen betrachteten weder seine Krankheit noch deren Daten als von Bedeutung für die Entwicklung in des Meisters Kunst, die schon früh auf seinen großartigen Altersstil hinsteuerte. Man stellte fest, daß Corinth schon vor seiner Krankheit geniale Werke in ähnlichem Duktus schuf und daß er künstlerisch nicht stehen blieb. Man bewunderte, daß Corinth sich nicht durch den Zusammenbruch im Jahre 1911 hindern ließ, seinen Weg auf neuen Höhen der Kunst weiterzugehen. Abgesehen von Beschwerden und Störungen, die ihn nicht von der normalen Ausübung seines Berufes abhielten, hatte die Krankheit auch nicht seine physische und psychische Kompetenz als Künstler angegriffen. Dieses wurde besonders offensichtlich für diejenigen, die den Maler damals bei der Arbeit beobachteten. Erst viele Jahre nach seinem Tode dichteten ihm Uninformierte, die den Maler nie gesehen hatten, körperliche Schwächen an, die nie bestanden. Dabei konnte man sich von seiner Ungebrochenheit im Alter leicht durch den 1922 von Dr. Hans Cürles aufgenommenen Film überzeugen, der die Malweise des Meisters in den letzten Lebensjahren zeigt. Jedenfalls lasen die Berliner im Jahre 1912 mit Berechtigung in den Zeitungen, daß Lovis Corinth von seiner Krankheit genesen sei. Als der Wiederauferstandene von seiner Erholungsreise von der Riviera zurückkehrte, spielte er sich nach und nach wieder in sein Berliner Leben ein, obwohl der Alkoholgenuß von den Ärzten auf ein Minimum beschränkt wurde. Auch hatte Corinth die Energie, sich den Anordnungen seiner Ärzte zu fügen.

Die Sezessionsmitglieder hatten an Corinths Krankheit und Gesundung aufrichtigen Anteil genommen, doch merkte der Maler bald, daß er die längste Zeit Präsident gewesen war, denn der ehrgeizige Paul Cassirer hatte die Zeit der Abwesenheit Corinths genutzt, um neue

Intrigen in der Sezession anzuspinnen, weil der Kunsthändler den Posten des Präsidenten für sich erstrebte.
Im Dezember 1912 gelang es ihm, dazu gewählt zu
werden. Er bot Corinth einen Platz im neuen Vorstand
an, den dieser aber dankend ablehnte. Trotzdem blieb
äußerlich das Verhältnis zwischen Corinth und Cassirer
ungetrübt, denn im Januar und Februar 1913 veranstaltete der Kunsthändler in den Räumen der Sezession eine
Ausstellung des Lebenswerkes von Lovis Corinth. Dort
konnten die Berliner 203 Gemälde bewundern, die der
Künstler vor seiner Krankheit bis 1911 sowie 25 Bilder,
die er im Jahre danach gemalt hatte. Im Katalogvorwort
dankte Corinth den Berlinern und den auswärtigen Pri-
vatsammlern, daß sie ihre Schätze ausgeliehen hatten.
Auch Max Liebermann schrieb einen Beitrag für den
Katalog und führte aus, was sein Kollege geleistet habe
und für die Sezession und die Kunst bedeutete. Besonders die Berliner Presse brachte ungeteilt ihre Bewunderung für den genialen Meister zum Ausdruck. Bezeich-
nenderweise wurde keine Stimme laut, die einen Einfluß
der Krankheit auf die 1912 gemalten neuen Bilder feststellte, noch auf das Tapet brachte. Unter anderem
schrieb der Kunsthistoriker Fritz Stahl über die Ausstellung: ›Es sind Stücke in Corinths Bildern, bei denen man
fühlt, so hat die Malerei großer alter Meister ausgese-
hen, als sie frisch waren.‹ Damit wurde diese Corinth-
Ausstellung für den Meister, die Sezession und Paul
Cassirer ein schöner Erfolg in Berlin und einschl. Max
Liebermann schienen alle Beteiligten ziemlich ein Herz
und eine Seele zu sein. Später jedoch traten Ereignisse
ein, die Corinth, Liebermann und Paul Cassirer zu
›feindlichen Brüdern‹ machten, d. h. Corinth stellte sich
gegen die beiden. Eine Spaltung der Sezession brachte

dieses mit sich. Weitere Intrigen hatten sich innerhalb der Vereinigung entwickelt, die mit Cassirers Präsidentschaft zusammenhingen. So waren die Bilder einer Minorität langjähriger Mitglieder von der Jury für die Sommerausstellung abgelehnt worden. Die abgelehnten Maler protestierten und riefen eine außerordentliche Generalversammlung der Sezession ein. Auf dieser Veranstaltung kam es zu einem offenen Konflikt, der die Majorität der Mitglieder mit Max Liebermann, Max Slevogt und Paul Cassirer an der Spitze veranlaßten, aus der Vereinigung auszutreten. Corinth, der es immer vorzog, sich auf die Seite der Minorität zu schlagen, blieb bei den wenigen übrig gebliebenen Künstlern der nun zusammengeschrumpften Berliner Sezession. Nach langjährigen erfolgreichen Prozessen dieser Rumpfsezession gegen Max Liebermann und Paul Cassirer, reorganisierte sich die Sezession und 1915 wurde Lovis Corinth der Präsident dieser nun wieder erstarkten und bedeutenden Künstlervereinigung. Inzwischen war man mitten im Ersten Weltkrieg, bei dessen Ausbruch Corinth mit den Seinen aus der Schweiz zurückeilte.

Corinths Gesundheit hatte sich recht stabilisiert. Durch die Hungerblockade während des Krieges hatte der schwere Mann ziemlich abgenommen und markante Züge bekommen. Er meinte, er hätte sich nie so wohl gefühlt, wie in diesen ›Kohlrübenzeiten‹, wo man in Berlin kaum etwas anderes als dieses gehaltlose Gemüse bekommen konnte. Corinth war so elastisch und produktiv, daß er bald genug Material für eine neue Ausstellung zusammen hatte. ›Zum Besten der Kriegshilfe für bildende Künstler‹ stellte er 36 ältere und neuere Gemälde in der Kunsthandlung Fritz Gurlitt, Potsdamer Straße, aus. Seit dem Krach mit Cassirer arbeitete der Maler mit anderen Kunsthändlern. Corinth war wieder so kräftig, daß er gern Gemälde größeren Formats, wie ›Martin Luther‹ schuf und auch unbeschwert auf Reisen ging. Wo der Maler sich auch immer aufhielt, wurde er längst als eine Berliner Berühmtheit angesehen, jedoch ließ er sich dies nicht anmerken. Wenn er in seinem schlichten Anzug mit dem Spazierstock in der Rechten durch die Klopstockstraße ging oder mit der Stadtbahn nach Potsdam fuhr, um dort zu skizzieren, ahnte kaum jemand, daß dieser anspruchslose Mann einer der größten Maler war, die Deutschland hervorgebracht hatte. Corinth interessierte sich auch dafür, Männer des Tages zu porträtieren. So malte er Tirpitz (*Porträt des Großadmirals Alfred von Tirpitz*, 1917), den Organisator der Kaiserlichen Marine, in dessen Haus in der Von-der-Heidt-Straße. [Dieses Bild befindet sich seit kurzem im ›Deutschen Historischen Museum‹ in Berlin. Anmerkung von Wilhelmine Corinth.] Die jeweilige politische Einstellung seiner Modelle war dem Maler gleichgültig. Nur das künstlerische Problem war ihm von Bedeutung. So porträtierte er 1924 Friedrich Ebert, dessen Kopf ihn durch seine interessante Häßlichkeit faszinierte und dessen menschlichen Takt er bewunderte. Als das Gemälde später im Kronprinzen-Palais Unter den Linden ausgestellt wurde, erhielt der Maler Schmähbriefe von Parteigegnern Eberts, in denen der scharfe Berliner Witz üppige Blüten trieb. Ein Pamphlet kam als eingeschriebener Brief, wie in Corinths Selbstbiographie zu lesen ist. Auf der 1. Seite stand mit Bleistift geschrieben: ›Ich habe mich riesig gefreut, daß Sie Eberts lange Finger so wundervoll getroffen haben.‹ Corinth hatte Sinn für solchen Humor und er sah das tragikomische Element dieser Worte. Aber auch gegen sich selbst konnte der

1 Mein Vater malte meine Mutter, als sie mit mir schwanger war: »Donna gravida«, 1909.

2 Im selben Jahr entstand das Gemälde »Familienbild des Künstlers«.

3 Aus den Jahren 1916/17 stammen die Gemälde »Thomas und Wilhelmine« ...

4 ... und »Kleines Mädchen im Waschzuber«.

5 Berlin, Klopstock-
straße 48. Meine Familie mit
Großmutter und Hausgehil-
fin ist auf dem oberen Bal-
kon zu sehen, der an unsere
Wohnung anschließt. Die
Fenster darüber gehören zur
Atelierwohnung, die zum
Hof große Oberlichte hatte.

6 Rechts: 1918 entstand
Lovis' Gemälde »Wilhelmine
am Flügel«.

7 Mit meinen Eltern Char-
lotte und Lovis Corinth,
Januar/Februar 1920

8 Die Berliner Wohnung: Wohnzimmer...

9 ...und Lovis' Schlafzimmer. Über dem Bett hängen Bilder von jungen Künstlern der Sezession, die er erworben hatte.

10   »Wilhelmine mit Ball« entstand 1915.

11 Die Eltern in Bordighera an der Riviera, 1912

12 Ferienfoto mit Thomas in St. Ulrich
im Grödner Tal

13 Mit Thomas im Berliner Tiergarten

14 Mit Thomas, etwa 1916

15   Das Doppelporträt »Großmutter und Enkelin« stammt aus dem Jahr 1919.

16 Aus Lovis' Skiz-
zenbuch, 1923: »Der
Walchensee mit Wet-
terstein«, . . .

17 . . . »Mecki und
Strupp« . . .

18 . . . und »Moro«

◁ 19 »Haus Petermann« in
Urfeld am Walchensee,
1921

20 Unten links: Familien-
spaziergang in Urfeld

21 Rechts: Die Eltern vor
dem Urfelder Haus, Sommer
1924

22 Meine Mutter mit Ziege
Mecki

23 Mutter bemalt einen Fensterladen des Urfelder Hauses, ich halte eine Vase mit Rosen.

24 Wanderung mit meiner Mutter auf den Herzogstand, der gleich hinter unserem Haus begann. Dieses Foto liebte Lovis besonders. Es stand immer auf seinem Nachttisch.

25 Die Familie in Urfeld abends beim Kartenspiel, Winter 1922/23

26   Lovis mit den Katzen Hinz und Kunz, Urfeld 1924

27 Mit Lovis und Pferd Strupp, Urfeld 1921

28 Die Familie feiert mit Großmutter Hedwig Berend Lovis' Geburtstag in Urfeld, 1924.
Unten rechts unser Hund Tilleken

29 Lovis in seinem Atelier, 1924. Links auf den Staffeleien sein Selbstporträt und andere
Gemälde

30 Die Künstler-Kollegen tragen Lovis'
Sarg zum Krematorium: Links Bildhauer
Josef Thorak und die Maler Erich Waske,
Bruno Krauskopf, rechts der Maler Leo v.

König, der Bildhauer Alex Oppler und der
Maler Deierling
31 Mit meiner Mutter und Thomas auf dem
Weg zum Krematorium, 21. Juli 1925

32 Die Ägyptenreise, 1928: Meine Mutter Charlotte Berend-Corinth malte in dem Dorf auf der Insel Elefantine bei Assuan, ...

33. . . mit ihr in Luxor im Tempel der Mondgöttin Muth, ...

34. . . und hier aquarelliere ich den Nil.

35 Das war ich 1931.

36 Mit Karl Schönböck und Elisabeth Flickenschildt in »Peripherie« von František Langer, Deutsches Theater Hannover, 1932

37 Mit Lilli Palmer (zweite von links, neben mir) in »Das Konzert« von Hermann Bahr, Hessisches Landestheater Darmstadt, 1932/33

38   In der Zimmerstraße in Hamburg, 1939:
Mit meinem Mann Hanns Hecker

39   Auf der Sophienterrasse in Hamburg,
1937: Mit meinem Sohn Michael

40   In unserem Haus in Wellingsbüttel bei
Hamburg, Sommer 1944: Meine Kinder
Michael, Georg und Katharina

41   Drei Porträts von meiner Mutter Charlotte
Berend-Corinth:
»Fernando«, 1936, gemalt
auf Ischia . . .

42. . . »Lotte Lehmann singt«
(oben rechts) . . .

43   . . . und »Lucie Höflich«,
ca. 1917

44 Eine Bleistift-
zeichnung meiner Mut-
ter: »Professor Albert
Einstein in seinem
Haus in Princeton/
USA«, 1944...

45 ...und ein Aquarell:
»Santa Barbara/Kalifor-
nien«, 1943 (unten links)

46 Rechts: Lovis-
Corinth-Ausstellung in
der Festhalle des Volks-
wagenwerkes in Wolfs-
burg, 1958. Zur Eröff-
nung kam auch
meine Mutter Charlotte
Berend-Corinth. Hinter
uns kunstsachver-
ständige Herren der
Ausstellungsleitung.

47 Mutter und Tochter
Corinth in Wolfsburg vor
dem »Familienbild des
Künstlers«.

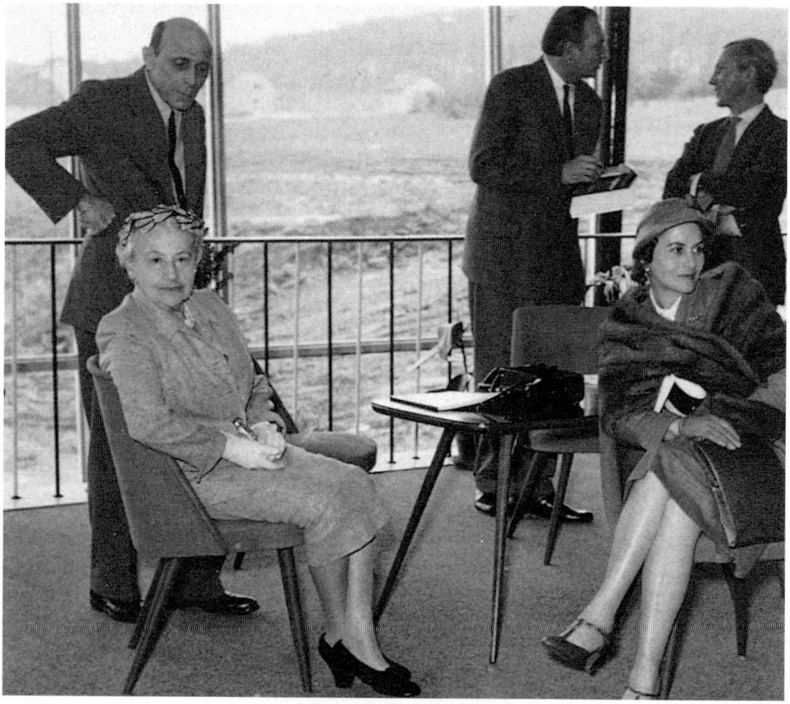

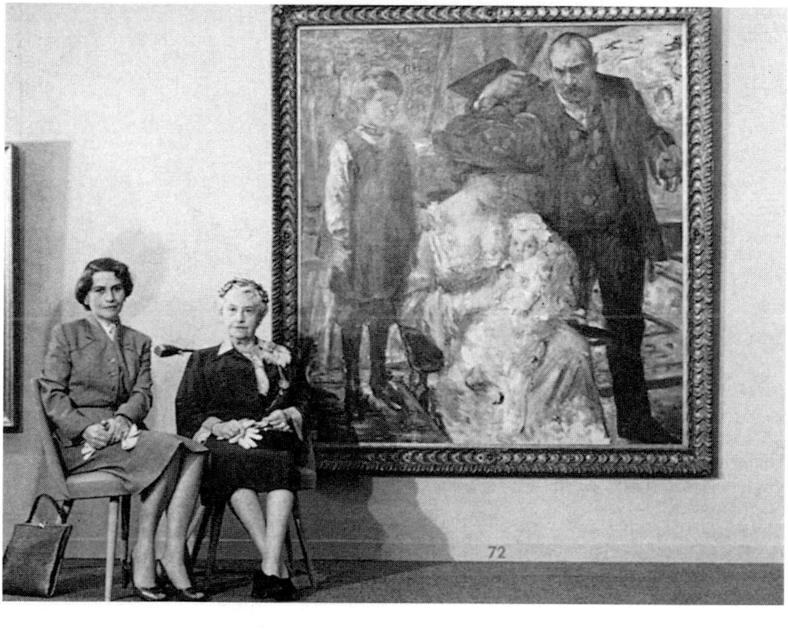
72

48 Meine Mutter Char-
lotte Berend-Corinth
wird 1960 zu ihrem
80. Geburtstag mit einer
Ausstellung ihrer Werke
in einer New Yorker Ga-
lerie geehrt. Hier mit
Alma Mahler-Werfel

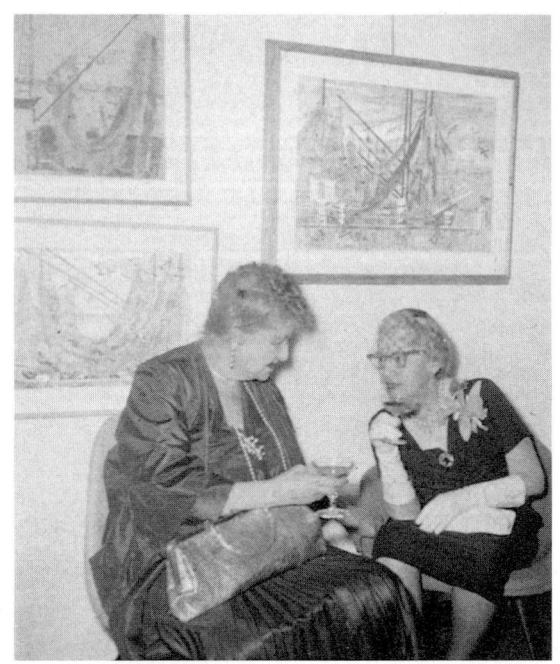

49 Ausstellung der Öl-
gemälde von Lovis
Corinth in der Gallery of
Modern Art in New
York, 1964. Mit meiner
Mutter und meinem Bru-
der Thomas vor dem Ge-
mälde »Charlotte Corinth
in gelber Bluse«

50   Am 5. 3. 1960 photographierte ich meine
Mutter in ihrer New Yorker Wohnung.

51   Mit Thomas am Sarg unserer Mutter, die am 10. 1. 1967 in New York starb.

52   Unten links: Gedenkfeier für meinen Bruder Thomas, der am 1. 3. 1988 starb. Vor Lovis' Gemälde »Thomas mit Hut in der Hand«

53   Rechts: Ausstellung in der Kunsthalle der Hypo-Bank München, 1986. Vor Lovis' »Selbstporträt mit Skelett«

54   Im Folkwang-Museum Essen vor Lovis' Gemälde »Selbstporträt mit Palette« und »Wilhelmine mit Zöpfen«, 9. 11. 1985

55 Urlaub in St. Croix in der Karibik, ca. 1980. Foto: Richard W. Beller

56 Mit meinem Lebensgefährten Russell
Palin bei einem Tanzturnier, ca. 1980

57–60 Mit meiner Enkelin Serena und meinem Sohn Michael in unserer New Yorker Wohnung, März 1988 (oben); mit Katharina und ihrem Sohn Zachary in St. Croix, August 1986 (Mitte); mein Sohn George und seine Frau Mary auf einer Reise durch China, 1989 (unten links); mit meinem Enkel Steven nach seinem Doktor-Examen, Mai 1989

61   In unserer Wohnung neben einer Petit-
Point-Stickerei meiner Urgroßmutter, der
Mutter von Hedwig Berend, 1987

62   Mit Russ in unserer Wohnung am
Central Park

63   In der Kunsthalle der
Münchner Hypo-Bank mit
Dr. Hans Fey vor Lovis' Porträt »Wilhelmine mit Zöp-
fen«, 1986

64   Mit meiner Co-Autorin
Helga Schalkhäuser bei der
Arbeit an diesem Buch in
New York 1990

Ostpreuße Spott richten. Zu dem Festessen im Eden-Hotel in Berlin am 7. 3. 1918 zur Vorfeier seines 60. Geburtstages, lithographierte er eine Speisekarte, die jedem Gast überreicht wurde. Auf diesem Menü war Lovis Corinth als lachender Jubelgreis zu sehen, aber hinter ihm stand der Tod, der mit der Linken ein Stundenglas auf den Tisch stellte, mit der Rechten einen mächtigen Zylinderhut grüßend erhob. Diese Lithographie wurde im ›Welt-Spiegel‹, der illustrierten Wochenschrift des Berliner Tageblattes abgebildet.

Corinth war nun alt an der Zahl der Jahre, aber was Produktionsfähigkeit und Arbeitskraft betraf, konnte er es mit den Jüngsten aufnehmen. In den sieben Jahren, die ihm noch verblieben, schuf er ein gigantisches, von jugendlichem Feuer beschwingtes Alterswerk. Fast 250 Ölgemälde und über 600 verschiedene graphische Werke, von denen viele aus mehrblättrigen Serien bestanden. Außerdem unzählige Aquarelle und Zeichnungen. Mit der Energie im Vorwärtskommen konnte es ihm niemand gleich tun. Großen Kummer empfand jedoch Corinth über den Zusammenbruch Deutschlands und Preußens durch den 1. Weltkrieg. Er brachte dies zum Ausdruck in seinem Artikel ›Berlin nach dem Kriege‹, den das ›Berliner Tageblatt‹ veröffentlichte: ›Wie ist die Stadt so wüste, die voll Volkes war, ist das die Stadt, von der man sagt, sie sei die allerschönste, an der sich das ganze Land erfreut. (Er nannte dies das Klagelied des Jeremias) – So und nicht anders wird unser Berlin über kurz oder lang daniederliegen. Die Herrlichkeit des Deutschen Reiches ist dahin. Für unsere arme Haupt- und Residenzstadt habe ich natürlich als gebürtiger Ostpreuße die ausgesprochensten Sympathien. Die fleißigen regen Menschen gefallen mir, sie sind empfänglich für Kunst. Auch mit Kunst war Berlin reichlich bedacht. Aus der Vergangenheit führt zu uns die Schlütersche Zeit mit dem Denkmal des Großen Kurfürsten herüber, mit dem Zeughaus und dem herrlichen Königl. Schloß. Die Prachtstraße Unter den Linden zum herrlichen Brandenburger Tor. Aus dem Tiergarten hebt sich aber die hohe Siegessäule. Dieses Denkmal ist zwar im Feldwebel-Stil, aber ich würde es sehr bedauern, wenn es nicht existierte. Aber die lange Sieges-Allee voll von marmornen Machwerken, die jeder Kunstverständige eine Schmach deutscher Kunst nennen muß. Einst werden diese Denkmäler von der Erde verschwinden und all die marmornen Reichtümer einem spekulativen Kirchhofindustriellen in die Hände fallen. Aber einen lobenswerten Anlauf hat die Stadt ausgeführt durch Gebäude für den Verkehr einer Millionenstadt. Wertheim ist durch den talentvollen Architekten Messel ein wirklich künstlerisches Bauwerk. Tatsache ist, daß jetzt Maschinengewehre auf meinem geliebten Brandenburger Tor aufgestellt sind. Das Herz tut einem weh, wenn man den Untergang Berlins vor Augen sieht. Armes Berlin. Ärmeres Preußen. Der deutsche Michel kümmert sich den Deubel um Preußen.‹ – Dieses Unglück verdarb Corinths Herz und Gemüt. Aber da die Jahre hingingen, ohne daß er diese Umstände verbessern konnte, entschloß sich Corinth, allein seiner Kunst zu leben.

Doch ging der Künstler unverdrossen mit der Zeit, und seinem Unternehmungsgeist waren die Flügel nicht beschnitten. Corinth war einer der ersten Berliner, der im Zeppelin-Luftschiff reiste. Mit seinem Sohn Thomas flog er über den Bodensee von Berlin nach Friedrichshafen und von dort nach München. Das Ziel war Urfeld am Walchensee, wo Charlotte dem Meister ein Häuschen gebaut hatte, das nun eingeweiht werden sollte. Von seinen Ferienaufenthalten dort kehrte er dann mit immer volleren Bilderkisten nach Berlin zurück. Aus der Klopstockstraße meldete er einmal an Charlotte, die manchmal länger in Bayern blieb: ›Außerdem sieht mein Atelier durch diese Bilder vom Walchensee furchtbar überfüllt aus. Voll geregnet und verwahrlost.‹ Obwohl dem Maler während der Inflationszeit in Berlin seine Bilder für Millionen, Milliarden und Billionen aus der Hand gerissen wurden, wobei der geschäftsfremde Künstler meist den Kürzeren zog, ahnte er damals nicht, wie der Wert seiner Walchensee-Bilder mit den Jahren steigen würde und daß sich später nur ein Dollarmillionär den Besitz eines aus mit Walchsenee-Bildern überfüllten Ateliers würde leisten können. Zum Beispiel kaufte die Nationalgalerie Berlin im Jahre 1921 Corinths ›Walchensee mit Lärche‹ für 50 000,– Papiermark – (ca. 500,– Goldmark). – Viele dieser Gemälde wurden von den Nationalsozialisten 1937 beschlagnahmt und landeten dann im Ausland. Nach dem 2. Weltkrieg kaufte die Nationalgalerie das gleiche Bild für 150 000,– Mark zurück. Während jetzt [dieses wurde 1963 geschrieben. Anmerkung von Wilhelmine Corinth] ein Walchensee-Bild dieser Art 60 000,– Dollar und mehr kosten würde, falls einmal eines zum Verkauf auftauchen sollte. [Dieser Preis gilt nicht für 1990. Anmerkung von Wilhelmine Corinth.]

So hatte sich Corinth durch seine Bilder ein schönes Vermögen ermalt und lebte seinen Ansprüchen gemäß angenehm. Er hatte ein seinen Arbeitsbedürfnissen entsprechendes Atelier, wo die Nachbarschaft von Charlottes Studio den regen Gedankenaustausch der beiden ermöglichte. Außerdem besaß die Familie die großen hellen Wohnräume, die die Dame des Hauses auf das geschmackvollste eingerichtet hatte und wo viele Gemälde beider Künstler gut beleuchtet aufgehängt waren. Corinths Lebensstil war anspruchslos. Als ›Malerfürst‹ aufzutreten, lag ihm nicht. Während seine Kunsthändler genug an Corinths Bildern verdienten, um sich Privatautos leisten zu können, verschmähte er diesen Luxus. Am liebsten ging er auf Schusters Rappen oder nahm sich eine Autodroschke, wenn er Eile hatte. Der Maler zog viel in Berlin und Umgebung umher, denn der Kreis seiner Bekannten in der Stadt war groß. Ein vollständig neues Ereignis für ihn waren Fahrten in die Filmstadt Neu-Babelsberg, wo Teile von ›Anna Boleyn‹ gedreht wurden. Die Masse der Leute im Glashaus, das Schreien des Regisseurs und die Pantomime der Schauspieler faszinierte ihn. Als er einmal dort herumturnte, hielt ihn plötzlich der Sänger Michael Bohnen an, den schon Charlotte Berend-Corinth porträtiert hatte. Corinth fand Henny Porten in der Titelrolle so hübsch, daß er sie später malte. Den Text zu Herbert Eulenbergs Buch ›Anna Boleyn‹ illustrierte der Maler im Zusammenhang mit dem Film und das Werk erschien in ›Die neuen Bilderbücher‹ des Fritz-Gurlitt-Verlages in Berlin. Schon vor Jahren hatte der Maler für Max Reinhardt Theaterdekorationen gearbeitet. Nun kehrte er zu dieser Aufgabe zurück. Im Februar 1922 brachte das Lessing-Theater eine *Faust*-Aufführung heraus, zu der Corinth Bühnenbilder geschaffen hatte. Der Meister hatte 15 Entwürfe, 20 Figurinen im Auftrag von Viktor Barnowsky angefertigt. Für die praktische Übertragung auf die Bühne sorgte Impekoven. Lovis Corinth wurde nach der Premiere geradezu gefeiert. Aber noch bedeutender für Berlins Kunstleben war im nächsten Jahr die Lovis

Corinth-Ausstellung im ehemaligen Kronprinzen-Palais, arrangiert von Ludwig Justi. Dieses Gebäude diente damals als ›Filiale‹ der Nationalgalerie, um moderne Künstler auszustellen. Dort wurden 170 Corinth-Gemälde aus Privatbesitz sowie Bilder aus dem Besitz der Nationalgalerie gezeigt. Die Berliner strömten in Massen, um die Bilder ihres Lovis zu sehen. Von außerhalb kamen die bedeutendsten Kunstkenner wie Julius Meyer-Graefe. Und dieser schrieb an den Meister von dem unvergeßlichen Eindruck, den die Ausstellung auf ihn gemacht habe. ›Seit vielen Jahren den stärksten, den eines ganzen Menschen.‹ Für Corinth bedeutete diese Ausstellung eine Anerkennung, wie sie wenigen Künstlern zu Lebzeiten zuteil wird. Obwohl er in seiner Selbstbiographie gestand, daß es ihn bereits alles abstoße. Er wolle, was er noch erreichen könnte, nicht haben, weil aus dem Errungenen einen schon der Ekel anglotze.

Doch war es Corinth vom Schicksal beschieden, weitere Höhen der Kunst zu erklimmen. In seinem Todesjahr schuf er das vielleicht gewaltigste seiner Werke, den ›Ecce Homo‹. Eine Christus-Komposition, die er in seinem Berliner Atelier malte. Im Juni 1925 verließ er zum letzten Mal Berlin und fuhr zu einem Rendezvous mit Rembrandt- und Frans Hals-Werken nach Holland. Dort starb er am 17. 7. 1925. Die Berliner Sezession veranstaltete für ihren Präsidenten die Totenfeier und auf dem Waldfriedhof von Stahnsdorf bei Berlin wurde Corinths Asche begraben.

Die Stadt Berlin war der Boden für Corinths bedeutendste Schaffensperiode, und er gab dem Kunstleben der Stadt Glanz. Dieser strahlte von dort über Deutschland und später in jene Länder, die Corinth nie besucht hatte, wie z. B. Amerika, Südafrika und Japan. Dort sind viele

Corinth-Ausstellungen gewesen. In der fremdländischen Literatur, die dabei produziert wurde, findet man immer wieder die Wechselbeziehung zwischen Corinth und Berlin.«

(Auf Wunsch von Frau Wilhelmine Corinth wurde der Aufsatz von Thomas Corinth »Lovis Corinth und Berlin« in Teilen gekürzt und verändert.)

»Charlotte Berend in der gelben Bluse«

Ein Ereignis, von dem in unserer Familie immer wieder berichtet wurde, und das mich auch heute noch in Entzücken versetzt, stand im Zusammenhang mit meiner Taufe. Meine Eltern hatten beschlossen, die Zeremonie in Lovis' Atelier in der Klopstockstraße vornehmen zu lassen. Zu diesem Zweck mußte es natürlich entsprechend aufgeräumt werden, damit man eine so würdige Handlung dort vollziehen lassen konnte. Als erstes mußten die Akte verschwinden. Das hatte der Pastor so angeordnet. Aber Corinth hatte darauf bestanden, daß zumindest einige Bilder bleiben sollten. Schließlich war alles feierlich genug. Zum Taufakt waren viele Malerfreunde meiner Eltern erschienen, denn es sollte ja auch eine amüsante Feier werden. Und die garantierten alle Male dafür. Niemand konnte ahnen, daß ausgerechnet Thomas den Knüller landete. Die Festivität war auf den 13. Oktober gelegt worden, Thomas' fünften Geburtstag. Natürlich fühlte er sich dadurch sehr geehrt. Der kleine Knirps hatte sich, wie sich bald herausstellen sollte, eine besondere Überraschung ausgedacht. Alle waren in froher Stimmung. Natürlich waren auch meine Taufpaten erschienen.

Es muß gerade in dem Augenblick gewesen sein, als der Pfarrer seinen Segen sprach und mir das Wasser auf den Kopf tröpfelte, als Thomas in Aktion trat. Auch er wollte unbedingt etwas dazu beitragen, um dem feierlichen Taufakt einen besonderen Höhepunkt zu verleihen. Wir besaßen eine große, damals sicherlich schon hundert Jahre alte Spieluhr mit einer riesigen Messingwalze, aus der die frechsten Gassenhauer jener Zeit ertönten. Die Uhr war ein schweres ›Monstrum‹, ich kann mich noch gut daran erinnern und habe so ein Ungetüm später nie mehr wieder gesehen. Mit den heutigen zarten Spieluhren wäre sie überhaupt nicht zu vergleichen. Unvergleichlich muß auch die Situation gewesen sein, als mitten in die ernste Predigt des Pfarrers laute und kesse Töne aus dem Kasten dröhnten. Aufgeregt sollen meine Eltern hingestürzt sein, aber sie wußten schon vorher, daß das ›Monstrum‹, einmal angestellt, sich nicht abstellen ließ. Der Krach war so groß, daß man ihn auf der ganzen Etage gehört hätte. So blieb nichts anderes übrig, als den ›Störenfried‹ zu entfernen. Corinth, der damals bei besten Kräften war, packte die Kiste und schleppte sie die vier Treppen ins Parterre. Dort dröhnte sie dann noch eine Viertelstunde weiter. Mit hochrotem Kopf kam Lovis wieder heraufgekeucht, der Pfarrer hatte die Zeremonie solange unterbrochen, dann wurde ich zum guten Schluß doch noch getauft. Lange hatten die Gäste damals einen Gesprächsstoff.

Das nächste Mal, als ich der Obhut eines Pastors anvertraut wurde, war anläßlich meiner Einsegnung. Um es vorweg zu nehmen, damals gab es keine Zwischenfälle mit ›Pauken oder Trompeten‹. Alles verlief so, wie es sich gehört. Lovis hat mir wunderbare Blumen gemalt. Er hat das Aquarell ›Für Wilhelmine zur Einsegnung‹ signiert. Das waren meine Konfirmationsblumen für immer. Die Feier fand in der Kaiser-Wilhelm-Gedächtniskirche am Kurfürstendamm, Ecke Tauentzienstraße, statt. Die Kirche wurde 1945 während der Bombenangriffe auf Berlin fast völlig vernichtet. Nur der halb zertrümmerte Turm und die Uhr darin – die Stunde der Vernichtung anzeigend – haben sich erhalten. Im Herzen des elegantesten Viertels vom Berliner Westen liegend, ist dieses Stück Berlin weltbekannt, und so hat man Turm und Uhr als Mahnzeichen stehen lassen.

Meine Konfirmation damals – im schönsten Frieden – war sehr würdig. Mit mir zusammen wurden meine gleichaltrigen Schulkameraden, die in dieser Gegend wohnten, eingesegnet. Lovis, meine Mutter und Thomas begleiteten mich. Ich erinnere mich, daß der Pfarrer sehr streng war. Mutti monierte das sogar, meinte: »Ich kann gar nicht begreifen, warum der mit euch jungen Menschen so hart ins Gericht gegangen ist.« Ich spüre es beinahe heute noch, wie fest seine Hand auf meinem Kopf lag. Es war fast unmöglich, ihn gerade zu halten. Aber er gab mir einen schönen Spruch mit auf den Lebensweg, den ich heute noch weiß: »Halte was du hast, daß niemand deine Krone nehme« (Offb. 3, 11) – Es bedeutete wohl, daß das, was man hat, zu bewahren und zu verteidigen sei. Lovis entschloß sich, wie er später erzählte, bei dieser Gelegenheit zum ersten Mal in seinem Leben das Abendmahl zu nehmen.

Beide Eltern waren damals in der Kirche und das weckt Assoziationen an ihre Ehe. Und an die häufigen Fragen, die gestellt wurden, wie diese Heirat überhaupt zustande kam. Als die beiden 1903 heirateten, war Charlotte Berend dreiundzwanzig, Corinth fünfundvierzig Jahre alt. Ein Unterschied von zweiundzwanzig Jahren. Er hatte ein volles Leben schon hinter sich, sie stand ganz am Anfang. Trotzdem hat sie genau gewußt, was sie tat und was sie wollte. Denn oft sagte sie zu mir: »Trotz der innigen, großen Liebe, die ich für Lovis empfand und obwohl ich mich nie von ihm hätte trennen wollen, habe ich meinen Verstand doch nicht verloren. Ich habe mir immer gesagt, ich will nicht eine von diesen Geliebten sein, die ein Leben lang von einem Künstler ausgehalten werden – sei es als Modell oder als Küchenfee. Ich will heiraten. Ich will eine Zukunft haben, ich will Kinder bekommen, ich will eine verheiratete Frau sein, ein normales Leben leben. Ich will, daß wir heiraten.«

Das hat sie mir nicht nur erzählt, sondern auch in ihren Tagebüchern niedergelegt. Ich blättere soeben darin und komme an eine Stelle, die so reizend ist, daß ich sie nicht auslassen möchte. Geschrieben hat sie es am 29. April 1929, vier Jahre nach Lovis' Tod.

»Ich entsinne mich einer öfteren Neckerei zwischen Lovis und mir. So fragte er mich am Anfang unserer Bekanntschaft, so durch die Blume, ob ich gewillt wäre, ihn zu heiraten. Er kleidete das lachend folgendermaßen ein: ›Es gibt zwei Möglichkeiten für mich für die nächste Zeit – entweder ich kaufe mir einen neuen Pelz oder – ich heirate! Was antwortest du darauf?‹

Ich sagte: ›Den Pelz kaufen ist besser.‹

Und er: ›Tatsächlich, ist das die Antwort?!‹ –

Ich entschlüpfte dann in irgendeiner Weise und unsere Koketterie ging weiter, denn er fragte oft, wenn wir zusammen eingeladen waren bei Bekannten:

›Was meinen Sie, soll ich mir einen neuen Pelzmantel kaufen – oder nicht?‹

Die Bekannten erörterten ganz ernst den Fall, er aber lächelte mir zu und fragte: ›Was meinst du?‹

Und ich lächelte verschmitzt zurück: ›Natürlich den Pelz kaufen.‹

Er sagte dann: ›Ich möchte lieber nicht.‹ Und wir lachten. Und die anderen sahen von ihm zu mir, und ihr Staunen amüsierte ihn.

Als wir verheiratet waren, erbte ich von einer Tante eine kleine Summe. Mein Vater hatte oft von dieser alten Erbtante erzählt, die mit ihrem enormen Vermögen alle überlebte. Als nach Jahren die Testamentseröffnung stattfand, hatten sich derart viele Menschen in das Geld zu teilen, daß nur eine kleine Summe an mich fiel. Aber sie reichte gerade für einen wunderschönen Pelzmantel, den ich ihm schenken konnte, da er ihm ja durch die Eheschließung entgangen war.«

Wie glücklich sich diese Ehe gestaltet hat, trotz des großen Altersunterschiedes, reflektiert ein Eintrag, den meine Mutter am 18. Mai 1926, noch kein Jahr nach Lovis' Tod gemacht hat:

»Heute nacht träumte ich endlich wieder von Lovis. Er legte sich zu mir ins Bett, fest umschlang mich sein Arm, der andere Arm schob sich unter meinen Rücken. Nichts Erotisches war da. Diese Träume sind ganz anders. Lovis war im grauen Anzug, ich blickte nahe, ganz nahe in sein geliebtes Gesicht, sah es so deutlich bis auf die Poren der Haut vor mir. Sein Gesicht war heiter. Die blauen Augen geöffnet. Mein Herz durchzog ein solches Glück, wie ich es im wachen Zustand nicht mehr kenne. Dann flogen wir davon. Ich wurde festgehalten von ihm. Von den Körpern weiß ich nichts, nur sein Gesicht war vor mir und der Zusammenhang mit ihm. Wir waren am Meer.

›Soll ich malen?‹ fragte er.

Selig lachte ich ihm zu. ›Willst du denn wirklich malen?‹

›Hast du denn meine Pinsel?‹ neckte er mich zärtlich.

›Wo ist denn wirklich dein Malkasten?‹ sagte ich, ›dein kleiner, schwarzer Aquarellkasten. Ist er in Urfeld?‹

Wir mußten beide richtig lachen, so selig war mir im Herzen. Er wird wieder malen! Ich fühlte – was klage ich denn – er ist doch gar nicht gestorben. Nein, Gott sei

Dank – daß es alles unnötiger Gram war. Aber dennoch, ich wurde unruhig im Traum, dann fühlte ich, wie der Druck seiner Arme sich löste, als wenn er mich verließe. Und dann erwachte ich noch mit Glück im Herzen.

Nur einmal habe ich ein ›Gesicht‹ gehabt. Es war im Winter in Urfeld. Ich legte mich zu Bett in meinen kleinen Alkoven. Ich dachte, mein Herz sollte zerbrechen vor Gram, vor Sehnsucht nach ihm. Ich faltete die Hände und stammelte ein Gebet: ›Erscheine mir im Schlummer, sprich in der Nacht zu mir, daß ich mit dir wenigstens auf diese Art verbunden bleibe.‹

In der Nacht geschah folgendes: ich fühlte mich in Berlin, in dem Atelier auf einem Sofa liegend, und zwar in der Nähe des Ofens. Der Raum war so voller Bilder, wie ich ihn vor einer Woche verlassen hatte. Ich sah Lovis im Atelier stehen. Mitten im Atelier vor einer Staffelei. Aber es war nicht der Lovis, den ich kannte. Es war eine sehr große Nebelmasse, die dunkelgrau war, beinahe schwärzlich, deren Außenseite nicht fest geformt war. Aber die im Ganzen dennoch ineinanderhaftend sich bewegte. So wie vielleicht ein großer Schatten aussieht. Aber dennoch ohne bekannte Form. Niemals hatte ich ähnliches gesehen. Aber ich wußte die ganze Zeit, daß es Lovis war. Ich blickte dorthin, ich fühlte mich auf dem Sofa, aber ebenfalls körperlos.

Der große Schatten wanderte langsam näher. Ich fing an, mich glücklich zu fühlen. Er trat dicht vor mich hin. Ich empfing den zärtlichen Blick aus Lovis' Augen. Einen tiefen Blick, den seine blauen Augen ausstrahlen konnten. Ich fühlte, daß er – diese Nebelmasse – seine rechte Hand erhob, um mich zu streicheln. Ich wußte plötzlich: wenn diese Hand mich berührt, und ich fühle es nicht, so habe ich wahrhaftig seinen Geist vor mir. Die

Hand hob sich – keine Hand – und strich langsam über meine Wangen, während sein Gesicht mich gütig anblickte, über mich geneigt. Und ich sah diese Berührung – und – ich fühlte nichts! Ich wußte und ich weiß, was ich erlebt habe. Das ist der Unterschied eines Traumes wie dem heutigen von einem ›Gesicht‹ wie damals. Ich sah diese Bewegung, sah die Hand über meine Wange gleiten, aber ich fühlte nichts.

Fest überzeugt bin ich, daß ich mir den Kontakt mit Lovis erhalten hätte, wenn ich mir keine irdischen Genüsse gestatten würde. Und doch konnte ich nicht damit fertig werden. Ich bin ein Weib, ich sage mir, die Zeit wird ja von selber kommen, wo kein Hahn mehr nach mir kräht. – Jetzt, wo die Hähne noch gerne krähen, warum jetzt schon damit ein Ende machen? Etwas verführt hat mich sogar Lovis' Auffassung, der ausdrücklich meinte, der Künstler solle sich nicht kasteien, seine Schwungkräfte steigerten sich durch die Erotik. Aber bei mir ist das jetzt nicht so.«

Ich blättere weiter in ihrem Tagebuch und komme zu dem Augenblick, wo wir erfuhren, daß Lovis auf seiner Amsterdamer Reise so sehr erkrankt war. (Ich erzählte schon davon.) Am 12. Oktober 1925 notiert Mutti:

»Es war ein Montag, als ich mit den Kindern zu Tische saß. Ein Telefongespräch aus Amsterdam wird angemeldet: ›Herr Corinth ist erkrankt, kann nicht abreisen, es wäre gut, wenn Sie herkämen.‹ Fragen und Antworten gingen hin und her, dann wankte ich ins Zimmer zurück. ›Man hat mir gesagt, wir könnten erst morgen abend reisen, weil wir das Visum heute nicht mehr bekommen können. Aber ich werde alles tun, heute zu reisen.‹ ›Ja‹, sagten die beiden Kinder. Ich telefoniere dem Konsul der Gesandtschaft die Situation. ›Wenn Sie bis vier Uhr hier sind, habe ich noch einen Beamten, sonst geht's beim besten Willen nicht.‹ Es war dreiviertel-drei und noch kein Paß. Zuerst zur Polizei, sie war geschlossen. Aber hinter den geschlossenen Türen wurde gearbeitet. Man war verständnisvoll, wir erhiel-ten alles. Auch auf der holländischen Gesandtschaft be-mühte man sich mit aller Rücksicht. Um fünf Uhr hat-ten wir die Visa. Nun eilten wir nach Hause, einen Koffer zu packen. Man warf irgendetwas hinein. So jung die Kinder waren, so stumm wir alle waren, wir waren wie ein gemeinsamer Mensch. ›Ich muß hinkom-men zu ihm‹, sagte ich mir, ›könnte man nur zu Fuß hinlaufen, an jeder Hand ein Kind angefaßt – nur zu ihm hin.‹ Am Bahnhof erfuhren wir, der Zug ginge erst nachts. Und schließlich saßen wir im Zuge. Wir versuchten zu schlafen. Ich rang im Dunkeln die Hände: ›Ich komme zu dir‹, flüsterte ich. Wie gut das Fahren ist, näher und näher komme ich, – nur nicht schnell genug. Nun wurde die Landschaft holländi-schen Charakters. Und endlich fuhr der Zug ein.

Ich stehe in seinem Zimmer. Ich stehe noch in der Tür. Da liegt er im Bett, einen Eisumschlag auf dem Kopf und die Augen geschlossen. Mir schien, er sah nicht gefährlich krank aus. Er blickte hoch, sieht mich an, streckt den rechten Arm nach mir aus, um sofort die Hand vor sein Gesicht zu schlagen: er bricht in Tränen aus und sie stürzen zwischen seinen Fingern hindurch: ›Petermannchen!‹ –

›Ach, mein Lovis, wer wird traurig sein. Nur ruhig, nur ruhig, du bist doch der Stärkere von uns beiden.‹

›Was heißt hier stärker sein, wenn's so geht.‹

›Gar nichts ist schlimm, wir wollen dich schnell gesund kriegen.‹

Er nimmt seine liebe Hand vom Gesicht. ›Paß auf, es wird schief gehen. Ich fürchte, es ist so wie bei meinem Vater.‹

›Ach wo, keine Rede davon, das kriegen wir beide schnell in Ordnung. Ich werd's schon machen.‹

›Meinst, du kannst es?‹

Ein leichter Schimmer von Zuversicht steigt in seinen Blick, der voll erschütterndem Zutrauen auf mir ruht.

›Ja, das kriege ich schon‹, prahle ich mit meinem forschesten Ton, ›da kannst du sicher sein!‹

Ein ganz leises Lächeln stiehlt sich über seine Lippen, er streckt sich gleichsam beruhigt: ›Na ja, ich glaub ja auch, du wirst's schon machen.‹

– Lieber Gott, sieh mich hier in meinem Jammer. Ich habe dieses Herz voll Hingabe und Vertrauen nicht genug behütet, ich habe ihn nicht erhalten können – sein kindliches, zutrauliches Herz hatte ich nicht verdient.«

Einige Tage später, am 17. Oktober 1925 schreibt Mutti:

»Als ich an Corinths Krankenbett trat, wo er still lag, meist mit einem kalten Umschlag auf dem Kopf, sagte er sofort: ›Warst du im Museum? Noch nicht? Mußt du aber schnellstens hingehen!‹ ›Ich warte auf dich, wir gehen zusammen, wenn du gesund sein wirst.‹

›Nein, geh jetzt hin. Mußt Rembrandt sehen. Wundervoll, sage ich dir. So was glaubst du gar nicht. Das gibt es nicht, und der Fabricius. Der hat ein Bild gemalt: ›Salome‹. Geh hin und nimm die Kinder mit!‹

So blieb mir nichts anderes übrig, obwohl ich kaum vor Müdigkeit die Augen aufhalten konnte und auch am liebsten nicht von ihm fort wäre, ging ich doch. Schon die Treppen im Museum zu gehen, war mir kaum möglich. In den Sälen vergingen mir auf Sekunden die Sinne. Während wir fort waren, soll er oft gefragt haben: ›Wo ist meine Frau?‹ – ›Im Museum!‹ Worauf er jedes Mal gelächelt haben soll und gesagt hat: ›Ich freue mich, wenn sie zurückkommt und erzählen wird.‹

Als ich vom Museum heimkam: ›Na, was sagst du zu dem Rembrandt? Und zu dem Fabricius? Hast du erkannt, daß das der Rembrandt ist, wie der da so steht: der Fabricius war sein Lieblingsschüler, da hat er ihm Modell gestanden.‹ Plötzlich wurde er heftig: ›Wo ist denn eigentlich das Aquarell, das ich zuletzt gemalt habe? Das mit den schwarzen Häusern!‹ Wir brachten es ihm, er faßte aufgeregt danach. ›Warum hat es denn kein Passepartout, dann kommt es doch erst richtig zur Geltung.‹ Man legte ein Passepartout zusammen; als man es ihm brachte, lächelte er zufrieden. ›Hier diese Häuser, das war eine Mordsarbeit, diese vielen hellen Fensterumrahmungen.‹ (Es ist seine letzte Arbeit, die er kurz vor seinem Zusammenbruch gemacht hatte.) ›Hab ich doch sehr fein signiert‹, sagte er lachend, ›kann man die elektrische Bahn erkennen?‹ Wir beteuerten es, und ermüdet schlief er eine kleine Zeit, um immer von neuem beim Erwachen sich diese Arbeit zeigen zu lassen. Ich sehe in diesem letzten Aquarell bereits eine unirdische Leistung; kein einziges seiner Werke trägt diesen Charakter. Ohne Frage führte diese Hand zum letzten Mal den Pinsel in einer Erleuchtung, wie nie zuvor. Ich habe im Betrachten dieses Aquarells, welches über meinem Schreibtisch hängt, das innere Gesicht, welches er bei der Arbeit hatte, und empfinde, wie abgerückt es von jeder anderen Arbeit ist.

An einem anderen Tage war Corinth sehr unruhig. Er fragte: ›Warum bekomme ich die Zeichnung nicht zu sehen, die ich heut' in der Nacht der Krankenschwester aufgezeichnet habe? Ich habe das nicht geträumt, ich entsinne mich deutlich, ich habe gezeichnet. Die Krankenschwester versteht doch kein Deutsch und da habe ich ihr immerzu gesagt, was ich wollte, aber als sie es nicht begriff, habe ich ihr das aufgezeichnet.‹ (Er zeichnete dabei mit dem Daumennagel auf eine kleine Serviette, die auf seinem Bett lag.) ›Und das, denke ich, muß sehr komisch gewesen sein, und das würde ich nun gern bei Tage sehen wollen, weil es doch nachts im Halbdunkeln gezeichnet war.‹ Er war ärgerlich, daß er eben das nur geträumt haben sollte. Es ist auch gar nicht ganz ausgeschlossen, daß die Nachtpflegerin ein Papierblättchen fortgeworfen haben könnte.«

Hier endet die Eintragung. Soviel wollte ich an dieser Stelle über die starke Bindung meiner Mutter zu Lovis nachtragen.

Daß die Ehe glücklich war, steht außer Zweifel. Daß meine Mutter bei vielen Männern Chancen hatte, lag an ihrem Charme und ihrer Intelligenz. Das erscheint mir deswegen erwähnenswert, weil sich an anderer Stelle ihrer Aufzeichnungen eine besonders signifikante Passage findet. Sie betrifft diesmal den berühmten Schweizer Maler Ferdinand Hodler, dessen Biographie ich nach langer Zeit wieder einmal überflogen habe. Auch er hat darin die faszinierende Charlotte Corinth ausführlich erwähnt. Im Oktober 1932 schreibt meine Mutter in Alassio/Italien aus ihren Erinnerungen:

»Plötzlich belebte sich eine Erinnerung: Kurz war die Freundschaft mit Ferdinand Hodler. Ich war sechsundzwanzig Jahre, Corinth war zweiundfünfzig Jahre, Hodler war sechsundfünfzig. Ich sah zum ersten Mal seine Gemälde in einer Kollektiv-Ausstellung, die die Berliner Sezession für ihn veranstaltete. Corinth sprach mir immerzu von den vorzüglichen Bildern Hodlers; er konnte es gar nicht erwarten, mir die Bilder zu zeigen, und führte mich in den Saal, noch ehe die Ausstellung offiziell eröffnet war. Die Bilder begeisterten mich.

Man hatte Hodler aus der Schweiz eingeladen als Juror für die gesamte Ausstellung. Die anderen waren Liebermann, Leistikow, Corinth, Tuaillon; am Abend war im Hotel Kaiserhof ein großes Fest. Hodler blickte mich häufig an, dann setzte er sich zu mir, und wollte wissen, wer ich sei. Er sprach nur französisch.

›Ach, Sie sind schon verheiratet?‹ sagte er. ›Ich hielt Sie für achtzehn Jahre.‹

›Nein, das war ich mal. Und darum hat mich Ihr Bild ›Der Frühling‹ so erschüttert – oh, wie Sie das ausgedrückt haben, dieses erste Gefühl der Liebe und das Zaudern in der Liebe. Das kommt nur im Frühling des Lebens vor.‹

Er schwieg erst. Dann sagte er: ›Aber – das kommt doch immer wieder im Leben – immer wieder.‹

Er war der Ehrengast und ich sagte ihm, daß er sich der Gesellschaft widmen sollte. Er aber wollte durchaus mit mir tanzen. Er kannte die neuen Tänze nicht, und er amüsierte sich köstlich.

Am anderen Tag im Atelier; Telefon, ob er mich sehen könnte. Er reise heute zurück nach Genf. Er stutzte, als er ins Atelier trat: ›Wer hat denn all diese Bilder hier gemalt? Sie? Sie sind Malerin? Aber das haben Sie gestern doch gar nicht erzählt! – Ach, da ist ja das Bild, das zur Jury in die Sezession geschickt war. Ich hatte für das

Bild gestimmt, ich fand es so gut und Liebermann auch. Aber es fehlte eine Stimme. Die von Corinth. Er hat nicht mitgestimmt. So fiel das Bild durch. Aber warum hat er denn nicht?‹

›Wir hatten das vereinbart‹, sagte ich. ›Ich wollte nicht von seiner Stellung Vorteile.‹

›Ich verstehe – aber dennoch, der erste Schritt ist doch so sehr schwer – ist es das erste Mal, daß Sie eingesandt hatten?‹

›Ja, das war mein erstes Bild.‹

›Hätte ich das gewußt, daß es das Ihre ist – mein Herz hätte gezittert. An dem Bild ist übrigens eine Stelle, die ich Ihnen korrigieren möchte.‹

›Ich weiß, unter dem roten Tuch liegt der Fleischton zu flach.‹

›Richtig, auch hier geht die Kontur vielleicht zu scharf. Sie hatten großen Erfolg bei den Künstlern. Das Bild fiel uns auf. – Charlotte, lassen Sie doch hier Berlin Ehe und bürgerliche Pflichten mal beiseite. Kommen Sie mit mir nach Genf. Ich möchte mit Ihnen zusammen Landschaften malen. Überhaupt, lassen Sie doch den Corinth. Ich mag ihn nicht besonders gern. Ich finde, Sie passen gar nicht zu ihm.‹

Diese Worte verletzten mich außerordentlich. Meine Stimme war ganz trocken, als ich ihm antwortete: ›Ich wollte in diesem Frühling nach Italien reisen. –‹

›Allein?‹

›Mit meinem kleinen Sohn.‹

›Wie alt?‹

›Zwei Jahre.‹

›Entzückendes Alter. – Ich will es einrichten, Sie zu treffen. Werden Sie mir antworten, wenn ich Ihnen schreibe?‹

Er nahm zum Abschied meinen Kopf in seine Hände und küßte mich. Ich biß ihn tief in die Lippe. Er sprang einen Schritt zurück und fixierte mich. Leise kam dann seine Frage: ›Sie wollen, daß ich Sie nicht vergesse?‹

Ich nickte.

›Seltsam sind die Frauen‹, sagte er. Er tupfte leicht die Blutstropfen fort. ›Es wird lange dauern bis es heilt, Charlotte.‹

Von jedem Bild das er malte, schrieb er mir. Von einem Bäumchen, das ganz in Blüte stand, schrieb er, wie er es malen wollte und daß er es gerne mit mir gemalt hätte. ›Lassen Sie doch die klebrige Öltechnik‹, schrieb er einmal. ›Es ist viel besser, in Tempera zu malen.‹ Ein anderes Mal entschuldigte er sich, daß eine Briefpause eingetreten war. ›Lustige Gesellschaft kam mich abholen gestern, deshalb blieb der angefangene Brief liegen. Ich weiß, Sie sind so überempfindlich, Charlotte, deshalb schreibe ich Ihnen.‹

Er bat um meine Fotografie, aber ich hielt das nicht für richtig. Ärgerlich schrieb er: ›Sie werfen mich in einen Topf mit allen anderen. – Bin ich es denn nicht, der Sie darum bittet. Nun wohl, ich bitte Sie nicht mehr.‹

Einmal besuchte ich eine Hodler-Ausstellung im Salon Cassirer und schrieb ihm davon.

›Schreiben Sie mir über jedes Bild Charlotte. Das Kinderporträt von dem Sie schreiben, liegt schon lange zurück. Es interessiert mich, wie Sie darüber denken.‹

Und er kam nach München. ›Dreizehn Stunden bin ich gereist, um Sie wiederzusehen.‹ Nur für einen Tag, dann reiste ich weiter nach Florenz und er zurück nach Genf. Er kam mit dem Abendzug. Wir hatten verabredet, in dem selben Hotel abzusteigen. Ich kam auch erst abends an und hatte noch gerade Zeit, mich schön zu machen.

Ich hatte eine schwarze taftseidene Bluse mit großen gemalten lila Veilchensträußen – ein Stoff aus Paris. Dazu ein schwarzseidener Rock. Ich wartete in meinem Zimmer. Endlich kam Hodler. Er sah mich an, und eine große Enttäuschung überzog sein Gesicht. Er blieb weit von mir entfernt. Ich fühlte, wie wenig ich ihm gefiel.

›Kann ich etwas Wein bestellen, Charlotte?‹

Er trank seinen Rotwein, ich nippte am Kaffee. Zwei fremde Menschen, die sich nichts zu sagen hatten. Immer wieder sah er mich enttäuscht an.

›Charlotte, warum tragen Sie Schwarz mit Lila – bis zum Hals, so hoch geschlossen? Ich leide geradezu. Ich finde Sie gar nicht wieder; aber – können Sie irgend was anderes anziehen? Oder jedenfalls das da ausziehen?‹

Ach, du mein Schreck, diese herrliche, kostbare Bluse, die gefiel ihm nicht! Was anderes! Umziehen? Aber das ganze Gepäck ist durchgefahren gleich bis Florenz. Ich hatte tatsächlich nur einen verwaschenen hellblauen Kimono im Koffer. Aber den kann ich doch nicht anziehen.

›Warum nicht?‹

›Er ist ganz einfach.‹

›Naja, welche Farbe?‹

›Hellblau.‹

›Blau, hellblau. Aha, das können Sie schön tragen. Bitte, tun Sie das doch.‹

[Sie hat sich umgezogen, kam zurück.]

›Hier bin ich also.‹

›Ah‹, sein Gesicht strahlte. ›Charlotte, ich hab’ zuhause eine Zeichnung von Ihnen gemacht. Das sind Sie, die schönen breiten Schultern, der Ansatz des Halses, das würde ich gerne zeichnen. Ja, Sie sind es. Hellblau, das liebe ich sehr. Es sind die Frauen in den blauen Stunden, wissen Sie?‹

Ja, ich wußte. – Am anderen Morgen gingen wir in die Pinakothek, von Bild zu Bild. Hodler erklärte jedes Bild und forderte mich auf: ›Lotte, äußern Sie sich über dieses Bild.‹

›Die Farben sind so schön, diese Stelle hier ist besonders schön.‹

›Wie sehen *Sie* die Farben. Bitte äußern Sie sich.‹

›Oh, wenn Sie nicht lachen wollen, ich fühle die Farben manchmal auf der Zunge.‹

›Nein Charlotte, das sollten Sie nicht. Farben haben nichts mit dem Geschmack zu tun. Auch müssen Sie nicht sagen, diese Stelle gefällt mir gut. Sie müssen von einem Bild sofort immer das Ganze sehen. Die Gesamtabsicht des Künstlers. Niemals von Einzelheiten auf das Ganze kommen, sondern vom Gesamten auf Einzelheiten.‹

Mein kleiner Sohn hatte sich losgerissen und stürzte jauchzend durch die Säle. Hodler jagte ihm nach und fing das lachende Kind auf. Er küßte es und sagte zärtlich: ›Du bleibst dann besser auf meinem Arm.‹ Und dann zu mir: ›Ich will Sie jetzt vor die Bilder von Filippo Lippi führen. Sehen Sie, wie wundervoll das ist? Wie fein komponiert, wie prachtvoll das Hellblau? Wenn Sie nach Florenz kommen, so suchen Sie seine Gemälde auf. Ach, ich wünschte, ich könnte dann an Ihrer Seite sein. Soll ich hinkommen?‹

Ich sah ihn an.

›Vielleicht komme ich wirklich‹, sagte er.

In der Bahnhofshalle in München saßen wir noch bis zum Abgang seines Zuges. Der kleine Thomas konnte sich nicht genug wundern über die große Tasse Milchkaffee, in die Hodler seine Semmelstückchen brockte. Der Junge zwängte sich zwischen seine Beine, um das besser sehen zu können. Lächelnd hob ihn Hodler auf seine Knie

und fütterte ihn. Dann sprach er wieder von der Malerei.
›Ein Apfel, eine Birne, überall das Vollendete sehen.‹

Er stand am Fenster im Zug. Ich stand draußen auf dem Bahnsteig. Er blickte mich an, seine Züge wurden ernst, der Zug fuhr langsam aus der Halle.

Es blieben mir noch fünf Stunden, ehe mein Zug nach Florenz abfuhr. Ich verbrachte sie in Gedanken an diesen Mann.

Die Einfachheit und Herzlichkeit, die uns verband, war groß und dennoch hatten Gespräche stattgefunden, die mich um- und umdrehten. So sagte er, als wir auf der Straße gingen und ich meinen kleinen Thomas an der Hand hielt, der wacker mit seinen zweijährigen Beinchen mitmarschierte, an jeder Straßenüberquerung: ›Ah, halten Sie das Kind fest an der Hand. Seien Sie vorsichtig. Lassen Sie ihn nicht aus den Händen. Frauen sind so unvorsichtig mit ihren kleinen Kindern. Soll ich das Kind nicht lieber auf meinem Arm tragen!‹

›Danke nein, er ist ganz sicher an meiner Hand‹ sagte ich. Nach einer Weile blieb er stehen.

›Ja, Charlotte, ich beobachte es, Sie sind sorgfältig. Klar im Denken, Sie schützen das Kind gut. Ach, Gott sei Dank. Ich atme erleichtert auf, der Junge ist ein entzückendes Kind. Nun aber möchte ich Sie um etwas bitten, Charlotte.‹

›Ja?‹

›Charlotte, würden Sie mir ein Kind schenken?‹

›Ein – ein was?‹

›Ein Kind, ein Kind von uns beiden! Zur Welt bringen und – mir geben. Ich will es dann großziehen. Bitte, denken Sie nicht bürgerlich. Daß Sie verheiratet sind, was die Welt sagen wird, und dergleichen, sondern denken Sie an die größeren Gesichtspunkte. Charlotte!

Erst dachte ich an einen Sohn von uns beiden. Sie wissen, wie sehr ich meinen Sohn liebe! Aber nun dachte ich an eine kleine Tochter, an ein kleines Mädelchen, an eine kleine Charlotte. Kann ich die große nicht für mich haben, ganz und gar nur für mich, hätte ich dann die kleine Charlotte. Denn Charlotte würde ich sie nennen. Ich seh sie herumlaufen in meinem Hause. Sie würde Ihnen gleichen. Allerliebst würde sie sein. Aber sie würde uns beide einschließen. Denken Sie mal, wie interessant ein Mensch sein müßte, der unser Blut vereint in sich trüge. Denken Sie gar nicht nur an Äußerlichkeiten. Sie würden sich alle spielend leicht arrangieren lassen. – Ein Jahr würden Sie sozusagen im Ausland leben, – – alles Praktische leiste ich und das Kind trägt meinen Namen.‹

›Und hätte keine Mutter!‹

›Aber hätte mich!‹

›Schweigen Sie doch, oh Gott, schweigen Sie doch‹, rief ich.

›Sie denken an den Alltag, denken Sie darüber hinaus, Charlotte! Wir würden der Welt einen kostbaren Menschen schenken. Wie machen Sie mich traurig, da Sie es gar nicht wünschen. Sie werfen mich mit vielen Männern zusammen, Sie geben mir kein Ausnahmerecht. Nun denn, wenn Sie mir dieses Geschenk nicht gewähren –, so liegt mir eine andere Bitte sehr auf dem Herzen!‹

›Vielleicht ist sie leichter zu erfüllen?‹

›Das weiß ich nicht, Charlotte. Und doch, mir liegt sie so sehr am Herzen, Charlotte. Würden Sie eventuell für kurze Zeit die Freundin, die Geliebte meines Sohnes sein? Er ist jetzt 18 Jahre, er ist schön und keusch, schon beginnen die Frauen nach ihm zu blicken, wenn er vorübergeht. Kennen Sie mein Bild ‚Jüngling vom Weibe bewundert‘?‹

›Ja, ich liebe es.‹

›Befremdet Sie mein Vorschlag? Antworten Sie noch nicht. Lassen Sie es mich Ihnen erklären. Sehen Sie, ich liebe meinen Sohn geradezu inbrünstig. Sie kennen mein Bild ‚Frauen beten ein Kind an‘?‹

›Ja, es hat mich erschüttert.‹

›Nun also, nun beginnt bald sein erster Schritt in das Wissen um die Liebe. Der erste Schritt, den ein junger Mann macht, die erste Frau, die ihn in der Liebe belehrt, ist entscheidend für seine Auffassung zur Frau, zur Liebe, zur Welt. Charlotte, seien Sie diese erste Frau, der er sich anvertraut. Wie beruhigt, wie dankbar würde ich sein, wüßte ich ihn in Ihrem Arm. Streifen Sie alles Bürgerliche ab, denken Sie, was für eine Dankbarkeit in meinem Herzen sein wird, wenn ich Ihnen den Sohn bringen könnte.‹

– Hodler stand vor mir in der Vollkraft eines Mannes. Ich stand vor ihm, öffnete den Mund, völlig sprachlos.

Er versuchte, nach Florenz zu kommen, immer neue Arbeit schob sich dazwischen. Ich selbst wünschte es auch nicht. Er schrieb, daß er den Auftrag in Jena annehmen möchte, das große Fresko zu malen, so sei er mir näher, wir könnten viel zusammen sein.

Ich hatte einmal einen Brief an Hodler auf dem Tisch liegenlassen und war abgerufen worden. Corinth, der nie etwas anrührte oder gar las, was nicht für ihn bestimmt gewesen wäre, hatte sich ahnungslos an den Tisch gesetzt und den Brief gelesen. Er rief mich zu sich ins Zimmer. Sein Blick war eigenartig und seine Stimme leise.

›Ich habe, ohne es zu wollen, einen Brief gelesen. Du schreibst an Hodler, daß du ihn liebst?‹

›Ich werde den Brief zerreißen. Ich schrieb das im Überschwang, weil ich seine Bilder so schön fand.‹

Ich schloß die Kammer meines Herzens energisch ab, es sollte nichts anderes darin Platz gewinnen als das, was ich voll und ganz liebte und er, der mich voll und ganz liebte –, Lovis! Doch nun, da bald alle, die ich liebte, im Himmel sind, nicht unter der Erde! Da ich so allein hier verbleibe, besuchen mich die Stimmen derer, die mir teuer waren. Nun schließe ich alle Herzkammern auf und lasse mich von den Strömen der Vergangenheit durchbluten, kein Schaden kann mir entstehen, keine Angst mich hemmen, kein Zweifel mich beunruhigen. Nur ein Lächeln stiehlt sich auf meine Lippen, die immerzu schweigen mußten. Lächeln, Lachen, Weinen, Verzweiflung, Angst, Hoffnung. Alles vereinen die Lippen eines Menschen, die schweigen können. Alles verzerrt und zerstört der schwatzhafte Mund.

Aber wenn den schweigsamen Mund ein Kuß trifft von Lippen, die wie er selbst sind, wenn sie sich öffnen wie die Blumen unter dem Kuß eines Sonnenstrahls, dann beginnen Worte zu entströmen, die, wenn sie auch nur leise geflüstert werden, alles enthalten, was des Menschen Herz durchzieht. Sie adeln den Augenblick, sie verleihen ihm Leben, und vereinen zwei Seelen über Zeit und Tod hinaus.«

So tief die Liebe zwischen den beiden Menschen war und über die vielen Jahre der Ehe bis zum Tode Corinths gehalten hat, und auch nach seinem Tode in meiner Mutter weiterlebte, so gab es natürlich auch gewisse Schwierigkeiten. Ich besinne mich auf einen Fall, den ich zum Teil aus Äußerungen meiner

Mutter kenne, zum Teil in ihren Tagebüchern später gelesen habe. In Berlin, ungefähr in den zwanziger Jahren, besuchten Lovis viele Kunstinteressierte, die seine Arbeiten kaufen wollten, weil sie von der Qualität sehr fasziniert waren. Da war eine Dame, die Gattin eines sehr wohlhabenden Herrn in Berlin. Sie war sehr jung und sehr schön, und die hatte es sich ganz offensichtlich in den Kopf gesetzt, Corinth zu becircen. Vielleicht wollte sie auch mehr. Er fühlte sich natürlich geschmeichelt. Immerhin: Besagte Dame war nicht nur jünger als meine Mutter, sie war zusätzlich attraktiv, elegant und außerdem reich. Lovis war ihr tatsächlich hilflos ausgeliefert, wie meine Mutter mit steigender Empörung wahrnehmen mußte. Die Dame entwickelte nämlich ein reichlich einnehmendes Wesen. Das heißt, sie fiel über Lovis' Zeichenschrank her, nahm erst diese, dann jene Zeichnung mit, dieses und jenes Blatt. Es wurde immer mehr. Sie war so begeistert, fand seine Kunst so wundervoll, flötete herum: »Ach, wenn ich das doch haben könnte, und dies, und das...« Und er dachte nicht nach, sondern schenkte ihr einfach, was sie wollte. Wenn sie das Haus verließ, so erzählte Mutti, konnte sie die Rollen kaum mehr unter dem Arm halten. Sie schleppte die kostbaren Zeichnungen und andere Werke einfach in großen Mengen aus dem Atelier. Auch sonst mußte meine Mutter bemerken, daß Corinth ihr gegenüber das Interesse langsam verlor und scheinbar dieser Frau total verfallen war.

In jenem Sommer reisten wir wieder nach Urfeld. Meine Mutter aber hatte sich geschworen, daß es so nicht weitergehen könne. Sie verlangte eine Klärung. In unserem kleinen Häuschen am Walchensee schlief ich meinen gesunden Kinderschlaf, den nichts stören konnte. So habe ich nichts von einer Auseinandersetzung gehört, obgleich mein Zimmerchen an das von Mutti angrenzte. Aber man sprach später davon.

Mutti bat Lovis zu sich in ihr Schlafzimmer. Sie wollte ihn hier zur Rede stellen. Wie sie mir selbst später erzählte, haben ihre Beine vor Aufregung unter der Bettdecke nur so gezittert. Aber sie sagte sich: ›Ich muß es durchstehen, es muß etwas geschehen, so kann ich nicht eine Stunde weitermachen.‹ Sie bat ihn: »Lovis, gib diese Frau auf, die dir alle Arbeiten raubt und die dich uns wegraubt! Und uns allen dann auch noch das Geld! Du mußt dir das überlegen, sehr ernsthaft überlegen. Denn erstens wird dich ganz Berlin als eine lächerliche Figur ansehen mit dieser viel, viel jüngeren Frau. Dir war noch nicht mal meine Jugend genug. Jetzt muß eine noch jüngere her, reich und schön. Du bist ein alter Mann inzwischen. Sie werden alle hinter deinem Rücken über dich herziehen. Du bist erledigt. Außerdem werde ich dich mit den Kindern verlassen. Wir werden fortgehen, du wirst die Kinder nie wiedersehen, und mich auch nie mehr. Ich bin nicht gewillt, stumm zuzusehen, wie miserabel du mich jetzt behandelst, dich vollkommen von mir abwendest und dieser Person verfällst.«

Als sie ihm das alles an den Kopf geworfen hatte, dachte sie nur eines: jetzt sterbe ich. Sie zitterte, als sei sie von Schüttelfrost befallen. Auch Lovis hat gezittert und mit kalkweißem Gesicht dagestanden. Nach einer Weile hat er sich ein paar Sätze abgerungen und gesagt: »Du hast recht, du hast mit jedem Wort recht. Ich werde das alles ändern, es ist von jetzt ab vorbei.«

Und so war es auch. Denn was er einmal gesagt hatte, hielt er. Sie wußten, sie konnten sich aufeinander verlassen. Das war eine sehr ernste Affäre. In dieser Zeit entstand das Porträt *Charlotte Berend in der gelben Bluse* (1921). Ein wunderbares Porträt, das jetzt in Kaiserslautern in der Pfalzgalerie hängt. Sie trägt eine gelbe Bluse und einen schwarzen Samthut mit einer kleinen schwarzen Samtschleife. Aber es ist nichts von dem darin, das man in all den anderen Porträts findet, die er von ihr gemalt hat. Sie war damals figürlich stark, das Gesicht rund, ihr Ausdruck leer. Sie hat oft zu mir gesagt: »Wie lieblos hat er das gemalt. Es gibt mir einen solchen Schmerz ins Herz, wenn ich dieses Bild ansehe.«

Eine andere, weniger dramatische Sache ist hier erwähnenswert. Auch sie hat Herzblut gekostet, zumindest das meiner Mutter. Wieder war Urfeld Ort des Geschehens, jener Platz, wo sie alles gepflanzt und urbar gemacht hatte für ihn! Es war schwierig, in diesem Abhang noch etwas zum Wachsen zu bringen. So war ihr jede Blume, jeder Baum, jeder Zweig ans Herz gewachsen. Sie kannte sozusagen jedes Blättchen. Eines Tages kam ich vom Schwimmen zurück, betrat die Terrasse und spürte sofort, daß irgend etwas passiert war. Eine furchtbare Stimmung lag in der Luft, so wie ich sie sonst gar nicht kannte. Irgend etwas Außergewöhnliches mußte sich zugetragen haben. Was war geschehen? Mutti war von einem Spaziergang zurückgekommen. Da sah sie, wie unser Knecht gerade zum letzten Axthieb ausholte und einen starken Zweig der Buche abschlug, die dicht bei der Terrasse stand und Schatten spendete. Krachend stürzte der schwere Zweig zu Boden. Sie lief auf den Mann zu, entriß ihm die Axt, sah Lovis an, der daneben stand mit rotem Kopf, und schrie ihn an: »Was tust du, was geschieht hier, was ist mit meinem Baum, warum wird der Zweig abgeschlagen? Das ist mein Baum, dieser wunderbare Baum, dieser wunderbare starke Zweig, der sich so darüberneigt, was geschieht denn hier, wie kann der Mann so etwas tun und wie kannst du dabei stehen und es zulassen?«

Corinth sagte nur barsch: »Das geht dich gar nichts an. Ich brauche diese Aussicht für mein nächstes Bild, und dieser

Zweig stört mich. Ich habe dem Mann befohlen, ihn abzuschlagen. Du hast hier nichts anzuordnen. Das ist meine Landschaft. Ich will dieses Bild malen und da kann ich den Zweig nicht gebrauchen!«

Das hat sie viele Tränen gekostet. Und für eine ganze Weile war unser Aufenthalt dort verdorben. Bis sich die Eltern wieder gefunden hatten und die Stimmung wieder im Lot war. Aber für Mutti war es ein harter Schlag. Ebenso, daß sie die Landschaft nicht malen durfte. Das waren Entscheidungen des egoistischen Künstlers, der an nichts anderes dachte, als an seine Kunst. Für sie aber war das manchmal schwer erträglich. So zog sie sich oft in ihre Arbeit zurück.

Da erinnere ich mich an ein sehr inniges Ereignis zwischen ihr und mir. Es betraf ihre Illustration von Andersens Märchen ›Die kleine Seejungfrau‹. Das Buch wurde aus dem Dänischen neu übersetzt. Sie hatte viele Illustrationen dazu gemacht, für die ich ihr fast durchweg Modell gesessen habe. Ich war damals sechs Jahre alt. In die besonders schöne Luxusausgabe, die sie mir schenkte, schrieb sie:

»Für Dich, mein geliebtes Minchen, habe ich Bilder zu meinen Lieblingsmärchen gezeichnet und Du hast mir dazu Deine liebe kleine Gestalt und Dein schönes kindliches Gefühl hergegeben. So haben wir beide füreinander dieses Buch geschaffen und je älter Du wirst, um so mehr wirst Du beim Anschauen der Bilder bemerken, wie sehr wir uns liebhaben. Heute lege ich nun das fertige Geschenk zu Deinem 6. Geburtstag hier in die Kinderhändchen. Mutti – 13. Juni 1916.

Sie hatte das Datum verwechselt, denn ich wurde schon sieben. Leider gibt es das Buch wohl überhaupt nicht mehr, außer den beiden Exemplaren, die ich besitze. Wenn ich alles aufgearbeitet habe, all die Hinterlassenschaften von beiden Eltern, vor allem von meiner Mutter große Kisten voll mit Schriften, abgesehen von ihren künstlerischen Arbeiten, so sollen auch diese beiden Bücher in einem Charlotte Berend-Corinth-Archiv ihren angemessenen Platz finden. Jetzt freue ich mich noch daran.

Ich möchte doch auch noch ein bißchen auf die ganz frühen Ehejahre meiner Eltern zurückkommen, soweit sie uns von meiner Mutter überliefert wurden. Das eine ist die Geburt von Thomas. Thomas wurde am 13. Oktober 1904 geboren. Meine Eltern waren also erst ganz jung verheiratet und die Verhältnisse im Künstlerhaushalt in der Klopstockstraße waren noch recht bescheiden. Man wohnte damals noch im großen Atelier, im vorderen Teil. Dann gab es noch einen weiteren großen Raum, die ›Malschule‹, in dem Corinth seine Schüler unterrichtete. Später hat meine Mutter dort ihr eigenes Atelier eingerichtet. Weiter hinten gab es die zwei oder drei winzig kleinen Schlafkammern. In einem dieser kleinen Kämmerchen kam Thomas zur Welt. Geld war damals nur sehr wenig da. Corinth hat zwar Bilder verkauft, aber insgesamt lief das Geschäft schleppend. Meine Mutter war zu der Zeit sich selbst überlassen. Zur Geburt war nur eine Hebamme gerufen worden, kein Arzt. Damals ging man zur Entbindung nicht in das Krankenhaus, wo oft der Tod durch Kindbettfieber lauerte. Alle Kinder wurden nach Möglichkeit zu Hause geboren, der hygienischen Verhältnisse wegen. Thomas' Geburt war schwierig, sie hat meine Mutter beinahe das Leben gekostet. Oft hat sie uns davon erzählt: in allen Einzelheiten. Das Kind lag nicht in der normalen Lage. (Es war keine Steiß-Geburt, wie ich sie mit meinem ältesten Kind erlebt habe. Und das war schon furchtbar genug. Aber ich war in guten Händen und in einem erstklassigen Hospital, versorgt von einem erstklassigen Arzt.) Mutti hat den Vorgang genau geschildert, zuerst kam ein Arm und eine Schulter, Kopf und Körperchen aber lange nicht. Meine einzige Reaktion auf ihre Berichte war immer dieselbe: »Gott sei Dank, kam ich leichter!« Und so war es auch. Meine Geburt verlief leichter, ohne Komplikationen. Mutti hatte einen guten Arzt zu der Zeit. Ich war sozusagen ein »leichtes« Mädchen. Und immer wie erlöst bei dem Gedanken, daß bei mir alles gutgegangen war. Thomas, dem sie das Ereignis ganz sicher oft erzählt hat, fühlte sich ihr sein ganzes Leben lang wohl auch deswegen stark verbunden. Er hatte eben viel eher als ich erkannt, was für ein besonderer Mensch unsere Mutter war. Zwischen Mutter und Sohn besteht ja häufig ein anderes Verhältnis als etwa zwischen Mutter und Tochter. Meine Mutter hätte nie in Amerika allein ohne Thomas leben können, sie hätte es gar nicht allein geschafft. Später habe ich oft darüber nachgedacht. In Kenntnis der heutigen Psychoanalyse kam mir die Idee, ob er nicht von klein auf deswegen eine Art Schuldgefühl ihr gegenüber hatte, das er ein Leben lang mit sich herumtrug. Diese Vorstellung, was sie damals seinetwegen durchgemacht hat und daß sie fast gestorben wäre, hat ihn sicher geprägt. Ich erwähne das jetzt alles nur als emotionalen Tatbestand, aber mit gewisser Skepsis.

Ich habe meinen Kindern nie solche ausführlichen Beschreibungen von ihren Geburten gegeben. Ich habe wohl einiges davon in einem Tagebuch niedergelegt, und habe dieses Tagebuch dann meinem ältesten Sohn geschenkt. Denn es ist in Deutsch geschrieben und er kann es am ehesten lesen. Auch habe ich über ihn am meisten darin erzählt, denn er ist der Älteste. Noch heute aber wundere ich mich, warum Mutti soviel preisgegeben hat. Und das zu einer Zeit, da doch eigentlich solche Dinge nicht erörtert wurden.

»Das Trojanische Pferd«

Eine andere Begebenheit, die ich auch nur vom Hörensagen weiß, hat meine Mutter mir öfter erzählt: Als der kleine Thomas ungefähr ein Jahr alt war, fühlte meine Mutter sich sehr erschöpft. Die schwere Geburt hatte sie stark mitgenommen. Auch sonst konnte sie sich nicht schonen, geschweige an Erholung denken. Denn sie mußte nicht nur Modell stehen, sondern auch die häuslichen Arbeiten erledigen. Zu dieser Zeit hatten die Eltern noch kein Dienstmädchen. So lief sie zwischen Küche, Kinderzimmer und Atelier ständig hin und her. – Total erledigt saß sie eines Tages in einem etwas bequemeren Stuhl – bequeme Stühle gab es nämlich im Atelier im allgemeinen nicht – und wollte sich einen Augenblick ausruhen. Das Kind schlief. Da trat Lovis ins Zimmer, baute sich in seiner ganzen Größe und strotzenden Kraft vor ihr auf und erklärte: »Also Petermann, ich werde dir sagen, was ich mir überlegt habe. Ich finde, wir haben jetzt genug voneinander. Wir sind jetzt eine ganze Weile zusammen. Du hast das Kind von mir, du trägst meinen Namen. Ich werde immer für das Kind sorgen. Ich werde auch für dich sorgen. Du brauchst dir darüber keine Gedanken zu machen. Ich will ganz meiner Malerei leben können, ohne irgendwelche Rücksichten auf das Kind oder dich oder irgend etwas anderes. Ich will vielleicht auch andere Frauen haben wollen. Ich will einfach wieder frei sein und tun können, den ganzen Tag, den ganzen Abend und die ganze Nacht, was ich will. Das ist es, was ich dir sagen wollte!«

Meine Mutter erzählte uns, daß sie diese Mitteilung getroffen habe wie ein Stein, der aufs Herz geschleudert wird. Sie konnte sich nicht rühren, sie konnte nichts sagen, sie konnte nicht weinen, weil sie einfach wie tot dasaß. Sie konnte nichts mehr sagen, nur noch den Kopf von ihm abwenden. Aus Schwäche, aus Hilflosigkeit oder als unbewußte Geste. Einfach um ihn, der sie so entsetzlich verletzt hatte, nicht sehen zu müssen.

Da stürzte Corinth zu ihr, nahm sie in seine Arme und sagte: »Nein, nein, das soll alles nicht sein, was ich gesagt habe. Vergiß alles, was ich geredet habe. Ich habe das schon einmal getan bei meinem Vater. Und ich habe mir damals geschworen, das nie wieder zu tun. Damals habe ich es getan. Und jetzt habe ich es getan. Aber nie soll es wieder geschehen. Damals lag mein Vater im Sterben. Er war schon lange sehr krank gewesen. Ich bin extra nach Königsberg gefahren, um ihn zu sehen. Ich saß an seinem Bett, er war blaß, ich sah, daß es die Totenblässe war. Da lag er in diesen weißen Kissen und starrte vor sich hin, mag etwas zu mir gesagt haben. Ich jedenfalls, da neben ihm sitzend, jung, gesund und kraftvoll, sagte zu ihm: ›Naja Alter, du wirst ja nun bald sterben.‹ Worauf er erst so blieb, wie er war, dann drehte er den Kopf zu mir und sah mich lange aus seinen blauen Augen an, sprach kein Wort, dann wendete er den Kopf von mir fort, zur Wand. Genauso, wie du es jetzt gemacht hast. Das war damals entsetzlich. Und das ist jetzt entsetzlich. Deswegen sage ich: Vergiß alles, was ich gesagt habe. Wir bleiben so, wie wir sind.«

Diese beiden Menschen, sein Vater und sein Petermann, das sind die einzigen Menschen gewesen, die Corinth je wirklich in seinem Leben geliebt hat, über alles geliebt hat. Trotzdem hat er ein späteres Mal auch wieder so etwas zu meiner Mutter gesagt, was sie tief getroffen hat: »In meinem ganzen

Leben habe ich nie einen Menschen geliebt, nie. Auch dich nicht.«

Genauso brutal hat er ihr das an den Kopf geworfen. So brutal können wohl nur Männer in ihrem Egoismus sein. Und Künstler natürlich in besonderem Maße. Vermutlich müssen sie so sein, um ihre Werke zu schaffen, um sich – auf welchem Gebiete auch immer – bis zur Vollendung zu steigern. Aber für die Umwelt ist das meist unerträglich.

Trotzdem hatte Corinth für uns Kinder ein ganz starkes Gefühl. Nicht nur Verantwortungsbewußtsein, nein, auch Liebe! Vorausschauend und überlegt dachte er an unsere Zukunft, machte sich Gedanken darüber, was wohl aus uns werden würde und wie er uns weiter behüten könnte. Das geht aus einer Art Testamentsschreiben hervor, aus einem ›Letzten Wille-Schreiben‹, das direkt an Thomas gerichtet ist. Ich habe dieses Dokument nicht gesehen, es befindet sich heute in Nürnberg, im Germanischen Nationalmuseum. Corinth hat es im Dezember 1911 geschrieben, nach seinem Schlaganfall. Es ist in lateinischer Sprache verfaßt. Lovis hatte ja Latein gelernt und Thomas besuchte später auch ein humanistisches Gymnasium, und konnte so dieses lateinische Testament von Lovis übersetzen. Ich zitiere den Inhalt:

Mein letzter Wille des Malers Lovis Corinth, nach Vollendung seines letzten Bildes *Eva im Paradies*.

Oh, liebstes, kleines Thomaslein. Mit meinen Augen habe ich den Tod gesehen. Ich habe gesehen und geglaubt, daß mein Leben beendet gewesen ist. Sei zufrieden, wenn ich Dir sage, daß Du Hoffnung auf ein glückliches Menschendasein hast. Bleibe ein ordentlicher Mensch, gehorche Deiner Mutter und werde ein starker Mann für Dein Werk, selbst wenn ich leben bleiben sollte. Ich werde über Dein Haupt blicken und meine

Hände über Deinen Kopf halten. Da Du noch klein und ohne Bildung bist, wird es nützlich für Dich sein, Rat zu pflegen mit dem Menschen und erprobten Mann, Herrn E. K., Prokurist der Firma H. C. in bezug auf alles, was Du tun willst. Denn er ist ein guter und wahrer Freund und ich glaube, daß er für Dich alles tun wird.

Thomas hat in seinem Buch: »Lovis Corinth – Eine Dokumentation« als Anmerkung hinzugefügt: »Dieses schrieb Lovis Corinth ein bis zwei Wochen nachdem er sich von seiner Krankheit erholt hatte. Lovis übersetzte dies in Latein, um mir im Fall seines Todes eine geheime Botschaft zu übermitteln, wenn ich alt genug wäre, sie zu verstehen. Im Dezember 1911 war ich, sein Thomas, kaum ein Vorschüler, und es würden erst Jahre vergehen, bis ich Latein lesen konnte. In der Tat fand ich dieses Testament erst 1935, als ich in New York lebte und dieser Brief erschütterte mich sehr.«
Ein anderer Brief, der auch im gewissen Sinne damit zusammenhängt, aber viel später geschrieben wurde, nämlich am 25. August 1922, ungefähr zu der Zeit als er das Bild *Wilhelmine mit Zöpfen* gemalt hatte, ist an meine Mutter gerichtet. Da heißt es:

»Mein liebes Petermännchen,
schreibe mir doch, ob Du den Brief mit der Verrechnung von der Florentinerin (eine Kunsthändlerin) erhalten hast. Eben war diese Dame im Atelier. Interessant, um die letzten Bilder abzuholen. Doch wird man nicht auf einen grünen Zweig kommen, es sind englische Pfund Sterling. Wieviel sind diese englischen Pfunde in normaler Zeit in Goldmark? Das weiß ich nicht. Jedenfalls erwarte ich Sonntag den Dr. R. zum Porträtzeichnen und der bringt das Geld. Ich getraue mich, es auf eine

hohe Ziffer zu bringen. Aber dann die Einkommensteuer. Apropos. Gestern hatte ich die Mitteilung, daß *Die Geburt der Venus* für viele Mille verkauft ist und auch *Der Kollege Crampe* von Commeter wohl von Fischer für Stuttgart gekauft wurde. Ich weiß schon, was Du sagen willst. Weine aber nicht, denn wenigstens hat ein Museum es gekauft. Wegen Abhängigkeit von Freunden glaube ich, Dich beruhigen zu können. Es gibt so viele Kinder, wo man denkt, daß man alles für sie getan hat und doch, das Unglück kommt und alles zerbricht. Dies gehört zum Fortkommen aller Menschen. Thomas ist doch klug und Schulbildung hat er auch. Mir hilft er überall und dennoch zweifle ich, ob alles so kommt wie man wünscht, und die Wilhelmine hat eine glückliche Hand. Das ist alles, was man ihr wünschen muß. Deshalb tun wir unser Bestes und geben uns auch redliche Mühe. Ich denke immerzu, daß die Briefe geöffnet werden können, deshalb Vorsicht und Verbrennung der Briefe. Gruß Dein Lovis.«

Drei Tage später, also am 28. August schrieb Corinth erneut:

»Mein liebes Petermännchen.
Heute kam Dein Telegramm mit: ›Bilder unverkäuflich! und Dein Brief mit Deinem Katzenjammer. Die unverkäuflichen Bilder sind unnötig, weil die Bilder aus Chemnitz nach Berlin zurückgehen und nirgends mehr hingeschickt werden, wegen zu großer Teuerung in der Spedition. Höchstens wäre noch der *Kuhstall*. Und der wird nicht verkauft. [Dieses frühe köstliche Bild im kleinsten Format ist jetzt im Besitz des Landesmuseums in Lüneburg. Anmerkung Wilhelmine Corinth] Außerdem muß man bei Änderung der Preise die Provision zahlen, das

ist bei den Bildern unnötig. Deine Depressionen hat übrigens jeder Mensch. Herr Schröder (Maler-Material-handlung) hat mir schon lange gesagt, daß das Leben im Verkauf ekelhaft wäre. Mir selbst ist die Sache schon längst zum Kotzen gewesen. Also tröste Dich. Deinen Auftrag habe ich nun ausgeführt. Du hast jetzt eine Anzahl Geld und die paar Devisen von Göritz. Das Ganze ist aus Arbeiten von Urfeld. Wenn man bedenkt, daß es so viele Millionen repräsentiert, so ist es eigentlich ein Dreck. Aber in Anbetracht, daß die Devisen wenigstens einen gewissen Wert erhalten werden, ist es doch ver-läßlich. Dr. Rosin war gestern zur Sitzung da, die Zeich-nung ist nicht besonders geworden. Er scheint sehr gefällig, er macht einen guten Eindruck. Ich würde gern eine Ölskizze machen. Vergibt man sich etwas, wenn man es schenkt? Vielleicht kann ich nichts verlangen, weil ich versprochen habe, es wird erschwinglich sein. Seine Tochter will ich vielleicht auch noch malen. Schreib, was Du denkst. Die Florentinerin (diese Kunst-händlerin), die will ein Stilleben. Ich habe Dr. Rosin gesagt, sie soll eins bestellen. Das Ganze war eine schnelle Angelegenheit. Nun fehlt noch Dr. Fischer. Ich habe ihm einen eingeschriebenen Brief nach Stuttgart geschickt.«

Dazu möchte ich noch sagen, daß Lovis oft sehr ungeduldig war, wenn ein Geschäftsmann seine Briefe nicht postwendend beantwortet hatte. Dann belegte er, wie er seinem Peter-mann darüber schreibt, so einen zögernden Briefschreiber mit Kraftausdrücken wie: der Kerl ist ein Vieh, auch wenn er das gar nicht weiter böse meinte. Wenn irgend so ein Aus-druck dem Betreffenden zu Ohren kam, war er natürlich gekränkt.

Lovis' liebes Petermannchen, die stets einen vorausschauenden Blick hatte, erkannte aber schon damals, daß Corinths Werke für die Zukunft mehr bedeuten würden, als die Verkaufspreise der damaligen Inflationszeit erwarten ließen. So überlegten sich meine Eltern diese Angelegenheit und faßten den Entschluß, viele der besten Bilder als unverkäuflich zu bezeichnen. Auch viele Zeichnungen, die Corinth besonders liebte oder die ihm aus irgendwelchen Gründen besonders nahestanden. So schrieb er: unverkäuflich! Und das war der Grund, warum eine bedeutende Anzahl von Corinth-Arbeiten gerettet wurde und wir sie nach Amerika mitnehmen konnten. Hier haben sie dann auf amerikanischen Ausstellungen den Ruf von Corinth begründet.

Meine Mutter war viel intensiver in der Art des Vorausdenkens und Wünschens als Lovis. Was Thomas und meine Zukunft betraf, so hat sie sich in ihren Briefen immer sehr eindeutig geäußert. Ich habe mehrere solcher Briefe zur Hand. Einer ist datiert vom 15. Mai 1961. Das war kurz nachdem mein zweiter Mann, Hans Klopfer, gestorben war. Ich hatte Schweres durchgemacht. (Er starb am 7. Mai 1961.) Trotz meines eigenen Kummers ging ich ein paar Tage später zu ihr. Es war Muttertag und ich brachte ihr Blumen. Nach meinem Besuch hat sie den Brief geschrieben. Er bringt in einer Art Testament ihre Wünsche, ihren Dank und ihre Gefühle für uns zum Ausdruck. Man schrieb das Jahr 1961, sie starb erst 1967. Sie lebte damals in derselben Straße wie ich. Wir hatten unsere Wohnungen bewußt so nahe zueinander genommen. Ich besuchte sie nämlich mindestens einmal, oft zweimal am Tage, auch wenn es nur für einen Augenblick war. Unsere Wohnungen waren an der 66sten Straße in New York, meine in einem großen Haus auf der rechten Seite der 3rd Avenue, genau vis-à-vis. Am 15. Mai 1961 also erhielt ich diesen Brief:

»Meine geliebte Mine,

gestern am ›Mothers Day‹, kamst Du zu mir mit dem Arm voll des ersten Flieders des Jahres und schenktest mir meine Lieblingslampe, die Du gezaubert hattest. [Davon will ich später schreiben: ich arbeitete zu der Zeit, um ein bißchen Geld zu verdienen, in einer Firma, die auf Papier handgemalte Lampenschirme und Lampen herstellte. So habe ich extra eine für sie gemacht.] Dein gütiger, lieber Blick blieb in mir haften. Deine ganze liebliche Erscheinung, das Vergessen Deiner eigenen Situation, im Wunsche, mir Freude zu schenken. Ich summiere das gestrige Geschehen als ein Symbol Deiner steten Liebe und Hilfe zu mir. Mein Dank für Dich wird, so lange ich lebe, bestehen. Ich erbitte Gottes Gnade, daß er seine Hände über Dich halten möge, um Dein Leben schön zu gestalten. Du verdienst es, glücklich zu sein und harmonisch in Dir selbst zu bleiben. Wenn ich mir den Gedanken nahebringe, daß ich diese Erde verlassen muß, so ist mir der Gedanke am schwersten, daß ich Dein Leben nicht mehr begleiten darf. Du meine wundervolle, geliebte Tochter und mein über alles Ausmaß gütiger Sohn, und mein Lovis Corinth. Ihr seid das leuchtende Dreigestirn meines Lebens. Gott hat mich damit ausgezeichnet. Diese Zeilen schreibe ich heute am Abend nieder. Einen Brief, den ich gleichzeitig mit dem Brief an Thomas für Dich schrieb, den fand ich heute nicht, da ich heute Eure Briefe in meinem Schmuckkasten fortschließen wollte. All meine irdischen Güter, leider sind es nicht mehr viel, gehören Euch beiden, Thomas und Mine. Doch bitte ich Euch darum, Geschenke an Eure Lieben so zu verteilen, so wie Ihr beide es für richtig anseht. Denn ich bin allen sehr herzlich zugeneigt und möchte im guten Andenken erhalten werden.

Meine innig geliebte Mine, meine süße liebe Tochter, Gott sei mit Dir.
Deine Mutter.«

Wenn ich heute, nach so vielen Jahren, die Briefe meiner Mutter in die Hand nehme oder auch die von Lovis, die ja ein ganzes Menschenalter zurückliegen, befällt mich eine gewisse Wehmut. Beide Eltern haben in allem was sie dachten und taten, vor allem unser Wohlergehen im Auge gehabt. Selbst schon fast am Ende eines langen, glücklichen und erlebnisreichen Lebens angelangt, sehe ich das, was für uns schriftlich niedergelegt wurde, unter einem besonderen Aspekt. So auch den Brief meiner Mutter, den sie schon am 29. Juni 1951 in New York an uns beide gerichtet hat:

»Meine geliebten Kinder Thomas und Mine.
In einigen Stunden reise ich fort und mein Herz drängt mich, Euch beiden zu sagen, wie tief ich Euch liebe, über jede Zeit, über jeden Raum. Ich danke Euch für all das viele Gute, was Ihr beiden treuen guten Kinder mir lebenslang erwiesen habt. Menschen so hoch gesinnt und edel, wie Ihr beide es seid, müssen ihre Erfüllung und ihr Glück auf ihrem Lebensweg finden. Auch wenn es bisweilen durch Gestrüpp und Dornen geht, gebt nie die Hoffnung auf, daß Ihr beide glücklich zum Ziel gelangen werdet. Ich erwähne, daß Du geliebte Mine, glücklich wirst auf Deinen neuen Wegen, die Du Dir schwer erkämpfen mußtest. Meine Liebe und meine Bewunderung für Dich sind tief. Du bist eine kostbar starke und reine Natur. Verliere nie den Glauben an Dich selbst. Da liegen Deine Kräfte, durch die Du zum glücklichen Leben gelangen wirst. Ich wünsche den drei lieben Enkelkindern Michael, Georg und Katharina, daß sie zu glück-

lichen Menschen heranwachsen. Sie haben mir soviel Glück gegeben. Und Du mein Thomas, der Du mich so sehr verwöhnt hast, bleibe glücklich mit der lieben guten Katharina. Wir beide haben soviel über alles gesprochen, daß ich also nur wiederholen kann, sei glücklich Du geliebter, guter treuer Sohn.

Wir drei bleiben verbunden für immer.

Eure Mutter.«

Die Familie meiner Mutter war nur klein. Da gab es ihre Mutter, Hedwig Berend und ihre Schwester Alice Berend, die eine bekannte und beliebte Schriftstellerin in Berlin war. Ihre Bücher erschienen jedes Jahr um die Weihnachtszeit und fanden reißenden Absatz. Sie wurde von vielen der ›neue Fontane‹ genannt, weil sie seine Art Weisheit und Humor hatte. Sie wollte partout anders schreiben, als es damals üblich war. Ihre Sätze sind kurz, sie bestehen manchmal nur aus ein oder zwei Worten. Dadurch sind sie leicht und interessant zu lesen. Die Schwestern verstanden sich in der Kindheit sehr gut. Alice war fünf Jahre älter als Charlotte. Aber sie war nicht so hübsch wie sie. Vermutlich hat Alice darunter als junges Mädchen gelitten. Und vielleicht waren da auch andere Dinge im Spiel, Komplexe der kleinen Schwester gegenüber, die immer vor Vitalität sprühte. Alice hatte auch Temperament, aber ein verstecktes. Sie konnte sich nicht so frei geben. Charlotte war immer sehr hübsch anzusehen und voller Charme, verstand es auch, ihr Äußeres geschickt zur Schau zu stellen. In ihrem späteren Leben entfernten sich die Schwestern in gewissem Sinn voneinander. Alice, die ältere, war noch unverheiratet, als die Heirat zwischem meiner Mutter und Corinth stattfand. Sie hatte Corinth durch meine Mutter kennengelernt und mochte ihn sehr. Vielleicht hatte sie sich eine Zeitlang sogar erhofft, daß er der Richtige für sie wäre. Scheinbar eifersüchtig, weil meine Mutter ihn ›kriegte‹, wollte sie dann auch schnellstens unter die Haube kommen. Es war zu der Zeit damals ja nicht sehr angenehm, wenn ein älteres Mädchen noch nicht verheiratet war, während die jüngere Schwester sich schon ›einen geangelt‹ hatte. So entschloß sie sich ziemlich rasch, einen jungen schwedischen Journalisten zu heiraten. Und Alice war ganz im Anfang ihrer schriftstellerischen Laufbahn. Sie war damals mit Max Reinhardt befreundet, der auch gerade erst seine Karriere begann. Es war alles ein Kreis von jungen Künstlern, die zueinander gefunden hatten. Alices erstes Kind, Nils-Peter, mein Vetter, war im gleichen Alter wie Thomas. Und auch ihre Tochter kam ungefähr mit mir zusammen zur Welt. Als Nils-Peter geboren wurde, eilte meine Mutter Alice zu Hilfe und fühlte sich deswegen dem kleinen Jungen immer verbunden. Die Tochter wurde meiner Mutter zu Ehren Charlotte getauft, aber da man in Italien lebte, wurde sie Carlotta genannt. Und dabei blieb es. Wir Kinder sahen einander nicht viel, denn meist lebte Alice im Süden. Wir hatten unser Leben! Eine sehr hübsche Fotografie zeigt meine Großmutter zusammen mit ihren vier Enkeln. Eine der seltenen Gelegenheiten, wo wir alle zusammen waren. Ein außergewöhnliches Familienereignis machte lange die Runde. Thomas und Nils-Peter, sie müssen drei oder vier Jahre alt gewesen sein, spielten einmal zusammen. Da entstand Streit, in dem Thomas so wütend auf seinen Vetter wurde, daß er ihn wirklich fast getötet hätte. Meine Mutter erzählte, daß sie sich mit Alice angeregt unterhalten habe. Plötzlich fiel ihnen auf, daß die beiden kleinen Jungen sehr still waren, was ja immer ein sehr verdächtiges Zeichen ist. Sie gingen in das Kinderzimmer und ›retteten‹ Peter, den Thomas mit einem dicken Federkissen zugedeckt hatte, zusätzlich hatte er sich noch draufgesetzt. Mit beiden Händen hielt er den Vetter unten. Er wollte ganz einfach, daß er aufhören sollte zu brüllen oder zu atmen oder was immer. Der arme Junge war schon ganz blau; es war ›Rettung in letzter Sekunde‹. Das waren so unsere kleinen ›Kinderspäße‹.

Carlotta und ich wollten uns zwar nicht gerade gegenseitig umbringen, aber viel Interesse hatten wir als Kinder nicht füreinander. Erst als wir etwas älter waren, gab es hin und wieder Kontakte. Alice lebte eine Zeitlang in München und wir in Berlin. Ihre Kinder gingen viel Skifahren; wir haben das nie gelernt, weil wir eben in Berlin zu Hause waren. Die arme Carlotta hatte sich in einem kalten Winter bei so einer Skitour beide Hände erfroren. Sie hat ihr Leben lang dicke, rote Hände zurückbehalten. Alice dachte nur ans Bücherschreiben. Sie mußte schreiben, denn die Familie lebte von ihren Einnahmen.

Meine Tante Alice, also Alice Berend, verachtete alles, was Bürgerlichkeit hieß. Sie erkannte nur schaffende Künstler an. Die Männer ihrer Familie, meiner Mutter Familie, waren alle tüchtige Geschäftsleute. Aber Alice wollte nichts von der Jagd nach Reichtum wissen. Trotzdem hatte sie für den Vater große Zuneigung, denn er hatte ihr ein Literaturstudium ermöglicht. Für ihn bestickte sie eine Schreibmappe mit dem Namen der Städte, in denen seine Firma Filialen hatte. Sie sagte damals oft zu meiner Mutter: »Was es uns doch kostet, aus dieser Philister-Familie auszubrechen. Wenn wir doch in einer Atmosphäre wie Fontane geboren wären. Da könnten wir doch auf einer schon vorhandenen Basis von Künstlertum aufbauen.« Alice korrespondierte mit Ibsen. Sie las Strindbergs Werke auf schwedisch. Sein zeitweiliger Sekretär, der schwedische Journalist und ihr späterer Ehemann, Nils Hertz, hieß eigentlich Jenssen und war Korrespondent einer schwedischen Zeitung in Berlin. So lernte er Alice kennen.

Charlotte hatte unterdessen Malerei studiert und Lovis Corinth geheiratet. Alice heiratete kurz darauf, 1904, Nils Hertz. Die Hochzeit fand in London statt. Da gab es keinen bürokratischen Papierkrieg. Die Hertzens lebten in den nächsten Jahren in Berlin, wo Alice große Erfolge als Schriftstellerin hatte. Es bildete sich ein Kreis von Künstlern um sie, wie Däubler, Morgenstern und Max Reinhardt. Diesen regte sie zu dem Namen ›Schall und Rauch‹ für sein neues Theater an. Auch gelang es Alice, mit dem Berliner Verlag S. Fischer, der neue Talente suchte, einen langjährigen Vertrag abzuschließen. Dieser Abschluß ermöglichte es den Hertzens, nach Florenz zu ziehen, wo Alice in aller Ruhe arbeiten konnte. Als Charlotte die Schwester 1907 in Italien besuchte, war sie dort schon fest eingesessen und hatte sich einen Kreis von Künstlerfreunden geschaffen. Dort schrieb sie die Romane ›Die Reise des Herrn Sebastian Wenzel‹, ›Frau Hempels Tochter‹, ›Die Bräutigame der Babette Bomberling‹, ›Spreemann und Kompanie‹. Dieses Buch wurde ins Englische übersetzt. Alice war bald eine der populärsten deutschen Schriftstellerinnen und konnte sich eine feudale Villa in Forte dei Marmi leisten. Dort besuchten sie im Sommer 1914 Corinth und Max Reinhardt. Lovis schrieb über dieses Ambiente einen Artikel ›Italienischer Sommer‹, nachgedruckt in seinen gesammelten Schriften im Gurlitt-Verlag Berlin 1920. Hans Breinlinger malte fast zur selben Zeit ein impressionistisches Porträt ›Schwarzer im Straßenanzug‹. Damals war dies ein ungewöhnliches Sujet. Alice und Breinlinger ahnten zu dieser Zeit nichts voneinander. Später wurde er ihr zweiter Mann. Für Hertzens schien alles in bester Ordnung zu sein. Als der Erste Weltkrieg ausbrach, litt Alice so sehr unter der Deutschfeindlichkeit der Italiener, daß sie mit Familie 1915 unter Verlust ihrer Habe nach Berlin umziehen mußte. Ohne einen Pfennig Geld kamen sie in Berlin an und mußten wieder von vorn anfangen. Erschwerend kam hinzu, daß sie während des Krieges durch ihre Ehe als schwedische Ausländerin galt und gezwungen war, sich regelmäßig bei der Berliner Polizei zu melden. Immerhin konnte Alice Berend auf ihren Namen und Verlagsverträge vertrauen. Und sie hatte die Freundschaft von Corinth. Corinth porträtierte Alice des öfteren, erwähnte dabei scherzend, sie hätte ein Kinn wie der Große Kurfürst. Das Kinn spiegelte wohl Alices Willenskraft wider.

Bald hatte sie sich wieder gefangen, übersiedelte nach München und mietete sich bald ein Haus in Oberstdorf. Corinths hatten sich neben Berlin in Urfeld einen zweiten Wohnsitz geschaffen. Dort feierte Lovis 1918 seinen 60. Geburtstag. Alice kam als Gast angereist. Sie kam zu Geburtstagen gern, aber Beerdigungen suchte sie zu meiden. Zu Corinths Totenfeier 1925 in Berlin erschien sie schließlich doch. 1913 erkrankte ihr Sohn Nils-Peter an Tuberkulose. So mußte sie den Jungen, mit seinem Vater als Begleiter, zur Kur nach Arosa schicken. Der Aufenthalt dort verschlang ihre ganze Habe. Alice war eine Kämpfernatur. Und nach einer langen Durststrecke hatte sie sich finanziell wieder soweit saniert, daß sie sich ein Haus in Konstanz kaufen konnte. Sie ließ es mit Girlanden bemalen und nannte es ›Schreiberhäusl‹. Ihr Leben sollte sich erneut ändern. In Konstanz lebte der Maler Hans Breinlinger. Eine Freundschaft und anscheinend mehr entwickelte sich zwischen den beiden. Das ›Ende vom Lied‹ war, daß sich John und Alice scheiden ließen und sie Breinlinger im Jahre 1926 heiratete. Das jungvermählte Paar zog nach Berlin in eine größere Wohnung, unweit der von Corinths. Energie, Erfolg und Popularität blieben Alice treu. Die wenigen Male, die ich Breinlingers besuchte, fand ich eine harmonische Familie. Fröhlich und unbekümmert. Es schien eine glückliche Zeit für das Paar. Alice fühlte sich wieder jung. Oft wurde das Grammophon in der Wohnung angedreht und sie tanzte mit Breinlinger ihren Lieblingstango ›Ramona‹, der ja damals der Hit war. Der Künstler Breinlinger malte fleißig. Charlotte Berend-Corinth, die zu der Zeit im Vorstand der Berliner Sezession war, wurde gebeten, Breinlinger in der Sezessions-Ausstellung unterzubringen.

In den 30er Jahren schrieb sie nicht nur die Erfolgsbücher ›Rücksicht auf Martha‹ und ›Das Gastspiel‹, sondern sie ließ sich auch von Breinlinger scheiden. Diese Zeit konnte man den ›Tanz auf dem Vulkan‹ nennen. Die neuen Machthaber begann sich festzusetzen. Alice aber war klug genug, ihre Habe rechtzeitig in Deutschland zu verkaufen. Mit dem Erlös fuhr sie 1935, begleitet von ihrer Tochter Carlotta, über die Schweiz nach Florenz. Zu dieser Zeit war sie ungefähr 60 Jahre alt. Am 2. 4. 1938 starb sie dort.

Es ist erstaunlich, daß beide Schwestern, Alice und Charlotte, aus der elterlichen Bürgerlichkeit herausdrängten. Beide standen ihrem Vater näher als ihrer Mutter. Deren Unverständnis, was Kunst und dergleichen betraf, trennte sie vor allem in der Art des Denkens. Obgleich ich glaube, daß gerade die Kunstbegabung beiden durch die Mutter vererbt war. Wenn ich nur an die Märchenstunden denke, die wir sowohl mit der Großmutter als mit Mutti erlebten.

Es war damals sehr mutig, solch brotlosen Künsten, wie Schreiben und Malen, nachzujagen, wenn man bedenkt, daß alle Eltern in jenen Zeiten nur eines wollten, nämlich die Töchter reich verheiraten. Die Versorgung stand an erster Position, dann kam lange nichts, dann mußten Kinder geboren werden und auch deren Zukunft hatte eisern gesichert zu sein. Solche Denkweisen waren bei Künstlern indiskutabel. Alice wurde das Studium der Literatur gestattet und Charlotte durfte die Malakademie besuchen. Das waren schon erstaunliche Entschlüsse, die sicherlich aus den allgemeinen

Vorstellungen dieser Zeit herausragten. Gewiß war es der Vater, der über das üblich Bürgerliche hinaus dachte und seinen Segen gab.

Eine kleine Kindheitserinnerung ist da auch noch sehr lebhaft in mir von dem Haushalt von Alice und John. Ich besinne mich, daß ich einmal dort zum Mittagessen eingeladen war. Es gab Hühnchen. John saß aber nicht bei Tisch auf dem Stuhl, sondern er rannte ständig im Zimmer herum, nahm ein Stück Brustfleisch vom Teller und aß das aus der Hand. Dann rannte er weiter durchs Zimmer, nahm sich eine Kartoffel und aß auch die im Laufen. So ›verlief‹ die gemeinsame Mittagsmahlzeit. Er hatte zwar einen Platz, den Alice für ihn sorgfältig gedeckt hatte. Aber er setzte sich nie auf seinen Stuhl. Meiner Großmutter, die manchmal zu Gast war, sah man an, wie sehr sie dieses Benehmen empörte. Ich fand das lustig, sie mokierte sich, reklamierte ärgerlich, daß dieser Mensch null Manieren habe.

Dann besinne ich mich auf ein Abendessen, wo man, wie schon erwähnt, immer Brot und Aufschnitt aß. Da machte er für uns etwas anderes zurecht, Brot und Butter nämlich, und streute dann Salz darauf, fingerdick. Wir sahen mit Staunen zu. So etwas gab es bei uns nicht! Onkel John aß das Salzbrot geradezu mit Hingabe wie die allergrößte Delikatesse. Thomas und ich sahen uns an, dachten, das kriegen wir nie runter. Ich sehe Onkel John heute noch, wie er aus den großen Salzfässern fingerdick das Salz rumstreute. Ich habe das viel später – nicht ganz so dick – auch mal versucht, es schmeckte erstaunlicherweise gut. Unsere Großmutter war der Meinung, daß Nils-Peter und Carlotta überhaupt keinen Respekt vor diesem Vater hätten. Ich widersprach, sagte: »Na, haben wir denn Respekt vor Lovis? Wir machen doch auch weiter nichts Besonderes mit ihm. « – »Ja, ihr habt Respekt, absolut, ihr habt Respekt! Ihr seid still, wenn er etwas sagt, und ihr schreit nicht rum, wenn es stört. Ihr habt Respekt«, sagte sie energisch. Das sind meine Erinnerungen aus dieser Zeit, als es noch Alices ersten Mann John Hertz gab.

Wenn von Mahlzeiten die Rede ist, fällt mir noch etwas ganz anderes ein. Das steht im Zusammenhang mit dem Porträt Corinths von Leonid Pasternak (*Porträt des Malers Leonid Pasternak*, 1923). Leonid Pasternak, der Vater von Boris Pasternak, dem berühmten Schriftsteller. Er war 1862 in Rußland geboren. Leonid sollte zuerst Arzt werden, dann Rechtsanwalt. Aber schließlich setzte er es durch, Malerei zu studieren, was auch dort in der bürgerlichen Gesellschaft nicht angesehen war. Er war an der Moskauer Akademie der Künste aufgenommen worden. Das gefiel ihm jedoch nicht sehr und so ging er nach München, um seine Studien zu betreiben. Er verbrachte dort mehrere Jahre, kehrte schließlich nach Moskau zurück und wurde sehr erfolgreich. Er illustrierte Tolstois ›Krieg und Frieden‹ und befreundete sich auch mit dem Dichter und seiner Familie. Außerdem malte er viele berühmte russische Persönlichkeiten. 1921, nach der russischen Revolution, übersiedelte Pasternak nach Berlin und war auch hier erfolgreich tätig. Lovis hörte von ihm, lernte ihn kennen und malte ihn 1923 in seinem Atelier in der Klopstockstraße. Das wohlgelungene Porträt wurde später von der Hamburger Kunsthalle erworben. Weil diese Sitzungen vormittags stattfanden, kam Pasternak mit Lovis herunter zu uns zum Mittagessen, und so lernten wir ihn auch kennen. Ich war ja noch klein, aber schon groß genug, um mich gut daran zu erinnern. Er war sehr freundlich und bescheiden, sprach mit russischem Akzent, der mir doll imponierte. Er fühlte sich in unserem Familienkreis wohl. Und wir freuten uns, ihn kennengelernt zu haben. Später wurde er eine internationale Größe und Lovis war sehr stolz, daß er

Gelegenheit gehabt hatte, ihn zu malen. Pasternak revanchierte sich. Er malte Corinth seinerseits. In den 30er Jahren ging er nach England, lebte dort bis zu seinem Tode.

Auch wenn ich es schon öfter erwähnt habe, in der Rückschau weiß ich, daß mit Lovis' Tod für meine Mutter ein wesentlicher Teil ihrer Lebenskraft dahingegangen ist. Den Tod ihres Vaters, der in ihren Armen starb, als sie noch ein ganz junges Mädchen war, hat sie versucht auf ihre Weise zu überwinden. Auch damals hatte sie einen Menschen verloren, den sie unendlich liebte. Und auch damals veränderte sich für sie das Leben. Sie erwog, Zeichenlehrerin zu werden, um die Mutter finanziell unterstützen zu können. Ebenso dachte ihre Schwester Alice daran, ihr literarisches Talent durch Schreiben von kleinen Artikeln in bare Münze umzusetzen. Für meine Großmutter und ihre beiden Töchter endete schlagartig die Sorglosigkeit. Der Lebensstandard sank. – Als Corinth starb, war die Situation zumindest finanziell eine andere. Das Werk, das er hinterlassen hatte, konnte meine Mutter ruhig schlafen lassen. Noch als Corinth lebte, konnte er die Walchenseebilder gar nicht so schnell malen, wie sie ihm aus dem Atelier getragen wurden. Sie waren vorbestellt, noch ehe er sie in Arbeit hatte. Trotzdem war die Zukunft ungewiß. Corinths Name leuchtete zwar ungebrochen am Künstlerhimmel, aber würde man weiterhin gut verkaufen können? Doch auch wenn keine neuen Bilder mehr entstanden, so waren immer noch unzählige vorhanden und im Besitz meiner Mutter. Die vorzüglichsten Werke, die nicht verkauft worden waren, weil Corinth und sein Petermann sie bewußt zurückgehalten hatten, bildeten eine sichere Rücklage.
Zurück in das Deutschland der zwanziger und dreißiger Jahre! Corinth wurde weiterhin gut verkauft. So erwarb die Nationalgalerie Berlin für eine hohe Summe das Gemälde

Trojanisches Pferd (1924). Dieses Bild ereilte allerdings ein trauriges Schicksal. 1937 in der Nazizeit wurde es neben anderen beschlagnahmt. Als die Zeiten noch ›normal‹ waren, wurden Corinths posthume Bilder gerne gekauft. Und nicht nur, weil man wußte, daß keine neuen mehr entstehen würden. Geldnot herrschte also bei uns nicht. Und doch war der Haushalt plötzlich ein anderer geworden. Lovis' Atelier stand leer. Meine Mutter behielt für eine längere Zeit noch ihr eigenes, entschloß sich aber irgendwann einmal, auch in Lovis' großem Atelier zu arbeiten.

Auch ich wollte aus meinem Leben etwas machen und ging zunächst – wie sollte es anders sein – auf die Malschule. Allerdings verlor ich recht bald die Lust. In der Akademie der Künste hatte ich einen Professor, dessen Methoden mir nicht gefielen. Von meinen Eltern hatte ich von klein auf abgeschaut – vor allem von Lovis –, wie man beim Zeichnen mit dem Bleistift schnell und sicher über das Papier fährt. Ich tat es nicht anders. Ich zeichnete eine Linie im Ganzen, keine Kritzeleien, so daß man die Figur oder was immer es sein sollte, auf den ersten Blick erkennen konnte. Dem Professor gefiel das nicht. Mit einem ganz harten Bleistift sollte ich nach seinem Willen exakte kurze Striche zeichnen, und wenn ich ein Gesicht zu entwerfen hatte, mußte ich an den Augen förmlich herumkratzen. Das machte mir keinen Spaß. Das einzig Positive für mich war, daß ich in der Akademie mit jungen Menschen zusammenkam und endlich auch mal mit jungen Männern. Amüsant war es für mich, wenngleich am Anfang doch etwas befremdlich, daß ein männliches Modell völlig ohne Hemmungen splitternackt im Atelier herumlief. Schön war der Herr nicht. Vom Gesicht und auch vom Alter her gehörte er eher schon zum mittleren Jahrgang, aber sein Körperbau war edel und muskulös. Über gewissen Teilen trug er einen kleinen Schurz, aber nur dann, wenn er unsere Arbeitsstätte verließ, um für den Professor oder irgend jemand anderen etwas zu besorgen. Schließlich stand er auch mal in meiner Klasse Modell. Als wir ihn zeichnen mußten, nahm er das Schürzchen ab. Ich zeichnete sehr ernsthaft, aber wenn ich an die berühmten Stellen kam, scheute ich mich doch, genau hinzusehen, und habe die ›Sache‹ rasch mit losen Strichen bedeckt.

Die Tage verflogen. Auch ohne Lovis mußte das Leben gemeistert werden. In der ersten Zeit der Trauer konnte meine Mutter nicht gut arbeiten. So widmete sie sich Lovis' Selbstbiographie. Da hatte sie sich viel vorgenommen. Corinths Notierungen standen in diversen Heften verstreut, auf Rückseiten von irgendwelchen Papierfetzen, mit ganz verschiedenen Daten, ohne Zusammenhang oft. Und alles in manchmal nicht gut leserlicher Handschrift. So hat sie in mühevoller Kleinarbeit versucht, Sinn und Reihenfolge in das Ganze zu bringen. Es war eine diffizile Arbeit, die nur sie leisten konnte. Sie kannte ihn, konnte seine Gedankengänge nachvollziehen. Im Jahr 1926 schließlich erschien die Selbstbiographie im Verlag Hirzel in Leipzig. Vorangestellt hat sie Lovis' Totenmaske, die damals in Zandvoort von einem Künstler abgenommen worden war. Als letzte Reproduktion unter anderen befindet sich in der Selbstbiographie Corinths erschütterndes Selbstporträt als Schmerzensmann. Es ist 1925 entstanden, ehe er auf diese Reise nach Holland ging. Unter der Zeichnung steht mit roten Buntstiften von Corinths Hand: ›O Haupt voll Blut und Wunden, voll Schmerz und voller Hohn.‹ Meine Mutter hat zu Corinths Selbstbiographie das Vorwort geschrieben, auch das Nachwort. Zu Beginn heißt es:

»In seinem Atelier, in dem alten Schreibtisch, der noch aus dem Elternhaus von Tapiau stammt, verwahrte Corinth das Manuskript zu seiner Selbstbiographie. Auf dem Umschlag des ersten Teiles war die folgende Bestimmung aufgeschrieben: ›Diese Biographie soll nach meinem Tode erscheinen, wenn jemand von meiner Familie es für nötig befindet. Ich würde den Verlag Hirzel in Leipzig vorschlagen, der bis heute in hohem Ansehen ist. Georg Hirzel kenne ich persönlich. Die Radierungsplatte des ›Selbstporträts‹ von 1919 will ich als Original gedruckt haben, weil ein Original heute – ich kann natürlich nur von ›jetzt‹ reden – sehr beliebt ist. Andere Platten könnten zur Vervollständigung noch weiter benutzt werden. Die Biographie zu redigieren, wünsche ich dem Verlag einen tüchtigen Arbeiter, der es korrigiert, aber den Sinn behalten muß. Ich habe immer nur weiter geschrieben, ohne viel auf das Vorhergehende zu achten. Wahrheit war mein Prinzip. Adjee! Berlin, 20. September 1923.‹«

Corinths Selbstbiographie schließt mit den Worten:

»Ich war auf der Untertertia auf der Schule in Königsberg und ungefähr 13 Jahre alt, als mein Vater nach Königsberg kam und sagte, daß die Mutter schwerkrank darniederläge. Als ich bald darauf zu den Ferien nach Hause kam, lag meine Mutter sehr schwer krank zu Bett. Keine Sentimentalität war an ihr zu erkennen. Sie sprach nur von der guten Wirtschaft, die sie hinterließ. Manches Mal streifte⟨!⟩ sie mich, mit kurzen Worten sah sie in die Zukunft, in der sie mich in zwanzig Jahren sehen konnte. Der Zustand ihres Befindens wurde immer ernster, bis endlich der Arzt riet, wenn noch Verfügungen zu treffen wären, sollte es bald geschehen. Meine Mutter faßte es begierig auf. Der Schreiber kam und eine Art Jurist. Ich blieb dabei und sah, wie sie es im Leben geführt hatte, so wollte sie auch nach ihrem Tode sein. Die Söhne (aus erster Ehe), welche das Haus verlassen hatten, wurden aufs Pflichtteil gesetzt. Dann wurde es im Hause verhältnismäßig ruhig. Die Mutter fieberte und zupfte die Bettdecken. Ich habe sie in diesem Zustande gezeichnet und zu meinem größten Bedauern ist die Zeichnung verschwunden. In derselben Nacht starb sie. Ruhig, als Philosophin. Dann läuteten die Kirchenglocken und machten kund, daß wieder ein Mensch schlafen gegangen war. Ich habe keine gute Kinderstube gehabt, sogar eine möglichst schlechte. Die Erzogeneren haben keine Ahnung, wie das auf ein Kind wirkt. Aber soviel sage ich, daß ich Gott danken kann, daß ich noch zu einem halbwegs anständigen Menschen herangewachsen bin. Und doch, die Natur konnte kein günstigeres Feld für einen Künstler finden. Das Leben in jedem Beruf habe ich gründlich kennengelernt. Arm und reich, gut und schlecht. Alle Stufen folgen. Nicht, daß ich den Eltern etwas zur Last legen will. Sie verstanden es nicht besser! Meinen Vater habe ich stets geliebt, so wie er mich. Wie sollte ich denn nicht zufrieden sein. Leider haben die Eltern es nicht mehr erfahren. Sie würden meinen Erfolg mit Anerkennung konstatieren. Bin ich doch auch Ehrenbürger der Stadt Tapiau geworden! Was will man noch mehr! Selbst der Ehrgeiz meiner Mutter wäre vollständig befriedigt worden.

Berlin, 8. Mai 1925

Lovis Corinth. «

Sommernachtstraum

Nachdem Mutti Corinths Selbstbiographie zusammengestellt und bearbeitet hatte, machte sie sich an die nächste große Aufgabe. Sie war weitaus schwieriger, denn es handelte sich um die Erstellung des Werkkatalogs mit seinen ungefähr 1000 Gemälden. Lovis hatte schon lange vor der Ehe damit begonnen, die einzelnen Bilder aufzuschreiben, es aber schließlich nicht weitergeführt. Seit meine Eltern sich kannten, seit dem Jahre 1902, hat meine Mutter aus Freude an seinen Bildern und auch, um ihn von ihrer Entstehung erzählen zu hören, diese Arbeit konsequent fortgesetzt. Sie kannte bald jedes Bild. Viele standen seinerzeit im Atelier und waren noch nicht verkauft. So war ihr jedes Bild geläufig und sie begann, gemeinsam mit Lovis sein Werk in einer mehr oder weniger dilettantischen Weise zu katalogisieren. Zunächst wurde die Größe ausgemessen, dann das Sujet notiert, schließlich wann und an wen es verkauft worden, oder auch ob und wo es ausgestellt worden war. So wurde der Grundstein zu einem Werkkatalog gelegt. Später hat meine Mutter mir oft gesagt, daß ihr diese damalige Arbeit unendlich geholfen habe. So hatte sie nach Lovis' Tode eine große Aufgabe, der sie sich voll widmen konnte. Begleitet war die Arbeit von ihrer Liebe. Jedes Bild, das sie beschrieb, betrachtete sie nun unter neuen Aspekten, die sie nun nicht mehr mit Lovis teilen konnte. Daß das eine Riesenaufgabe war, die sich auf viele, viele Jahre erstreckte, läßt sich leicht denken. Unterbrochen wurde die Arbeit während des Zweiten Weltkrieges. Ursprünglich war geplant, daß der Katalog schon vor dem Krieg und bebildert erscheinen sollte. Also mußte sie alle Fotos zusammenstellen. Dann begann eine umfangreiche Korrespondenz mit den Besitzern, meist den großen Museen. Aber auch Privatbesitzer versuchte sie zu ermitteln.

Nach dem Krieg wurde meine Mutter mit einer verheerenden Tatsache konfrontiert. Die vielen Materialkisten waren nämlich in Berlin verblieben und wurden per Schiff nach Amerika geschickt. Man hatte die Fotos nicht sachgerecht verpackt! Als sie schließlich in New York ankamen, waren sie völlig durchnäßt, die meisten unbrauchbar. Ebenso die schriftlichen Unterlagen. Die Arbeit, das alles wieder verwendungsfähig zu machen, war kaum zu schaffen. Trotzdem hat meine Mutter, mit dem Beistand von Thomas, sich nicht entmutigen lassen. Sie haben gesichtet, neu geschrieben und sind darangegangen, die vielen Fotos entweder – soweit möglich – zu retten oder neu zu beschaffen. Im Jahre 1958 konnte der Werkkatalog schließlich erscheinen. Nicht zuletzt durch die großzügige Mithilfe von Dr. Nordhoff, dem damaligen Chef des Volkswagenwerkes. Gleichzeitig wurde eine große repräsentative Ausstellung in Wolfsburg mit vielen hundert Corinth-Bildern eröffnet. Sie galt Lovis' 100. Geburtstag. Meine Mutter und ich waren dazu eingeladen. Soviel zu dem Werkkatalog, der tatsächlich die Schöpfung meiner Mutter ist.

Die Arbeit und die Beschäftigung mit Corinths Werk mögen ein wenig geholfen haben, die Wunden, die sein Tod in ihr hinterlassen hatte, zu heilen – wenn so etwas überhaupt möglich ist. Allmählich fand sie wieder zu sich. Wenn ich es heute bedenke, wird sie sich manches Mal freier als zur Zeit ihrer Ehe gefühlt haben. Wir Kinder waren inzwischen flügge geworden, so daß sie wirklich an sich selbst denken konnte. Das gab ihr neue Schaffenskraft. So verläuft es ja oft bei begabten und talentierten Frauen, die an der Seite eines großen und berühmten Mannes leben. Im allgemeinen geht ihr eigenes Talent verloren, weil sie sich ganz dem Genie opfern. Bei meiner Mutter war das nie der Fall. Sie hat sich immer Corinth gegenüber behaupten können, wenn auch manchmal nur mit größter Anstrengung. Langsam – jetzt im Alter von fünfundvierzig Jahren – kehrte sie in die Berliner Gesellschaft zurück. In der Berliner Sezession arbeitete sie sehr angesehen und geachtet im Vorstand, und lernte viele interessante Menschen kennen. Für das Bühnenleben hatte sie sich schon zu Lovis' Lebzeiten stark interessiert und Schauspielermappen angefertigt. Dadurch war ihr der Umgang mit vielen Schauspielern vertraut. Eine Zeitlang konzentrierte sie sich sehr auf deren Leben, obgleich sie sehr bald spürte, daß das nicht ihr wirkliches Leben war. Aber sie sah es als einen wunderbaren Ausgleich, den täglichen Realitäten durch einen Ausflug in die Phantasiewelt des Theaters zu entfliehen. So malte sie sehr viele begabte und aufregende Menschen. Männer und Frauen. Doch wahrscheinlich waren es gerade in dieser Zeit die Männer, die sehr Wesentliches leisteten. Trotzdem steht fest, daß Charlotte Berend ihre eigene Entwicklung nicht zurückstellte.

Ganz zu Beginn ihrer künstlerischen Laufbahn, als sie Corinths Schülerin war, nahm sie seinen Stil an. Er war ihr Lehrer und sie war ihm in gewisser Weise bedingungslos ergeben. Sie bewunderte ihn. Und weil sie jung war, folgte sie auch seinen Regeln. Später aber, je älter sie wurde, entwickelte sie einen vollkommen eigenständigen Malstil. Sie verband diesen Stil in positiver Weise mit ihrem lebhaften Temperament und ihrem sensiblen Gefühl, und schuf so strahlende, ausdrucksvolle Bilder. Und sie bekam viele Porträtaufträge von Freunden oder auch anderen ihr bekannten Menschen. Später in Amerika lebte sie von diesen Aufträgen. Denn während des Krieges und gleich danach, war Corinth als deutscher Maler kaum verkäuflich. An Geld war sie nur bedingt interessiert. Die Kunst und das Malerlebnis standen bei ihr immer an erster Stelle.

Zu den Bühnenkünstlern, die sie damals – noch in Berlin – porträtierte, gehörte auch Lucie Höflich. Ich war als Kind mit deren Tochter Ursula befreundet. Wir waren gleichaltrig, und sie war ebenso einsam wie ich. Wir sahen uns nur gelegentlich, denn auch Ursula Höflich lebte, wie meine Schulfreundinnen, weit von uns entfernt. So wurden wir von unseren jeweiligen Kindermädchen nur zu kurzen Besuchen hin- und zurückgebracht. Gelegentlich wurde mal mit den Kindermädchen ein Treff im Tiergarten verabredet. Dann mußten Ursula und ich gesittet auf den Wegen spazieren, denn auf das Gras durfte man bei Strafe nicht treten. Hatte man versehentlich den Fuß auf dem Rasen, kam der Schutzmann regelmäßig mit großer Drohgebärde angesaust. Wir hatten ziemliche Angst davor, einen ›Fehltritt‹ zu begehen. Unsere Kindermädchen hatten diese Sorgen nicht. Sie marschierten hinterher und schwatzten. Die Freundschaft mit Ursel blieb bis heute erhalten. Allerdings korrespondieren wir nur noch, denn sie lebt noch immer in Berlin. Bei Ilka Grüning, einer der Schauspielerinnen, die von meiner Mutter gemalt wurden, nahm ich später Schauspielunterricht. Mutti malte Paul Graetz, der seinerzeit ein bekannter Mime war, und auch den damals sehr berühmten Opernsänger Michael Bohnen. Ihn kannte sie schon zu Lebzeiten Corinths.

Von den Theaterleuten abgesehen, interessierte sie vor allem die faszinierende Persönlichkeit des Graphologen Raphael Schermann. Von ihm entstand 1930 ein Porträt. Auf diesem Gemälde sitzt er am Tisch, hält ein Schriftstück in der Hand und sein Blick ist in die Ferne gerichtet. Interessant ist auch, was er über die Handschrift meiner Mutter zu sagen wußte. Mutti hatte bis in ihr hohes Alter immer eine ganz klare, scheinbar einfache Schrift. Jeder Buchstabe war deutlich zu lesen, jedes Wort stand exakt da, so daß viele Menschen, die von Graphologie keine Ahnung haben, es auf den ersten Blick für eine Kinderhandschrift hielten. Übrigens ist hier einzuflechten, daß Albert Einstein eine sehr ähnliche Handschrift hatte. Mutti und er kannten sich. Ich erinnere mich, daß Einsteins Tochter mir einmal erzählt hat, daß sie einen Brief von meiner Mutter mit einem Brief ihres Vaters verwechselt hatte. Auch er schrieb deutlich und klar. Nun, Muttis scheinbar kindliche Handschrift faßte der berühmte Graphologe als durchaus nicht naiv auf. Im Gegenteil. Er meinte, sie sei voller Schwung, Konzentration und Stabilität und zeuge von einer großen Persönlichkeit. Er sah die Schriftzüge völlig anders, als das ungeübte Laienauge.

Mutti malte, wie ich schon sagte, viele interessante Männer. Einer davon war der Architekt Hans Poelzig. Sein Bild entstand im Jahre 1926, kurz nach dem Tode von Corinth. Heute hängt es in der Berliner Nationalgalerie. Es ist ein lebensgroßes Porträt. Poelzig sitzt in einem Sessel und raucht eine Zigarre, neben ihm steht eine Zigarrenkiste, über ihm schwebt der Rauch. Auch der damalige Kultusminister Grimme wurde von ihr porträtiert. Dieses Bild ist, glaube ich, noch im Besitz der Familie. Sie hat es in seinem Berliner Büro gemalt. Ebenfalls lebensgroß. Diese Männer interessierten sie nicht nur als Malobjekt, sondern auch als Männer. Und sicher waren auch sie von der Persönlichkeit dieser Frau fasziniert. Muttis große Begabung, ihr Charme und ihre Intelligenz wurden allgemein geschätzt und bewundert. Nur so ist zu verstehen, daß sie meine Mutter auch nach den Porträtsitzungen öfter privat besucht haben. Es waren schöne Freundschaften, die sich da zwischen geistig hochstehenden Menschen entwickelten.

Zu der Zeit entstand auch ein Bild, das eigentlich gar nicht in

Muttis Sammlung hineinpaßte. Es war das ganzfigurige Bild des Boxmeisters Wigand. Gewiß hat er ihr geistig nichts bieten können. Er interessierte sie einfach als Mensch und Person. Das Bild befindet sich heute in Nürnberg. Wigand ist in seiner ganzen Größe mit Boxerhose und den Handschuhen dargestellt. Sein Brustkasten strotzt vor Muskeln. Das Gesicht ist verzerrt von der Anstrengung. Sie ließ ihn wirklich in der Kampfpose Modell stehen. Über dieses Bild sagte sie oft: »Das ist das ›Schwerste‹, das ich je gemalt habe. Die Muskeln und der Mann, und dieser Brustkasten haben mich unendliche Kraft gekostet. Das ist bestimmt die schwierigste Art, einem Menschen als Maler gerecht zu werden.« Während der Sitzungen hat sie sich natürlich mit ihm eingehend unterhalten. So hat sie ihn gefragt, was beim Boxen das Schwerste oder auch das Schlimmste sei, und Wigand hat geantwortet: »Der eigentliche Kampf ist es nicht. Man wird geschlagen und schlägt zurück. Soweit ist das ganz normal. Und ich habe auch keine Angst davor. Aber das Schlimmste ist wirklich, wenn man ›knock out‹ ist, auf dem Boden liegt und ausgezählt wird. Vor ›9‹ sich wieder aufzurappeln und weiterzukämpfen, sich da durchzuringen, nicht einfach aufzugeben, das ist höllisch.«

So verliefen die Jahre nach dem Tode Corinths von 1926 bis 1931, wenn man von unserer ›Orientreise‹ 1928 absieht. Meine Mutter hatte große Ausstellungen zu der Zeit und ihre Kunst war hoch anerkannt. Eine der bedeutendsten Ausstellungen fand damals im Museum von Saarbrücken statt. Dann folgten Berlin und München. Dazu war sie während all dieser Jahre im Vorstand der Berliner Sezession.

In den dreißiger Jahren, zu der Zeit, als ich schon im Theater arbeitete, ging sie nach Italien, um dort die Landschaft zu malen. Die Landschaften faßte sie ganz anders auf als die

Porträts. Landschaften schuf sie im allgemeinen immer als Aquarelle und hatte dafür auch ihre ganz besondere Methode entwickelt. Sie drang tief in die Natur ein und in die augenblickliche Stimmung, in der sie arbeitete. Auch experimentierte sie mit verschiedenen Papieren, sie suchte nach immer neuen Ausdrucksformen. Es gibt viele dieser Aquarelle von ihr, die sie auf Japanpapier schuf, das durch die verschiedensten natürlichen Fasern merkwürdige Strukturen zeigt. Viele ihrer Aquarelle haben dadurch einen ganz besonderen Reiz. Manchmal hat sie auch farbiges Papier benutzt, um dadurch auf eine neue Weise den Hintergrund zu gestalten. Der Vesuv, das Mittelmeer und die Fischerboote waren ihr besonders reizvolle Themen. Gelegentlich verwendete sie auch ein tiefes, warmes Blau oder ein Blaugrau. Mutti malte nicht, um irgendeiner Manier oder Moderichtung zu folgen. Sie wollte nur der Kunst gerecht werden und war stets auf der Suche nach neuen Ausdrucksmöglichkeiten.

Zu der Zeit, als meine Mutter ihre stärkste Schaffensperiode hatte, war Thomas mit dem Studium in Berlin fertig geworden. Um seine Studien zu komplettieren, wollte er nach Amerika gehen. Die New Yorker Columbia University erschien ihm dafür geeignet, denn Amerika war ja damals schon für seinen Fortschritt und für seine zukunftweisenden Erfindungen berühmt. So siedelte Thomas 1931 nach New York über, kam aber regelmäßig zu uns nach Deutschland zu Besuch. Von Thomas und seinem Leben will ich später erzählen. Von mir wäre hier zu berichten, daß ich die Malakademie aus verschiedenen Gründen eines Tages aufgegeben habe. Mein größtes Problem war, daß ich immer als Tochter des bedeutenden Lovis Corinth gesehen und an dessen Werk gemessen werden würde, man entweder eine ganz große Begabung in mir suchte oder eine dilettantische Epigonin. So sagte ich mir, entweder mache ich noch bessere Dinge als meine Eltern, oder aber ich lande irgendwo als drittklassige kleine Malerin. Und beides wollte ich auf gar keinen Fall. Es ist ja häufig so, daß die Kinder etwas ganz anderes wollen, als die Eltern. Wie ich schon immer mal anklingen ließ, war mir das Malen reichlich verleidet. Nicht nur wegen des Rumschleppens sämtlicher schwerer Utensilien oder wegen der Hilfestellung, die ich meiner Mutter geben mußte, wenn sie später – nach dem Tode von Lovis – in Urfeld malte.

Dazu will ich noch sagen, daß sie die Landschaften, die um den Walchensee herum *seine* Landschaften waren, auch nach seinem Tode unangetastet gelassen hat. Sein Wunsch blieb für immer respektiert. Sicherlich war das richtig. Denn wenn man heute vom Walchensee hört oder spricht, dann assoziiert sich das einzig und allein mit dem Namen von Lovis Corinth. Da gibt es nichts anderes.

Trotzdem habe ich immer wieder geholfen, die Staffelei und die Malsachen mitherumzuhieven. Da gab es keine Ablehnung. Und ich hätte es Mutti auch nicht antun mögen. Aber gerne geschleppt habe ich die schwere Staffelei dann offengestanden nicht mehr. Ich wollte endlich etwas tun, das mir ganz allein gehörte und meiner Entwicklung dienlich wäre. Ich dachte, das sei die Schauspielerei. Denn einen künstlerischen Beruf wollte ich unter allen Umständen ergreifen. Gesagt, getan: ich fing an. Ich war ja noch jung, hatte mein ganzes Leben vor mir und fand vor allen Dingen auch Unterstützung bei Lucie Höflich und Ilka Grüning, den Freundinnen meiner Mutter. Ilka Grüning gab Schauspielunterricht. Und so war es ganz natürlich, daß ich dort zu lernen begann. Ursula Höflich war auch mit von der Partie. Sie wollte dasselbe machen und mindestens so bekannt werden wie ihre Mutter. Auch Brigitte Horney war dort Schülerin. Später wurde sie, wie bekannt, eine sehr angesehene, prominente Schauspielerin. Von ihr will ich an anderer Stelle noch einiges erzählen. So habe ich also zwei Jahre bei der Ilka zugebracht.

Als wir unser Pensum absolviert hatten, gab es eine Schülervorstellung, zu der die Direktoren von Provinztheatern eingeladen worden waren. Sie wollten neue Talente aufspüren. Ich jedenfalls wurde vom Direktor des Hannoverschen Deutschen Theaters sozusagen vom Platz weg engagiert. Das war der Anfang ›meiner Karriere‹, und mein erstes Theaterjahr. Von dort ging ich nach Darmstadt zu Gustav Hartung, der damals ein bekannter Regisseur war. Hannover hinterließ in mir einen besonderen Eindruck. Meine Mutter, die zu dieser Zeit in Italien lebte, kam zu meiner ersten Premiere. Ich spielte eine winzige Rolle im ›Sommernachtstraum‹, war eine der drei Elfen, die sich hinter einem Baum versteckten. Eine der beiden anderen Elfen wurde von Elisabeth Flickenschildt gespielt. Wir Elfen hatten eigentlich so gut wie nichts zu sprechen. Und wenn überhaupt, dann höchstens drei Worte. Als wir uns am Ende der Vorstellung vor dem jubelnden Publikum verneigten, bekam ich so viele Blumensträuße, daß ich gar nicht mehr wußte, wohin damit. Sie wurden mir über die Rampe zugereicht, lagen vor mir und in meinen Armen. Alles schaute auf mich. Keiner wußte, was los war. Das war ja unglaublich! Als ich in die Kärtchen hineinschaute, waren sie alle von einem einzigen Verehrer gezeichnet. Lange Jahre habe ich nicht mehr daran gedacht, auch keine Gedanken daran verschwendet, wer das denn hätte sein können. Ich war damals nur furchtbar stolz auf einen so tollen heimlichen Verehrer. Erst lange nach meinem ›großen Auftritt‹ habe ich erfahren, daß Mutti hinter dem Galan steckte. *Sie* hatte all die Blumen bestellt und die Kärtchen dazu geschrieben. Viele Jahre später ist mir klargeworden, welch wunderbare Geste der Verbundenheit sich doch hinter dieser gelungenen Überraschung verbarg.

Im Anschluß an die Zeit in Hannover ging ich ans Theater nach Darmstadt. Hier war das Niveau höher, die Bühne galt als Sprungbrett für Berlin. Ich bin dort zwei Jahre geblieben. Zu Beginn des zweiten Jahres bin ich während der Theaterferien nach Westerland auf Sylt gefahren und war damit zum ersten Mal wieder nahe dem Ort, den wir ein Jahr nach dem Tod von Lovis als unser Sommerquartier ausgesucht hatten. Damals waren wir im stillen Kampen gewesen. In Westerland lernte ich meinen ersten Mann Hanns Hecker kennen. Er ist der Vater meiner drei Kinder.

In Darmstadt übrigens lebte ich ›ein wildes Leben‹. Aber darüber an anderer Stelle. – Kurz nach der Orientreise, die meine Mutter mit mir zusammen gemacht hatte, tauchten in Berlin einige der Menschen auf, die wir damals dort kennengelernt hatten. Zu meinem großen Kummer waren sie auch zu der Zeit immer noch mehr an meiner Mutter interessiert als an mir. Aber daran war nun mal nichts zu ändern. Unter den Reisebekanntschaften war auch ein junger Mann, der aus Hamburg stammte und über den ›spitzen Stein stolperte‹. Er sprach hamburgisches Deutsch, war ein gutaussehender Typ und angeblich verlobt. Jedenfalls zeigte er uns Fotos von einer Blondine, die ich sofort langweilig fand. Eines Tages tauchte er in Berlin auf. Meine Mutter war auf einige Tage verreist. Eigentlich wollte er nur ihr seine Aufwartung machen. Was er beruflich tat, weiß ich nicht, aber er erzählte beiläufig, daß er viel auf Reisen sei. So nehme ich an, daß er Geschäftsmann war. Meine unbeholfenen Versuche, ihn dazu zu bringen, abends mit mir auszugehen, lehnte er brüsk mit der Begründung ab, noch am gleichen Abend nach Hameln fahren zu müssen. Ich konnte ihn nur rasch nach dem Namen seines Hotels fragen, dann empfahl er sich eiligst. Das war's fürs erste. Ich war damals neunzehn oder zwanzig, hatte von meiner Mutter gerade ein kleines Auto geschenkt bekommen, und kurz vorher den Führerschein bestanden.

Ich überlegte hin und her, wie ich ihn wiedersehen könnte. Mein Instinkt sagte mir nur, daß ich ihm unbedingt nachfahren müßte. Ohne mir weitere Gedanken zu machen, setzte ich mich ins Auto und kutschierte von Berlin nach Hameln. Dem Dienstmädchen gegenüber erklärte ich, daß ich zu einer Freundin fahren wollte. Sie möge das im gegebenen Fall auch meiner Mutter erklären, falls die sich melden würde. Im Gepäck hatte ich meine Zahnbürste, Seife, einen Waschlappen und ein Nachthemd. Das war alles. Ehe ich den kleinen Wagen bestieg und diese abenteuerliche Tour antrat, bin ich noch in unsere Küche gegangen und habe mir aus der Schublade ein scharfes Kartoffelmesser gegriffen. Ich wollte unbedingt eine Waffe bei mir tragen, falls mir auf dieser Fahrt irgend etwas zustoßen sollte. Ich hatte davon gehört, daß irgendwelche Kerle bei Nacht und Nebel Drahtseile über die Straßen spannten oder ähnlichen gefährlichen Unfug machten. Auf jeden Fall wollte ich gerüstet sein. Mit meinem Küchenmesser in der Handtasche fühlte ich mich vollkommen sicher. Ich erinnere mich, daß ich die Nacht durchgefahren bin und am frühen Morgen in Hameln ankam. Das Hotel fand ich sofort, stieg aus, ließ mein Auto stehen und fragte an der Rezeption nach dem Herrn, dessen Namen ich heute vergessen habe – tatsächlich! Man bestätigte mir, daß er dort wohnte. Ich log einfach das Blaue vom Himmel herunter, erzählte, ich hätte eine wichtige Nachricht für ihn, sei aus Berlin und würde auf ihn warten müssen. Jedenfalls – er kam ahnungslos zur Türe herein und sah mich im Foyer sitzen. Ich merkte ihm sofort an, daß er eigentlich auf dem Absatz kehrtmachen wollte, lief ihm geistesgegenwärtig entgegen und sagte, ich hätte überraschend auch in Hameln zu tun. Zusätzlich erklärte ich ihm noch, daß es doch ganz praktisch sei, wenn ich nun auch im gleichen Hotel übernachten würde wie er. Er zeigte sich empört, meinte, das ginge nicht, das sei auch nicht gut für meinen Ruf. Er wolle auf jeden Fall dafür sorgen, daß ich in einem anderen Hotel ein Zimmer bekäme. Und so lief er los, buchte mich um, und ich hatte das Nachsehen und hatte von einer Minute zur nächsten eine andere Unterkunft. Ich kann es ja heute im Rückblick nicht fassen, aber ich war wirklich ein ganz unschuldiges Kind, hatte keinerlei Hintergedanken. Ich fragte den widerstrebenden Herrn also noch einmal, ob er mich nicht besuchen könnte. Er zögerte immer noch. An heutigen Maßstäben gemessen, war das einfach unglaublich. Schließlich kam er wirklich und setzte sich auf einen Stuhl, weit von meinem Bett entfernt. Wir unterhielten uns über Belangloses. Endlich, man kann es sich denken: Es passierte! Ich habe ihn danach nie mehr wiedergesehen. Vermutlich hat er eine fürchterliche Angst vor meiner Mutter gehabt, weil er mich zur Frau gemacht hatte. Jedenfalls hat er sich nie mehr bei uns blicken lassen. Und auch ich war einigermaßen verdattert. Denn so gut, das muß ich nachträglich gestehen, hat mir die Sache gar nicht gefallen. Während der Nacht ist er aus dem Hotel verschwunden, ich bin am nächsten Tag mit meinem Auto und dem Küchenmesser im Handschuhfach wieder nach Berlin zurückgezuckelt. Tja, nun war ich zwar keine Jungfrau mehr, aber das was passiert war und was ich erzwungen hatte, hat mir kein neues Lebensgefühl vermittelt.

In Hannover habe ich mir einen jungen Schauspieler geangelt, mit dem ich eine Weile ein engeres Verhältnis hatte. In Darmstadt landete ich dann in einer Gruppe junger Schauspieler, die alle ähnlich dachten wie ich. Da waren wir eigentlich alle so eine Art Familie. Die weiblichen und männlichen Mitglieder des Theaters. Jeder, der abends frei hatte, ging mit irgend jemandem irgendwohin. Ich fand das sehr aufregend. Wenngleich es bei mir schon wieder eine Einschränkung gab, denn ich hatte – wie ja vorher schon erwähnt – im zweiten Darmstädter Jahr auf Westerland Hanns Hecker kennengelernt, der in Hamburg wohnte und dort eine gute Anstellung hatte. Sein Vater war Bildhauer. Ich lernte ihn später kennen, ein lieber, warmherziger Mensch. Hanns Heckers Mutter war in gewissem Sinne auch eine ›Künstlerin‹. Sie hatte nämlich bereits drei Scheidungen hinter sich. Aber das tat unserer gegenseitigen Liebe oder vielmehr meiner Liebe zu ihm, keinen Abbruch. Ich hatte mich in Hanns Hecker regelrecht verliebt, fühlte tiefer für ihn als je für einen Theaterkollegen. Er sah sehr gut aus, war voller Charme, ein künstlerisch denkender und fühlender Mensch. Er war Ingenieur in einer kleinen Privatfabrik in Hamburg, dort als Geschäftsführer für die technischen Angelegenheiten verantwortlich. Meine Bekanntschaft mit Hecker beschäftigte mich also sehr. Ich war ständig von Zweifeln geplagt, ob ich das Theater oder ihn fallen lassen sollte.

Zwar hatte ich nur kleinere Rollen in Darmstadt, aber immerhin ging es aufwärts. Mit mir zusammen war damals Lilli Palmer in ihrem ersten Jahr dort engagiert. Ich war ihr ein Jahr voraus. Lilli war ein ganz anderer Typ als ich, und wir waren auch nicht befreundet. Wir sahen uns zwar im Theater und hatten ein kameradschaftliches Verhältnis zueinander, aber nähergekommen sind wir uns nicht. Ihre Art lag mir nicht besonders. Sie war mir zu extrovertiert. Auch wollte ich damals nur ganz ernste Rollen spielen. Todernste am liebsten. Gerhart Hauptmann und so. Lilli Palmer trat in Operetten auf, so im ›Weißen Rößl‹. Das Stück lief lange bei uns, und sie, damals noch blutjung, tanzte und tobte über die Bühne, denn sie konnte auch ganz gut singen. Mir lag das überhaupt nicht. Ich fand das unter meiner Würde. Soviel zu Darmstadt. Was Lilli Palmer betraf, so haben wir uns später ganz aus den Augen verloren. Wie ich aus ihren Büchern weiß, mußte sie ja das Theater in Nazi-Deutschland verlassen, weil sie aus jüdischem Hause war. Ihr Vater hatte im Ersten Weltkrieg gekämpft und besaß das Eiserne Kreuz 1. Klasse. Als sie das Theater verlassen hatte, übernahm ich einige ihrer Rollen. Aber nicht etwa die Operettenparts, sondern andere aus dem klassischen Fach. Jahre später, ich lebte schon lange in New York, las ich eines Tages in der Zeitung, daß sie eines ihrer Bücher im Warenhaus Macy's in einer Signierstunde vorstellen würde. Mich interessierte das. Ich ging hin, fand den Stand. Um sie herum waren ihre Bücher gestapelt, die Menschen standen Schlange. Lilli saß am blumengeschmückten Tisch und signierte fleißig. Für ihre Fans war das sicher eine Erinnerung fürs Leben. Sie kauften wie wild. Ich hatte Lilli zuletzt vor etwa dreißig Jahren gesehen. Ich ging also an der Menschentraube vorbei und stellte mich direkt vor ihr auf. Ein Buch wollte ich nicht kaufen, wollte nur ›Guten Tag‹ sagen. So schob ich mich an sie heran, so wie ich es im allgemeinen nicht tue, sagte einfach: »Hallo. Na, Lilli, wie geht es dir denn?« Sie war natürlich völlig unvorbereitet, sah hoch und schaute mich an, lange. Ich war inzwischen erblondet und sie sah, weiß Gott, auch ganz anders aus, als ich sie in Erinnerung hatte. Aber plötzlich dämmerte es ihr. Sie warf die Arme in die Luft und sagte: »Mine, bist du's? Ist das wirklich wahr?« Ich erwiderte: »Ja, ich bin's. Gut, daß man hier erfährt, um wen es sich handelt. Sonst würde ich dich vielleicht nicht so leicht erkannt haben. Aber du bist ja so dünn geworden. Du warst doch ziemlich rund damals.« Ich konnte es mir nicht verkneifen, ihr das zu sagen. Sie war nämlich als junges Mädchen wirklich dick. Das schreibt sie ja auch in ihrem Buch. Sie gab mir diesen ›Anwurf‹ lachend – und mit Recht – zurück. Wir haben uns bei Macy's dann eine kleine Weile nett unterhalten. Sie fragte mich, was ich denn so machte. Ich antwortete: »Ich bin sehr beschäftigt. Ich habe mein Buch ›Die Fährfrau‹ in der Mache.« Damals war ich gerade mittendrin im ›Dichten‹. »Und außerdem bin ich hier sehr glücklich in New York. Ich tanze viel und fühle mich sehr wohl.« Es war das letzte Mal, daß wir uns sahen.

Zurück nach Darmstadt. Hanns Hecker ging mir nicht aus dem Kopf. Er schrieb mir lange und entzückende Briefe, ich war hin- und hergerissen, spürte, daß es auf eine Entscheidung zutrieb. Es traf sich, daß mein Vertrag am Theater auslief und Gustav Hartung Deutschland wegen der Nazis verlassen mußte. Von einem Tag zum anderen war er plötzlich nicht mehr da. Da machte mir das Theaterspielen plötzlich keinen Spaß mehr. Ich fuhr nach Berlin, Hanns Hecker folgte mir auf dem Fuß. Es dauerte nicht lange, da machte er mir einen Heiratsantrag. Ich habe ihm prompt ins Gesicht gelacht, gemeint: »Das kommt überhaupt nicht in Frage.« Ich war das fröhliche Theaterleben jetzt gewöhnt und auch meine Freiheit. Als ich meiner Mutter davon erzählte, war sie einigermaßen konsterniert. Einen Heiratsantrag auszuschlagen und den Mann dazu auch noch auszulachen! »Der fragt dich nie wieder!« sagte sie. Sie fand Hanns Hecker recht annehmbar. Er gefiel ihr und sie hätte es gern gesehen, wenn aus der Sache was Ernstes werden würde. Er stammte aus einer erstklassigen Münchner Familie, hatte Verständnis für Kunst, war musikalisch. Als sie meine Argumente angehört hatte, sagte sie zuerst gar nichts, fragte dann nur: »Warum willst du ihn denn eigentlich nicht?« Meine Antwort war: »Ich kann mir nicht vorstellen, daß ich die ganze Zeit mit einem Mann allein irgendwo herumsitze.« – Sie: »Was willst du denn machen?« – »Ich will reisen. Ich will nach China, nach Afrika oder nach Australien.« Da meinte meine Mutter nur: »Wie stellst du dir das vor. Wie willst du das machen? Wie soll sich das eigentlich – auch finanziell – gestalten lassen?« Ich wußte es nicht. Ich hatte das einfach nur so dahergeredet. Ich wollte mich austoben, meine Freiheit genießen. Nach kurzer Überlegung redete sie mir gut zu: »Weißt du, er ist wirklich ein netter Mann aus gutem Hause. Etwas Geld ist auch da. Wenn du ihn dir als Vater deiner Kinder vorstellen kannst, und daran muß man auch denken, ist er doch wirklich sehr akzeptabel. Er ist ein gesunder und schöner Mensch. Sein Alter ist auch in Ordnung, er ist nur ungefähr zehn Jahre älter als du. Ich meine wirklich, daß du es dir überlegen solltest.«

Also überlegte ich und dachte, daß die Idee mit China und mit dem Herumgondeln durch die Welt vielleicht wirklich nicht das Wahre sein könnte. Kurz und gut, ich entschloß mich, Hanns Hecker mein Jawort zu geben, denn er fragte mich doch noch einmal.

Kriegsjahre

Ich wollte kirchlich getraut werden. Und so heirateten wir am 1. 12. 1933 in der kleinen Kaiser-Friedrich-Gedächtniskirche am Tiergarten. Dieses Gotteshaus gibt es heute nicht mehr, denn das ganze Tiergartenviertel wurde im Zweiten Weltkrieg stark zerstört. Meine Mutter hatte die Hochzeit damals mit großer Liebe und Sorgfalt vorbereitet. Eingeladen waren nur wenige Freunde: meine Freundin Friedl, der Expressionist Erich Heckel und seine Frau Siddi, die als Trauzeugen fungierten. Der Standesbeamte übrigens war reichlich irritiert: Da traute er ein Paar, das Hecker hieß und die Trauzeugen hießen Heckel. Für das anschließende Essen und den Empfang hatte meine Mutter Lovis' Atelier bereitgestellt. Sein früherer Arbeitstisch, der noch lange mit seinen Pinseln, Paletten und Farben vollgestellt und von uns liebevoll so belassen worden war, wie er ihn zuletzt benutzt hatte, war nun festlich gedeckt. Die Hochzeit sollte besonders schön werden, das war der Wunsch meiner Mutter. Die größte Überraschung aber hatte sie sich bis zum Schluß aufgehoben. Hanns Hecker und ich gingen leidenschaftlich gerne abends in Berlin bummeln. Unser Lieblingslokal war der berühmte ›Zigeunerkeller‹ am Kurfürstendamm, wo eine Kapelle die schönsten Zigeunerweisen spielte. Es war romantisch dort, und verliebt wie wir waren, fühlten wir uns jedesmal im siebten Himmel. Diese Kapelle hatte Mutti für uns bestellt. Plötzlich tauchten die Musiker auf, sangen und spielten so schön, daß mir die Tränen vor Rührung in die Augen stiegen.

Niemand von uns war eingeweiht worden, der ›Coup‹ total gelungen. Zu den Gästen gehörte natürlich auch Hanns Hekkers Mutter, die ja aber schon einen anderen Namen trug. Kramer nämlich. Nach der Scheidung von Heckers Vater war sie mit dem Privatlehrer ihrer beiden Söhne durchgegangen und hat ihn später geheiratet. Da er inzwischen verstorben war, kam sie allein. Meine Mutter war ein völlig anderer Typ, als meine spätere Schwiegermutter, die mir im übrigen schon bald nach der Hochzeit viel Ärger und Kummer bereitete. Meine Freundin Friedl habe ich schon erwähnt. Sie ist mir auf lange Zeit die einzige wahre Freundin meines Lebens gewesen. Am Hochzeitsfest nahm natürlich auch der Pfarrer teil, das gehörte sich so. Aber das war's dann. Thomas konnte sich leider nicht freimachen; der Weg von Amerika wäre doch zu weit gewesen für diesen Anlaß. Wenn er auch nicht persönlich an meinem ›großen Tag‹ dabei sein konnte, so hat er dennoch einen plastischen Eindruck vermittelt bekommen. Mutti hat ihm die Hochzeit in einem schönen, langen Brief beschrieben. Sie hat hier Dinge erwähnt, die ich längst vergessen hatte. Sie wurden mir erst beim Lesen wieder gegenwärtig. Schon einige Tage nach unserer Trauung, als Mutti von Berlin nach Alassio zurückgekehrt war, wo sie damals wohnte, berichtete sie Thomas nach New York. Ich fand diesen Brief erst kürzlich in Thomas' Unterlagen und möchte ihn auszugsweise hier einfügen.

Alassio, 5. Dezember 1933.
Du guter, lieber Tom.
Ich will Dir nun weiter über Mines Hochzeit berichten. Wir saßen also beim Morgenmokka im kleinen Atelier! Auf einmal klingelte es und Heckel erschien als Trauzeuge. Der liebe prachtvolle Heckel verehrte ihr ein ganz neues großes Aquarell aus Kampen: aus der Zeit, als wir

gemeinsam dort waren. [Dieses Aquarell, das jetzt viele Zehntausende Dollars bringen würde, mußte ich 1950 aus Geldmangel für 50 Dollar verkaufen. Freundlicherweise fand sich ein Kunsthändler, der mir diese ›Unsumme‹ bot. Aber damals war selbst für Heckel nicht mehr zu erzielen. Anmerkung von Wilhelmine Corinth.] An einem Abend vorher lud Heckel mich ein, um etwas auszuwählen. Beide Heckels eiferten darin, daß ich nur ja das Beste nahm. – Dann gingen sie zum Standesamt. Ich blieb im großen Atelier, welches ich fabelhaft ausgestattet hatte. Alles war voller grüner Pflanzen und Blumen. Bald darauf kam das junge Paar zurück. Alle beide zitterten doch sehr und stärkten sich am Portwein und den feinen Brötchen, selbst Heckel sagte: ›Ach, das tut gut.‹ Bald erschien dann Heckels Frau Siddi und brachte als Symbol Brot und Salz, dann Friedl, die eine ganz herrliche Kaffeedecke gestickt hatte. Dann kam die Mutter von Hanns, reichte mir Rosen und der Mine ein sehr kostbares altes Halsgehänge mit zwei Smaragden. [Auch das mußte ich in den schweren fünfziger Jahren für wenig Geld verkaufen. Anmerkung von Wilhelmine Corinth.] Wir plauderten alle vorne im kleinen Bibliothekszimmer, welches ich auch ganz umgemodelt hatte. Es war reizend darin, bloß etwas überheizt. Dazwischen hatte ich mit dem Lohndiener zu verhandeln, nach dem Koch zu sehen, und mußte überhaupt doch alles im Auge haben. Um ¾ 12 kamen die zwei Autos, um uns zur Kirche zu fahren. Das junge Paar saß im Fond des einen Wagens, ich und Heckel vorne, im anderen Wagen die anderen. Vor der kleinen Kirche hielten wir und warteten dann etwas im Vorraum, Tom, da zitterte ich gewaltig, sagte mir aber mein altes Sprichwort: Hier wird nicht gemuckst, ›verstandez vous‹, und wurde Herr meiner Nerven. Dann wurde die innere Kirchtür geöffnet. Voran gingen Mine und Hanns, dann folgten dessen Mutter, dann Heckel und ich. Oben auf dem Altar waren sechs Stühle und zwei davor für Mine und Hanns. Ich saß zwischen Heckel und Friedl, dann trat der Pfarrer ein – Fortsetzung folgt.

Alassio, 7. 12. 1933.

Die Fortsetzung also mein Tom, von Mines Hochzeit. Wir saßen nun auf unseren Plätzen in der Kirche vor dem Altar. Vor dem Paar stand der Pfarrer und gab ihr (Mine) nochmals den Spruch ihrer Konfirmation ›Halte was du hast, daß niemand deine Krone raube‹. Mine hat ihm wie gebannt zugehört mit großen Augen, ohne sich auch nur einmal zu bewegen. Hanns war so erschüttert, daß er bisweilen tief den Kopf senkte, und dann ganz voller Zärtlichkeit den Kopf zu Mine drehte. Sie war tiefernst. Dann schüttelten wir uns die Hände, aber die Mutter von Hanns weinte die ganze Zeit so sehr, daß Heckel sie nachher am Arm hielt. Hanns sagte leise zu ihr: ›Na Mutti, das ist doch kein Begräbnis.‹ Auch ich streichelte sie, aber sie weinte haltlos weiter. Dann kam der Pfarrer und wir fuhren mit dem Taxi retour. Der Tiergarten lag im Schnee und die kleine Kirche inmitten dieser ersten weißen Pracht sah herrlich aus. Dann kamen wir alle nach oben. Das junge Ehepaar leuchtete geradezu vor lauter Glück und Seligkeit. Endlich konnte ich zur Tafel bitten. Das Atelier bot einen herrlichen Anblick. Die Tafel hatte ich selbst gedeckt und als einzige Beleuchtung hellgrüne Lichter auf den Tisch gestellt. Es sah schön aus. Wir nahmen Platz und nachdem wir bei der Suppe waren, erhob ich mich, sprach ein paar Worte und ließ das junge Paar leben. Alle standen am Tisch mit dem Glas in der Hand... Da erscholl aus meinem kleinen Schlafzimmer Musik. Ich hatte als Überraschung die Zigeuner aus dem Zigeunerkeller vom Kurfüstendamm gemietet. Die Wirkung war unbeschreiblich. Mine setzte sich hin und sagte leise, ganz leise nur: ›Mutti‹ und die Tränen wollten kommen. Aber Friedl und ich machten gleich Ulk und da strömte es in ihr nur so von Glück und Freude. Sie war ganz entzückend. Und gar der Hanns, der freute sich wie ein Schneekönig und wurde so dankbar dafür, daß ich ihm versuchte, rechte Ehren zu erweisen und fühlte sich gehoben dadurch. Nun tafelten wir bei Musik und was für herrlicher Musik! Dein Telegramm hatte ich vor die Beiden hingelegt und sie machten es auf und freuten sich so, sie lasen es gleich vor, es machte die Runde um den Tisch; das Telegramm vom Bruder aus Amerika! Dann holte Friedl den Pfarrer zum Tanz. Hanns tanzte mit Mine. Dann wurde viel fotografiert für Dich. Siddi Heckel hielt eine Rede auf mich, als der besten Gattin, der treuesten Mutter und ihrer liebsten Freundin. Heckel hielt eine Rede auf Dich. Die Gläser klangen auf Dein Wohl. Ich hatte einen Baumkuchen gestiftet und eine Torte mit ›Hanns und Mine‹ drauf. Wir aßen und tranken bis der Zeiger näher rückte zur Trennung. Ich hielt mich tapfer, wir sagten uns wie im Jubel Lebewohl, obwohl es seltsam war, daß unsere Augen sich nicht losließen, mit den Blicken die nur wir verstanden. – Abschied... Ich ging noch an das kleine Fenster im Bibliothekszimmer. Von dort konnte ich sie noch ins Auto einsteigen sehen. Dann fuhren die beiden davon – hinein in ihr Leben. Die anderen waren schon fort, nur Friedl blieb sehr getreu und half mir die letzten Sachen packen. Dann fuhr auch ich zum Bahnhof. Allein. Da war mir sehr bedrückt und ich hatte Sehnsucht nach einem Anklang, und wer tauchte auf, mit liebem, zärtlichem ›Charlotte‹? Beide Heckels. Diese einzig Guten, Getreuen, hatten alles versucht, den Zug ausfindig zu machen, um mir über diese schwierige Stunde hinwegzuhelfen, was ihnen vollkommen gelungen ist. Sehr guter Dinge reiste ich ab, und wie ich Dir sofort schrieb – ich bin ganz tief beglückt und zufrieden, weiß ich doch meine Mine so glücklich, ach so richtig froh.

Mir ist die Hand ganz lahm, nun aber weißt Du Bescheid und bald schreibe ich wieder.

Mutti.«

Meine Mutter hatte also wieder einmal für mich etwas getan, Zeugnis ihrer steten, liebevollen Fürsorge für mich. Ich habe öfter schon meine Freundin Friedl erwähnt. Aus dem Brief meiner Mutter habe ich es erst jetzt wieder herausgelesen, daß auch Friedl unsere Trauzeugin war. Längst hatte ich es vergessen. Auch daß sie meiner Mutter in der schweren Stunde des Abschieds von mir hilfreich zur Seite stand. Ich habe sie, nachdem das ›richtige Leben‹ für mich begann, und auch sie bald danach heiratete, nicht mehr wiedergesehen. Ich erfuhr erst viele Jahr später, daß sie bald nach der Geburt ihrer Tochter gestorben war. So verdient sie es, daß ich ihrer hier etwas ausführlicher gedenke. Friedl war zehn Jahre älter als ich. Aber für uns spielten diese zehn Jahre Altersunterschied keine große Rolle. Friedl und ihre Schwester Gertrud bewohnten gemeinsam eine schicke kleine Wohnung nahe des Kurfürstendamms. Als ich mich mit Friedl anfreundete, stand sie bereits gefestigt im Leben, während ich noch reichlich verunsichert war. Damals habe ich mir nicht im Traum denken können, wovon diese beiden jungen Frauen eigentlich lebten, woher sie die Miete für ihre elegante Wohnung nahmen, wer ihre Eltern waren. Ich war zu dieser Zeit so total mit mir selbst beschäftigt, daß mich das Leben anderer nicht interessierte. Ich stellte keine Fragen, erwartete keine Antworten. Es war eine prekäre Zeit für mich, und so bedeutete mir die Freundschaft mit Friedl sehr viel. Ich weiß es bis heute nicht, ob es wiederum Mutti gewesen war, die sie irgendwo kennengelernt hatte, und uns zueinander führte. Friedl war wie ein vom Himmel gefallenes Geschenk für mich, denn sie hatte immer Zeit, wenn ich sie brauchte. So etwas hatte ich bisher nicht gekannt. Von den beiden Schwestern erfuhr ich nur so viel, daß sie beide gelernte Krankenschwestern waren mit mehreren Diplomen, jedoch nur in privaten Stellungen arbeiteten. So erfuhr ich einmal unter dem Siegel der Verschwiegenheit von Gertrud, daß Friedl auf lange Zeit der Frau eines der berühmtesten Filmregisseure Berlins, nicht nur seelische, sondern auch körperliche Stütze gewesen war. Auf Friedls Nachttisch stand ein ›eingerahmter‹ Herr. Ihn habe ich nie gesehen, erfuhr auch nie seinen Namen. Nur soviel war ihr zu entlocken, daß es sich um einen hochrangigen deutschen Diplomaten handelte, der irgendwo in Afrika in bedeutender Mission eingesetzt war. Freiwillig berichtete sie eines Tages, daß er mehrmals im Jahr nach Berlin zurückgerufen würde und sie sich dann sahen, um Tag und Nacht nur in Liebe zu verbringen. Er soll der beste Liebhaber der Welt gewesen sein, hätte alle möglichen exotischen Tricks auf dem Gebiet der Erotik beherrscht, auch solche, die geradezu lebensgefährliche Folgen haben könnten. Sie hielt nicht zurück, mir einige davon in glühenden Farben zu beschreiben. Auf diese Weise erfuhr ich Dinge, die mir wahrscheinlich sonst für immer unbekannt geblieben wären. Kein allzu großer Verlust, muß ich heute sagen!

Friedls Liebesaffäre nahm ein tragisches Ende. Eines Tages saßen wir in einem Café am Kurfürstendamm. Am Nebentisch hatte jemand eine Zeitung liegengelassen. Friedl nahm sie mehr mechanisch zur Hand, blickte hinein, wurde blaß und faltete sie zusammen, so daß das von ihr Gelesene nicht mehr zu sehen war. Dann legte sie Geld für unseren Kaffee auf den Tisch und sagte mit zitternder Stimme: ›Wir gehen – er ist dort unten bei einer Revolte erschossen worden. Deutschland hat einen großen Diplomaten verloren, und ich meinen Geliebten!‹

Friedl und ich waren weiterhin täglich zusammen. Gemeinsam unternahmen wir eine schöne Reise an die französische Riviera, von der ich beinahe ›dünn‹ zurückkehrte, denn in Friedls lustiger Gesellschaft verlor das Essen an Bedeutung für mich. Auch während meiner Theaterzeit besuchte mich Friedl häufiger, sowohl in Hannover als auch in Darmstadt. Immer war sie sofort zur Stelle, wenn mich eine unglückliche Liebe oder ein anderes weltbewegendes Ereignis bedrückte. Oft blieb sie viele Wochen, und nie klagte sie, wenn ich sie den ganzen Tag allein ließ, weil ich proben mußte oder in der Aufführung steckte. Unsere letzte gemeinsame Reise führte uns im Sommer vor meinem letzten Darmstädter Theaterjahr nach Sylt. Nicht das stille schöne Kampen war unser Ziel, sondern Westerland. Wir hatten uns einen Ort ausgesucht, wo man nicht gemütlich kurte, sondern Männer kennenlernen konnte. Und so haben wir tatsächlich am gleichen Tag unsere Zukünftigen getroffen. Ich den Hanns Hecker, sie ebenfalls ihren Zukünftigen, einen jungen Juristen, der im Geschäft seines Vaters arbeitete. Zum Abschluß dieses Kapitels mit Friedl möchte ich es der Vergangenheit überlassen, in welchem Verhältnis meine Mutter und Friedl zueinander standen. Erst heute, da ich auch Thomas nicht mehr fragen kann, der sicher alles wußte, denke ich mir dieses und jenes. Aber eigentlich will ich ›dieses und jenes‹ heute nicht mehr wissen.

Zurück zu unserer Trauung. Wir fuhren nach dem kleinen Fest sofort nach Hamburg, wo Hecker lebte. Eine Hochzeitsreise übrigens machten wir nicht. Heckers Mutter mußte aus der gemeinsamen Wohnung ausziehen. Darauf hatte ich bestanden. Damit begann der Krach. Für drei Personen war hier nicht Platz genug. Die Wohnung war elegant und sehr schön, lag in einer Privatstraße in Hamburg an der Alster. Wir beiden Jungen wollten allein für uns sein. Heckers Mutter lebte weiterhin im gleichen Haus, nur in einem anderen Stockwerk. Und das viele Jahre lang. Trotz der Freude, daß ich nun aus meinen ungezügelten Liebesabenteuern heraus mein eigenes Leben als glückliche Ehefrau führen konnte, war Mutti traurig. Das spürte ich. In gewissem Sinne hatte sie mich nun für immer verloren, Thomas lebte in Amerika und sie war endgültig ganz allein. Am Abend nach unserer Hochzeit fuhren wir nach Hamburg, Mutti machte sich auf den Weg nach Italien. Sie pendelte dann überhaupt viele Jahre zwischen Italien und Berlin hin und her.

Heckers und mein Glück währte nicht lange. Bis zum Beginn des Krieges ging alles noch einigermaßen gut. Nach dem Kriege brach die Ehe auseinander.
Meine Mutter mochte von irgendeinem Zeitpunkt an nicht mehr allein in Berlin bleiben und fuhr immer häufiger nach Alassio. Ich habe sie dort viele Male alleine, oder auch mit meinem Mann und Michael, unserem ältesten Sohn, besucht. Meine Mutter malte dort, hatte Ausstellungen und war sehr beliebt. Zu der Zeit war Alassio noch ein kleines Fischerdörfchen, noch nicht mit Fremden überlaufen, so wie es heute ist. Da sie auch während der Wintermonate dort lebte, zählte sie allmählich zu den Einheimischen. Man kannte sie und sie fühlte sich dort zu Hause. Sie wohnte in einem Hotel. Zu der Zeit kämpfte ich in Hamburg mit Eingewöhnungsschwierigkeiten. Alles war mir fremd. Ich kannte eigentlich nur meine Schwiegermutter, und die war mir wie gesagt nicht ›grün‹.

Wir hatten zwar ein kleines Auto, und meine Mutter half gelegentlich finanziell aus, weil Hanns Hecker als junger Ingenieur noch nicht so viel verdiente. Aber große Sprünge konnten wir trotzdem nicht machen. Er war ja erst am Anfang seiner Karriere. So waren uns Muttis monatliche Zuwendungen hochwillkommen.

Mein Leben verlief entsetzlich eintönig. Ich tat überhaupt nichts. Ich malte nicht. Das Schauspiel interessierte mich nicht mehr. Ich war völlig leer im Kopf. Meiner Mutter mißfiel das sehr. Wenn sie gelegentlich zu uns zu Besuch kam, sprach sie es offen aus. Das war in der Zeit, als sie die Berliner Atelierwohnung in der Klopstockstraße endgültig auflöste. Sie wollte sich lieber eine kleine moderne Wohnung am Kurfürstendamm suchen. Das tat sie und richtete sich mit völlig neuen Möbeln ein. Mit Dingen, die sie noch nie um sich gehabt hatte. Ein völlig neues Wohngefühl schwebte ihr vor. Sie wollte sich von allen Erinnerungen befreien. Dazu gehörte, daß sie Italienischunterricht bei einem italienischen Privatlehrer nahm. Ich habe den Herrn nur einmal gesehen, und war von ihm begeistert. Er war so ganz der typische Italiener, blendend aussehend, vor Temperament sprühend und voll lodernder Leidenschaft. Aber die hielt nur kurz an. Solange sie brannte, war alles herrlich. Man darf nicht vergessen, daß meine Mutter erst etwa fünfundfünfzig Jahre alt war.

Meine Mutter besuchte uns häufig in Hamburg und war von meiner Rolle als ›brave Hausfrau‹ nicht begeistert. Sie wollte es nicht hinnehmen, daß mein Leben nicht so verlief, wie sie es sich vorgestellt hatte. Künstlerisch verödete ich restlos. Tag für Tag wurstelte ich träge vor mich hin. Ein- oder zweimal in der Woche kam zwar ein Mädchen für die groben Arbeiten, aber das nahm ich kaum zur Kenntnis. Auch vom Kochen hatte ich keine Ahnung, wollte sie auch nicht haben.

Von Mutti hatte ich ein Kochbuch geschenkt bekommen, das sie mit allen möglichen kleinen Randbemerkungen und Skizzen versehen hatte. Und artig las ich das auch alles durch, Wort für Wort, versuchte mich in der Küche. Aber diese Versuche endeten kläglich. Ich bemühte mich so gut es ging, weil Hecker täglich mittags nach Hause kam. Damals war es üblich, daß man mittags richtig aß. Das Kochen dauerte aber immer eine Ewigkeit. Wenn Hecker nach Hause kam, mußte ich ihm meine ›Kunstwerke‹ auch noch zu allem Übel servieren, und kam regelmäßig wie eine Bedienung aus der Küche: In der einen Hand das Tablett, in der anderen die Schürze. Dieser Aufzug gefiel meiner Mutter natürlich überhaupt nicht. Sie ließ keinen Zweifel, daß ich ihr in der Rolle der Küchenmamsell unerträglich war. Und sie stachelte mich an, mich ihm gegenüber stärker durchzusetzen, hielt mir meine Möglichkeiten vor Augen, mißbilligte meine Position insgesamt und empörte sich über meine Degradierung zum ›Mädchen für alles‹! Das einzige, was ihr gefiel, waren die häufigen abendlichen Geselligkeiten, die Hecker und ich mit einer Reihe lustiger und netter Freunde mitmachten. Aus der Zeit ist mir bis heute noch ein inzwischen neunzigjähriger Freund geblieben. Nach solchen, oft bis in die späte Nacht andauernden Touren durch Hamburg, sank ich immer todmüde ins Bett. Am liebsten hätte ich darauf verzichtet. Aber Heckers wegen habe ich natürlich mitgespielt. Nichts unterbrach das tägliche Einerlei. Lediglich an einen Kurzurlaub auf Sylt, diesmal ganz im stillen Kampen, erinnere ich mich; wir wollten uns wiederfinden. Aber es regnete von morgens bis abends, es war eiskalt. Unsere einzige Wärmequelle war der Grog. So entschlossen wir uns eines Tages kurzerhand, die Zelte abzubrechen und den Rest der Ferien in Alassio bei meiner Mutter zu verbringen.

In der Zeit wuchs mein Wunsch nach einem Kind. Trotzdem

mußten wir lange auf Michael, unseren Erstgeborenen warten. 1936 kam er zur Welt. Während meiner Schwangerschaft fühlte ich mich restlos vereinsamt, denn alles lief im gleichen Trott: Hecker war den ganzen Tag über im Büro, kam zur Mittagsstipvisite und dann erst wieder abends nach Hause. Mein gesundheitlicher Zustand war nicht gut. Statt mit Hecker durch die Lokale zu ziehen, blieb ich fortan lieber zu Hause. Aus Langeweile legte ich Patience, knobelte herum, wird es ein Mädchen oder Junge! Ich lebte völlig idiotisch. Am Tag der Niederkunft waren Hanns Hecker und auch meine Mutter an meiner Seite. Übrigens, daß ich Hanns Hecker sage, hat seinen Grund. Mein zweiter Mann hieß auch Hans. Da ich seit langem von beiden innerlich weit entfernt bin, nenne ich sie Hanns Hecker oder Hans Klopfer. Die Geburt verlief nicht ganz komplikationslos. Aber mit Hilfe eines guten Arztes und einer ebenso guten Hebamme war es zu ertragen. In der Erinnerung verlieren sich bekanntlich die unangenehmen Dinge, so daß ich auch schnell alles vergessen hatte. Ich hatte diesen kleinen wunderbaren Jungen plötzlich in meinem Arm und ein ganz neues Lebensgefühl erfaßte mich. Kinder waren für mich bis zu diesem Zeitpunkt eine unbekannte Größe. Ich muß sogar gestehen, daß ich Kinder im allgemeinen nicht so sehr mochte. Vielleicht war es aber auch nur die Angst, etwas falsch zu machen. Denn schon als kleines Mädchen mochte ich nie auf Babys aufpassen, war von der völligen Hilflosigkeit der winzigen Geschöpfe immer sehr irritiert. Aber mit Michael änderte sich meine Einstellung. Ich war sehr froh, daß wir sofort eine ›wahre Perle‹ ins Haus bekamen, die sich mit Säuglingen und Kleinkindern gut auskannte und in deren Obhut ich Michael getrost lassen konnte, vor allem, wenn mich in manchen Situationen die Ratlosigkeit überfiel. Unserem damaligen Mädchen habe ich viel zu danken. Von ihr habe ich gelernt, mit Kindern umzugehen.

Aber das Zusammenleben mit Hecker lief trotz des Kindes nicht. Wie es oft ist, fühlte er sich nach Michaels Geburt vernachlässigt. Das körperliche Interesse aneinander flaute ab, die Dinge, die uns eigentlich verbanden, waren mir nicht mehr sehr wichtig. Je länger wir zusammenlebten, um so weniger hatten wir uns zu sagen. Meine einzige Freude war damals der Besuch von Thomas aus Amerika und das gelegentliche Zusammensein mit meiner Mutter.

Mutti lebte sich aus. Italien bedeutete ihr in diesen Vorkriegsjahren besonders viel. So entschloß sie sich, in Palermo ein wunderhübsches, villenartiges Haus zu mieten – finanziell war sie ja sehr gut gestellt und in Italien war das Leben billig. Die sizilianische Landschaft hat sie in vielen Zeichnungen und Aquarellen verewigt. Als zusätzliche angenehme Bereicherung hatte sie sich mit einem jungen Maler liiert. Fernando hieß der blendend aussehende Künstler (sie hat ihn oft auch gemalt), mit dem sie fortan in dem kleinen Schlößchen zusammenlebte. Daß er viele Jahre jünger war als sie, brachte ihr nur Vorteile: Sie wurde wieder zu einer jungen, attraktiven Frau. Aber ganz ohne Schwierigkeiten ging es auch bei den beiden nicht. So konnte der ›feurige Liebhaber‹ rasend eifersüchtig werden. Als meine Mutter eines Tages für Michael einen Strampelanzug kaufte, beschuldigte er sie, ihr ein heimliches Kind zu verschweigen. Ich habe die Beziehung meiner Mutter voll akzeptiert, wenngleich ich es auch etwas seltsam fand, daß sie als ältere Frau – wie sie mir erschien – einen so jungen Mann faszinieren konnte. Aber es verletzte mich nicht im geringsten. Denn das Niveau, die Liebe und Zusammengehörigkeit, die die Ehe mit Corinth bestimmt hatte, konnte durch solch eine Liaison nicht ausgelöscht werden. So habe ich nie Eifersucht gegenüber einem ›Nachfolger‹ Corinths empfunden. Auch Thomas war meiner Meinung. Er war sehr dafür, daß unsere Mutter ein Recht darauf habe, auch nach dem Tode von Lovis als Frau zu existieren. Leider gab es im Verhältnis zwischen Fernando und ihr manchen wunden Punkt. Als Michael etwa zwei Jahre alt war, rief mich meine Mutter aus Florenz an, bat um Hilfe, weil sie schwer erkrankt darniederlag. Fernando, der reizende junge Mann, stand ihrer Erkrankung nicht nur hilflos, sondern auch verständnislos gegenüber. Er war ein Mann nur für die schönen Stunden, ganz offensichtlich. Als es ernst wurde, versagte er kläglich. Erst als ich in Florenz eintraf und zu meiner Mutter ins Krankenhaus eilte – die italienischen Krankenhäuser hatten damals schon keinen besonderen Ruf –, wurde ihr die angemessene ärztliche Betreuung zuteil. Der Malerfreund hatte sich kaum blicken lassen, war lieber in der Sonne spazierengegangen. Das war auch meiner Mutter Grund genug, ihre Konsequenzen zu ziehen. Sie begann sich seelisch von ihm abzunabeln. Später erwähnte sie oft, daß die Bekanntschaft mit Fernando ein zwar reizvolles, aber keineswegs einschneidendes Erlebnis für sie gewesen sei.

Am 1. September 1939 begann der Zweite Weltkrieg. Das war genau eine Woche vor der Geburt meines zweiten Sohnes Georg. Inzwischen waren wir in eine größere Wohnung innerhalb Hamburgs umgezogen, hatten ein kleines Gärtchen am Haus, wo Michael herrlich spielen konnte. Die Wochen vor Kriegsausbruch waren auch bei uns hektisch. Die bange Frage bedrückte alle, ob es wirklich zu dieser entscheidenden Auseinandersetzung kommen würde. In meinem hochschwangeren Zustand war ich besonders gereizt. Die unmöglichsten Gedanken gingen mir durch den Kopf. Niemand hatte ja eine Ahnung, wie schrecklich es wirklich werden würde. Und ich war noch besonders gehandicapt, konnte weder schnell rennen, noch an den bereits laufenden Luftschutzübungen teilnehmen. Auch keine Hamsterkäufe tätigen, wie es viele in unserer Gegend panikartig taten.

Kurz bevor Georg geboren wurde, schlich ich mich eines Tages mit den ersten Lebensmittelmarken in ein Geschäft an der Ecke, um nur auch irgend etwas nach Hause zu schleppen. Als ich dort ankam, stand man bereits Schlange. Aber die Leute waren freundlich und ließen mich vor. Als ich an der Theke stand, wußte ich plötzlich nicht mehr, was ich eigentlich kaufen wollte. Völlig hirnlos stotterte ich: ›Schmierseife‹. Auf die Frage wieviel, antwortete ich einfach nur: ›Fünf Pfund.‹ Der Kolonialwarenhändler nahm ein Stück Papier und klatschte einen Riesenbrocken darauf, den ich dann mühsam nach Hause schleifte. Später half uns dieser Verlegenheitskauf aus mancher Notsituation. Wir konnten jahrelang putzen und waschen. In meiner Nervosität bat ich den Arzt, mich früher als nötig ins Krankenhaus einzuliefern. Aber trotz einer Spritze, um die Geburt einzuleiten, rührte sich nichts. Ich ging also wieder nach Hause. Ich erinnere mich deutlich an den 1. September, als Hitlers Kriegserklärung im Radio übertragen wurde. Da war er also, der Krieg; ich schnippelte gerade Bohnen fürs Abendessen. Deutsche Truppen siegreich, hörte ich, und war wie gelähmt. Sie werden dich umbringen, totmachen einfach, wo sollte ich hin, was tun? Die Gedanken überschlugen sich. Wieder einmal war ich ganz allein. Hanns Hecker hatte seine Arbeit, ihn interessierte mein Seelenzustand wenig. Im übrigen ist er auch nie eingezogen worden. Seine Firma hatte auf Rüstungsproduktion umgestellt. So war er UK (unabkömmlich) geschrieben worden. Am 10. September endlich kam Georg zur Welt. Hecker hatte sich ein Mädchen gewünscht, aber mir war es egal. Auch Georg war ein prachtvoller Bub. Die Hebamme und ihren sinnigen Ausspruch werde ich nie vergessen. Als ich aus der Narkose aufgewacht war, brüllte sie mir ins Ohr: ›Ein prächtiger Junge, ein richtiges Kriegskind.‹ – ›Gräßlich‹, dachte ich, ›ein Kriegskind!‹ – Im Krankenhaus waren schon die ersten Kriegsbeschränkungen zu spüren. Die Schwestern kamen nachts nur mit Taschenlampen ans Bett, einmal wurde mir sogar ein falsches Baby an die Brust gelegt. Verdunkelung war bereits Pflicht geworden. In der ungewissen Situation dachte ich an das Werk von Corinth. Was aus seinen Bildern wohl werden würde?

Die Gedanken gingen zwei Jahre zurück. Wir waren mit dem damals einjährigen Michael an die Ostsee gefahren. Da las man in der Zeitung, daß die Nazis alle Bilder beschlagnahmen würden, die nicht in ihr Konzept paßten. Sie fielen später unter den Begriff ›Entartete Kunst‹. Unter den verfemten Bildern waren auch zahlreiche von Lovis Corinth. Man hatte unterschieden zwischen jenen, die er vor dem Schlaganfall, also bis 1911 gemalt hatte, und solchen, die danach entstanden waren. Das Œuvre bis 1911 durfte weiter in den Museen verbleiben, der Rest wurde als krankhaft, entartet bezeichnet. Mit Corinth wurden auch Kokoschka, Beckmann und viele andere große Maler des beginnenden 20. Jahrhunderts, und nicht nur deutsche Künstler, auf die schwarze Liste gesetzt. Die verfemte »Entartete Kunst-Ausstellung« im Haus der Deutschen Kunst in München (19. 7. 37–30. 1. 38) zeigte zum letzten Mal die Werke dieser bedeutenden Künstler. Zwar waren die meisten Bilder ohne Rahmen gehängt, übereinander und untereinander, in einem schmachvollen und sinnlosen Konzept, doch Corinths Bilder wirkten durch sich selbst. Die Menschen strömten in die Räume. Sie wollten noch einmal diese herrlichen und aufregenden Bilder sehen, jene Kunst, die der gebildete und verstehende Mensch seit eh und je hoch achtete. Von München aus gingen die Bilder durch andere Städte Deutschlands. Der von den Nazis unerwünschte Erfolg und die Begeisterung waren überall gleich groß. Nach den Ausstellungen behielten sich die Nazis, die ja keineswegs Kunstverächter namentlich fürs Wertobjekt waren, die besten Bilder zurück. Sie haben sie dann ins Ausland verschoben und verkauft. Was ihnen nicht gefiel, vernichteten sie. Viele Bilder endeten 1939 bei einer Auktion in der Luzerner Galerie Fischer in der Schweiz. Sie wurden für ein Spottgeld versteigert, jeder der was davon verstand, griff zu. Auch viele Corinth-Sammler aus Deutschland reisten nach Luzern, bauten sich neue Sammlungen auf, die sie allerdings verstecken mußten. Aber die meisten Käufer hatten gute Kontakte ins Ausland.

Hier möchte ich von einem aktuellen Unternehmen sprechen, das in naher Zukunft berechtigtes Aufsehen machen wird. Dazu möchte ich aus einem Zeitungsbericht zitieren, und auch erwähnen, daß ich in entsprechendem, persönlichen Briefwechsel stehe, der diesen Anlaß betrifft.

Im Jahre 1991 wird im »Los Angeles County Museum of Art« eine Ausstellung eröffnet, eine erneut zusammengetragene Sammlung der 1937 verfemten Münchener »Entarteten Kunst«. Seit Jahren wird dort daran gearbeitet. Geplant ist diese Ausstellung in einem historischen Raum des Museums, der in gewissem Sinne den Geist der ursprünglich gewollten Enge widerspiegelt, aber ein anderes Licht auf die Kunstwerke werfen wird als damals, wo sie absichtlich schmachvoll zusammengepfercht waren.

Von den 650 Werken, die damals von der Hitler-Regierung konfisziert wurden, können natürlich nicht alle gezeigt werden. Stephanie Barron, die Schöpferin dieses Unternehmens, hat bisher immerhin an die 200 Werke aufgespürt und für die Ausstellung gesichert. Viele herrliche Werke von Corinth befinden sich darunter.

Nach Ende der Ausstellung in Los Angeles wird sie in anderen Städten Amerikas gezeigt werden. Schon heute wird sie überall mit Spannung erwartet.

Zurück in die Kriegs- und Vorkriegsjahre: Viele Künstler bekamen ein Ausstellungs- und sogar ein direktes Malverbot, so auch Max Liebermann. Zu der Zeit war er schon hochbetagt, trotzdem erhielt er den Brief, der ihm das Verdikt auferlegte, nur in seinem eigenen Atelier arbeiten zu dürfen. Er warf den Brief ins Feuer. Und er malte weiter. Max Liebermann starb am 8. Februar 1935. Das Naziregime tobte bereits auf seinem Höhepunkt. Liebermanns Künstlerfreunde, die nicht zu den Verfolgten gehörten, unter ihnen Käthe Kollwitz, trugen den Ehrenbürger von Berlin unter geringer Beteiligung zu Grabe. Liebermanns Frau sollte nach dem Tode ihres Mannes in ein Konzentrationslager verschleppt werden. Sie nahm, kurz bevor sie verhaftet wurde, Gift. Auf dem Weg zum Transport starb sie.

Was Corinths Werk betraf, wußte man nicht, wie es weitergehen würde. Ich war in ständiger Sorge. Meine Mutter drängte, daß wir ins Ausland gehen sollten, am besten zu Thomas nach Amerika. Nur weg aus Deutschland, wohin auch immer. Aber da war es wieder Hecker, der sich quer legte. Er meinte, daß uns doch keiner an den Wagen gefahren wäre. Und das nach der »Entarteten Kunst«!! Wie haßte ich diesen oberflächlichen Ausspruch – hasse ihn bis heute! Daß keine Veranlassung zu einer panischen Flucht bestünde, meinte er und tat alles mit einer Handbewegung ab. Er überhörte geflissentlich meine Angst um Corinths Werke, meinte: ›Wir leben doch hier ganz friedlich. Ich habe meine gute Anstellung in der Fabrik und sehe keinen Grund das Feld zu räumen.‹ So sind wir geblieben. Hätte ich den Rat meiner Mutter befolgt, wäre alles ganz anders gelaufen. Glücklicherweise, und das ist Thomas zu danken, wurde ein Großteil von Corinths Werk anläßlich einer 1934 in Zürich veranstalteten Ausstellung von ihm in sicheren Gewahrsam gebracht. Die enorm große Anzahl allerbester Bilder, mit der wir die Ausstellung beschickten, sollte auf Muttis und Thomas' Beschluß hin nicht mehr nach Deutschland zurückkehren. Thomas sollte sie in Amerika sicherstellen. Zum Glück hatten die beiden einen klaren Kopf, denn mit mir war zu der Zeit, wie schon erwähnt, nicht viel anzufangen. Meine Gedanken kreisten um Windeln und Küche. So ist es deren beider Vorahnung zu danken, daß viele einmalige Bilder wie die Walchensee-Gemälde, wichtige Porträts und Blumenstilleben gerettet werden konnten. Ein Blumenstilleben, daß ich von meiner Mutter zur Hochzeit bekommen hatte, wanderte ebenfalls mit über den Ozean. Thomas und ich hatten ja schon lange eigene Bilder, die Corinth noch zu Lebzeiten uns zugeeignet hatte. Als ich mein Hochzeitsbild einpacken sollte – es gehört zu den schönsten, die Corinth gemalt hat –, reagierte ich völlig mechanisch. Später haben wir uns alle an den Kopf gegriffen und uns gefragt, was geworden wäre, wenn...! Auch hatten wir in unserer Naivität nichts für den Transport versichern lassen. Aber damals war die Welt zumindest in dieser Beziehung noch in Ordnung. Alle Werke kamen unversehrt in New York an. Trotzdem ist ein nicht geringer Teil von Corinths Ölbildern, Aquarellen, Grafiken, Lithographien vernichtet, verbrannt oder zerschnitten worden. Und was die Nazis nicht erledigten, schafften die Bomben.

In Hamburg lebte es sich trotz der Nazi-Tyrannei und der Bombenangriffe in gewissem Sinne angenehmer als in Berlin. Hamburg war eine Freie Hansestadt und die Hamburger betonten das mit besonderem Stolz. Von den Nazis hielten sie überhaupt nichts. Ich erinnere mich kaum an große Parteidemonstrationen und Militäraufmärsche. Auch Ausschreitungen gegen Juden in Hamburg waren bis auf die allerletzte Zeit vor Kriegsende kaum zu bemerken. Menschen, die uns nahestanden, wie unser wunderbarer Hausarzt, emigrierten nach

Amerika. Uns hat man unbehelligt gelassen. Die Bilder waren außer Landes geschafft worden, offensichtlich unbemerkt. In den Museen hingen die Werke anderer Künstler.

In Ascona lebte eine gute Freundin meiner Mutter, eine Deutsche, die wie man in diesem gräßlichen Nazideutsch sagte, nichtarisch war. Um nicht gefährdet zu sein, ging sie eine Scheinehe mit einem Schweizer ein. Er wurde dafür bezahlt, im Gegenzug bekam sie einen Paß. Sie hieß Ulli und zusammen mit ihrer Schwester Edith wurde sie später für uns zu einer entscheidenden Nothelferin. Ulli half meiner Mutter bei der Anmietung einer kleinen Wohnung in Ascona. Viele Künstler aus Deutschland lebten dort, unter anderem der bekannte Biograph Emil Ludwig, mit dem Mutti befreundet war. Damals war Ascona noch ein beschaulicher Ort. Heute ist aus dem kleinen, ländlichen Dörfchen von damals ein Modeort par exellence geworden. Bis auf die Berge und die glitzernde Fläche des herrlichen Lago Maggiore, die Gott sei Dank nicht verändert werden können, sieht es dort ganz anders aus als früher. Ich habe meine Mutter dort im Frühjahr 1939 während einer Herzattacke, die sie erlitt, besucht. Als sie sich auf dem Wege der Besserung befand, fuhr ich wieder nach Hamburg zurück. Ich konnte dies mit gutem Gewissen tun, denn Thomas war von Amerika auf dem Wege zu ihr. In diesem Frühjahr fiel die Entscheidung für Mutti, Europa zu verlassen. Thomas war es, der in sie drang, ihr die Unsinnigkeit eines längeren Verbleibs vor Augen führte. Er verwies zu Recht auf meine Verpflichtungen in Hamburg mit der Familie, fürchtete, daß ich mich nicht genügend um sie würde kümmern können, während er weit weg von ihr und gleichfalls allein in Amerika lebte. Mutti ließ sich überzeugen. Die Formalitäten wurden erledigt. Wie durch ein Wunder erreichten sie das letzte Schiff vor Kriegsausbruch. Es legte in Cherbourg, Frankreich, ab. Ehe sie den alten Kontinent verließ, löste sie ihre Wohnung auf. Ich darf nicht daran denken, was da an herrlichen Dingen in alle Winde verstreut wurde. Unter anderem japanische und chinesische Kunstgegenstände aus vergangenen Jahrhunderten, die durch Jahre liebevoll zusammengetragen waren, anderes seit Generationen Ererbtes. Das meiste ging zu Spottpreisen aus dem Haus, nach dem Motto: Wer zuerst kommt, mahlt zuerst! So vollzog sich ihr Auszug nach Amerika.

Ich fühlte mich einsam. Die neuen Verhältnisse mit Fliegeralarm, Verdunkelung, Luftschutzwarten irritierten und ängstigten mich. Allmählich merkte man, daß wir vom Frieden zum Krieg übergegangen waren. Die Versorgungslage war zwar noch nicht angespannt, aber man mußte mit allem rechnen. So tauchte die Überlegung auf, von der Alsterwohnung lieber in einen ländlichen Bezirk Hamburgs zu übersiedeln. Aber womit sollten wir ein Haus in einem Vorort finanzieren? Ich hatte kein Geld, meine Mutter war auch nicht mehr da, und Heckers Möglichkeiten waren limitiert. Da stand das Haus in Urfeld. Von niemandem mehr bewohnt. Meine Mutter und Thomas waren weit fort, und für mich war der Weg nach Bayern einfach zu weit. Zwar hingen noch die drei kostbaren Bilder, die Corinth gemacht hatte – die *Kreuzabnahme* und *Die beiden Evangelisten* – außen am Haus. Auch innen befand sich noch die achteckige Tischplatte, die er 1921 mit dem herrlichen Blumenstrauß bemalt hatte. Und auch die Badezimmertür, 1921 von ihm mit einer Nymphe und einem Faun versehen, existierte noch. Von meiner Mutter hingen gleichfalls überall Gemälde, teils an den Wänden, teils in die Türplatten eingelassen. Früchte und Blumen natürlich nur, denn die Landschaft war ihr ja sakrosankt. Hecker bestärkte mich in der Idee, das Haus zu verkaufen. Mit dem Erlös wollten wir uns ein Haus außerhalb Hamburgs zulegen. Ich nahm die Sache in Angriff, fuhr nach München, suchte einen Makler und machte klar, daß ich um jeden Preis der Welt das Haus in Urfeld los sein wollte. Mir war es ganz egal, was da noch drin war, ich wollte es nur verkaufen. Mit allem Inventar, angefangen bei den Bildern, über die alten Zinnkrüge, bis zu den schönen bemalten Bauernmöbeln. Später habe ich dann hier in New York ähnliche gesehen. Sie waren zweifellos neu gemacht, kosteten Tausende von Dollars. Unsere Einrichtung in Urfeld entsprach dem Charakter der Landschaft. Alles war von meiner Mutter mit großem Geschmack aus der Umgebung Urfelds zusammengetragen worden. In der damaligen Situation interessierte mich das alles nicht mehr. Ich wollte nur so schnell wie möglich Geld sehen, damit wir uns in Hamburg verändern konnten. Als die Verhandlungen liefen, meldete sich Heinrich Müller, ein alter Freund unseres Hauses und großer Verehrer von Lovis' Kunst. Er lebte in Blankenese und hat den Katalog für die »Späte Graphik von Lovis Corinth« geschrieben. Als er von meinen Absichten erfuhr, schritt er energisch ein und bot sich an, die wertvollen Platten von der Vorderfront des Hauses abschrauben zu lassen, auch den Tisch und die Badezimmertür sowie andere Kunstgegenstände in Verwahrung zu nehmen. Ihm ist es zu danken, daß diese Dinge erhalten blieben.

Endlich fand sich eine Käuferin für Urfeld; ich erzählte schon, daß die Mutter des Physikers und Atomforschers Werner Heisenberg bereit war, das Haus mitsamt Inventar zu kaufen. Auch das störte mich nicht, ich wollte wirklich nur das Geld, damit wir uns endlich in Hamburg an einem vermeintlich sicheren Ort niederlassen konnten. Und so kam es dann. Ich erhielt das Geld, sie unser Urfeldhaus.

Wieviel der Verkauf von Urfeld erbracht hat, habe ich vergessen. Immerhin reichte es für ein kleines Haus in Wellingsbüttel, einem Vorort von Hamburg. Nach dem Einzug stellte sich bald heraus, daß das Abflußsystem nicht in Ordnung war.

Als wir eines Tages in den Keller kamen, stand das Wasser knöchelhoch. Die Gegenstände, die wir dort aufbewahrten, schwammen in einer unansehnlichen Brühe herum. Daß ich das Haus in Urfeld im Alleingang verkauft hatte, obwohl es uns doch zu dritt gehörte, hat mir niemals Skrupel bereitet. Ich hoffte und so war es dann auch, daß Mutti und Thomas diesen Entschluß billigen würden. Nicht zuletzt hat Urfeld mir und meiner Familie das Leben gerettet. Denn unsere vorherige Wohnung in Hamburg wurde durch einen Bombenangriff dem Erdboden gleichgemacht. Damals hat kein Mensch dort überlebt. Wir wohnten zu der Zeit bereits in Wellingsbüttel, am Fasanenweg. Auch hier spitzte sich die Situation zu. Die Zerstörung Hamburgs machte Freunde obdachlos. Wir nahmen sie auf und hatten, wie alle Menschen damals, nur noch wenig Raum für uns. Am Schluß waren in unserem Häuschen sicher zehn Personen auf engstem Raum untergeschlüpft. Hinzu kam, daß ich mit einem dritten Kind schwanger war. Sicher war es weder meine noch Heckers Absicht in diesen Zeiten ein Kind in die Welt zu setzen. Aber man mußte es zur Welt bringen, denn andere Wege und Mittel gab es zu der damaligen Zeit nicht. Ich lebte in permanenter Panik, daß ich zum Entbindungstermin nicht ins Krankenhaus kommen, auch womöglich keine entsprechende Versorgung erhalten könnte. Die Ärzte waren alle im Krieg. Zum Schluß ging aber doch alles gut. Im März 1942 kam unsere Tochter Katharina zur Welt. Die Geburt verlief schnell und leicht, und eine Schwester tönte: »Es ist ein Mädchen.« Ich erinnere mich geantwortet zu haben: »Wissen Sie, das ist mir ganz egal, nur gut, das alles vorbei ist.« Man muß es aus der damaligen Situation verstehen. Man hatte einfach nur Angst.

Ich wollte mit meiner Mutter endlich in Verbindung kommen. Das gelang schließlich durch die gute Ulli in der Schweiz.

Meine Mutter schrieb an sie die Briefe, die für mich bestimmt waren, und Ulli transportierte sie durch die neutrale Schweiz an mich weiter. Umgekehrt machten wir es genauso. So erfuhr meine Mutter gelegentlich, was bei uns passiert war und wie es uns erging. Natürlich mußten wir immer verschlüsselt schreiben, denn die Briefe wurden geöffnet und zensiert. So faßte ich mich kurz, gab persönliche Dinge, die Kinder betreffend, an sie weiter. Meine Mutter kannte nur Michael. Die beiden anderen hat sie erst später in Amerika kennengelernt. Unsere Lebensbedingungen habe ich ihr natürlich verschwiegen.

Sie hätte es sich auch gar nicht vorstellen können, wie wir leben mußten. Aus Sorge, die Kanalisation würde wieder rebellisch werden, haben wir den Wasserverbrauch auf ein Minimum reduziert. Das Bad wurde überhaupt nicht mehr benutzt, und was wir zur Körperpflege brauchten, haben wir genauso wie das Geschirrspülwasser eimerweise in den Garten getragen und in die Büsche gekippt. Ich habe damals oft innerlich getobt, habe Gott und die Welt verflucht, weil wir in diesem Chaos zurückgeblieben waren und nicht auf meine Mutter gehört hatten. Ein Tag verging wie der nächste, abends fiel man halb ohnmächtig vor Müdigkeit ins Bett, um nach ein paar Stunden vom Fliegeralarm aus dem Schlaf gerissen zu werden. 1942 ging es mit aller Härte los. Das Neugeborene wurde von mir im Körbchen in den Keller geschleppt und die beiden schlafenden Buben vom Vater und unserer Perle auf den Armen hinuntergetragen. Immer wenn die Sirenen heulten, egal ob Alarm oder Entwarnung, ging es rauf und runter, mit allen Kissen und warmen Decken, denn der Keller war feucht. Die Fliegeralarme häuften sich, wir waren bald öfter im Luftschutzkeller als oben in der Wohnung. Dort unten im Keller habe ich angefangen, mein erstes Buch zu schreiben, das später in Konstanz, im Südverlag, herausgegeben wurde. Ich nannte es ›Sechs Jahre lang‹ und meinte die sechs Jahre dieses Krieges. Ich habe es mit der Hand geschrieben, denn ein Stück Papier und hin und wieder ein Bleistift, waren das einzige, was noch zu haben war.

Abschied

Hecker und ich, wir hatten uns nicht mehr viel zu sagen. Daran waren unter anderem auch die räumlichen Verhältnisse schuld. Ein normales Eheleben war schon deswegen nicht möglich, weil Katharina zwischen uns im großen Bett schlief, die beiden Jungen auf Pritschen neben uns. Außerdem saßen wir entweder stundenlang im Keller oder ich mußte mich für ein paar Äpfel oder Mohrrüben ewig anstellen. Hecker fuhr jeden Tag mit dem Fahrrad zur Arbeit in die kleine Maschinenfabrik. Auch für ihn war das eine lange Reise über Bauschutt und Bombentrichter. So lebten wir nicht wie ein Ehepaar, sondern wie gute Kameraden, wie Soldaten im Feld. Der Krieg war überall. Und es war nicht mehr so, wie man es aus den Geschichtsbüchern kannte, daß nur die Soldaten an der Front um ihr Leben zu kämpfen hatten, wir Zivilisten mußten es genauso. Einige Bäume in unserem Garten fällten wir gemeinsam, zersägten und zerhackten sie, um Brennholz zu haben und gruben die Erde um, speckige, harte Erde, damit wir Kartoffeln oder Gemüse anpflanzen konnten. Diese Zweckgemeinschaft ging so weit, daß ich Hecker nie etwas Persönliches erzählen konnte; Dinge, die man normalerweise zwischen Mann und Frau bespricht. Kurz, ich verkümmerte seelisch, während die körperliche Arbeit mich kräftigte. Er wollte nichts wissen, wollte nichts hören, gab mir auch nie eine Antwort. Ich hätte genausogut auch an eine Wand sprechen können. Langsam begriff ich, daß ich ihn nicht mehr erreichen konnte. Um mich von allem zu befreien, sprach ich auch nicht mehr, jedenfalls nicht mehr als nötig war. Wenn es um die Kinder ging, war Hecker sehr hilfreich. Er ging zur Schule, sprach mit den Lehrern, lernte mit den Kindern. Überhaupt hat er sich nie vor irgendeiner Arbeit gedrückt. Auch später in Amerika nicht – das will ich uneingeschränkt zugeben. Trotzdem, wenn ich heute zurückblicke, wundert es mich nicht, daß es zu einer Scheidung kam, die ich gewünscht hatte.

Als im Mai 1945 der Krieg zu Ende war, konnten wir es zunächst einmal gar nicht fassen. Man war so unsensibel geworden, so vollkommen ohne Empfindung, daß sich die rechte Freude nur ganz langsam einstellte. Auch das Ende der Hitler-Ära und sein Tod hat uns nur peripher gestreift. Die Sache war ganz einfach: Der Krieg war zu Ende und es fielen keine Bomben mehr vom Himmel. Man würde den nächsten Tag noch erleben können, die Kinder würden morgen noch leben, sie würden gesund aufwachen! Das war es, worum sich die Gedanken drehten. Ich würde ihnen von Stund an mit Überzeugung jeden Abend, wenn ich sie zu Bett brachte, das Schlaflied vorsingen können ›Guten Abend, gute Nacht, von Englein bewacht, morgen früh, wenn Gott will, wirst du wieder geweckt.‹ Jahrelang fuhr es mir bei dieser Strophe durch den Kopf: Wenn Gott will! Aber vielleicht will er nicht, vielleicht sind wir alle morgen tot. Der Tod war damals etwas, womit man jeden Tag vierundzwanzig Stunden lebte. Und daß dies nun vorbei sein sollte, ließ sich nicht so rasch realisieren.

Zu essen gab es allerdings noch weniger als zuvor. Man bekam entweder sehr viel Zucker und kein Mehl oder umgekehrt. Als die Vorratsbunker leer waren, gab es überhaupt nichts mehr. Auch das Heizen war nicht möglich! Es gab keine Kohlen mehr. Wir hatten wenigstens Holz aus dem Garten. Das war so kostbar, daß es sogar gestohlen wurde, wenn man nicht jeden Baum an die Kette legte. Die Menschen griffen in jeder Form zur Selbsthilfe. So wurden heimlich nachts Zäune abmontiert. Wenn man am Morgen vor die Tür trat, konnte es sein, daß man keine Zaunlatten mehr hatte. Die Zeiten waren hart.

Auch der Kontakt zu meiner Mutter konnte erst im Jahr 1946 wieder aufgenommen werden. Die Freundin Ulli in der Schweiz war lange nicht erreichbar. Eines Tages hielt vor unserer Tür ein Auto. Ein wohlgenährter Herr in uns unbekannter Uniform stieg aus, ein Kanadier. Er war von der Army, gehörte zu den Besatzungstruppen in Hamburg. Er brachte den ersten Brief von meiner Mutter. Bald darauf kamen die ersten Pakete von ihr, die berühmten Care-Pakete. Die Zigaretten waren jedesmal herausgeklaut. Aber da bei uns niemand rauchte, störte es uns nicht sehr. Nur als Tauschmittel hätte man sie natürlich gut gebrauchen können. Zusätzlich zu diesen Care-Paketen erbat ich von Mutti nur noch Kaffee. Sie war entsetzt, denn sie glaubte, ich wolle stundenlang dem Genuß des Kaffeetrinkens frönen. Sie konnte nicht ahnen, daß Kaffee wie pures Gold gehandelt wurde, und man alles dafür haben konnte.

Mit Kaffee habe ich schließlich auch einen Arzt bestochen. Er stellte den Kindern ein Attest aus und schrieb sie lungenkrank, was sie gottlob nicht waren. So ›schmuggelten‹ wir uns auf diese Weise in die Schweiz. Das war der erste Schritt auf unserem Wege nach Amerika. Hecker und seine Mutter blieben in Hamburg. So bin ich mit den drei Kindern völlig ins Ungewisse in die Schweiz gefahren, mit der Idee, mich von hier aus nach New York abzusetzen. Ich hatte genug von Deutschland, wollte weg, niemand hätte mich mehr halten können. Hecker war dagegen. Er meinte, es würde aufwärts gehen, da die Fabrik stehengeblieben war, auch konnte er weiterarbeiten. Für ihn bestand kein Grund, Hamburg zu verlassen. Immer wieder hielt er mir vor, daß er hier seine Freunde und seine Arbeit habe und nicht wisse, was ihn in Amerika erwarte. Da hatte er nicht ganz unrecht. Denn später war es für uns alle ungeheuer schwer, in Amerika Fuß zu fassen. Aber zu dem Zeitpunkt hörte ich nicht auf ihn. Ich wollte nur weg aus diesem Chaos.

Von der englischen Besatzungsbehörde erhielt ich eines Tages für mich und die drei Kinder den ›Passierschein‹. Unser Aufenthalt in der Schweiz war auf vier Wochen limitiert. Ich wollte nach Ascona zu Ulli. Von dem Geld, das meine Mutter dorthin geschickt hatte, wollte ich leben und eine Unterkunft mieten. Offiziell reisten wir auf Einladung. So fuhren wir also los. Nach einem tränenreichen Abschied der Kinder ließen wir den Vater zunächst zurück. Die Möglichkeit, ihn nachkommen zu lassen, hatten wir erwogen. Um nicht aufzufallen, nahm ich nur ganz wenig Gepäck mit. Ich suchte die wenigen verbliebenen besten Sachen aus, die wir nach sechs Jahren Krieg noch hatten. Aus dem vierwöchigen Aufenthalt wurde ein dreiviertel Jahr. Diese neun Monate in Ascona, die mir noch heute wie ein Alptraum vorkommen, waren eine einzige Hölle für mich. Nach Ablauf der vierwöchigen Frist hatte ich kein Papier mehr in der Hand, das mich berechtigte, in der Schweiz zu bleiben. Ich versuchte, die Erlaubnis in Ascona einzuholen, aber dort weigerte man sich. So kämpfte ich mich mit Ullis Hilfe von Monat zu Monat und von einer Behörde zur anderen durch.

Inzwischen war der Weg zurück nach Hamburg auch versperrt. Ich hatte keine Papiere mehr, die mich als Deutsche auswiesen. Die Erlaubnis der englischen Besatzungsbehörde war längst abgelaufen. In diesen vielen Monaten mußten die Kinder doch aber zur Schule gehen. In Ascona wurde italienisch gesprochen. Ich war verzweifelt. Der Gedanke, die Kinder zunächst italienisch, dann englisch lernen zu lassen, bereitete mir schlaflose Nächte. Die Kinder würden nie eine anständige Ausbildung haben, wenn das so weiterginge. Ich suchte händeringend eine deutsche Schule, stieß auf eine sehr teure Privatschule in Locarno. So sind die beiden Jungen dann schließlich täglich mit dem Bus von Ascona nach Locarno gependelt. Für sie war es ein Riesenspaß. Finanziert hat ihn meine Mutter. Wie schwer es ihr wurde, verstand ich erst, als ich sah, daß sie mit jedem selbstverdienten Pfennig rechnen mußte. Eines Tages erfuhr ich von Hecker, daß man mich für staatenlos erklärt habe; kurz darauf servierte er mir eine weitere Neuigkeit. In Nürnberg, wo die Prozesse liefen, hatte man eine Wilhelmine Corinth aus Ostpreußen entdeckt. Sie soll eine der ersten gewesen sein, die das Goldene Parteiabzeichen getragen hatte. Hecker versuchte, die Sache zu entschärfen, erklärte, daß es damals in Ostpreußen viele Corinths gegeben habe und hier ein Irrtum vorliegen müsse. Aufgrund dieser Anschuldigung sollte ich möglichst rasch die Schweiz verlassen und auch Amerika war in noch weitere Ferne gerückt. Ich versuchte alles, um zu beweisen, daß es sich hier um eine Verwechslung handelte, hatte wie durch ein Wunder meine Geburtsurkunde gerettet. So gelang es mir klarzustellen, daß die Dame mit dem gleichen Namen an einem anderen Tag als ich und nicht in Berlin, sondern in Königsberg geboren war.

Monatelang dauerte es, bis sich der Fall schließlich aufklärte. Hecker hat das Ganze wohl bedauert. Er hätte es gewiß lieber gesehen, wenn sich die Dinge nicht so entwickelt hätten. Auch ich war mürbe geworden, aber als ich nach dieser langen Zeit endlich das Billett für die Schiffspassage nach USA in Händen hielt, war ich nicht mehr zu halten. So bin ich eines Tages mit den drei kleinen Kindern nach Paris gefahren, um dann von Cherbourg aus weiter nach Amerika zu gelangen. In Paris erkrankte Michael. Ich stand fast ohne Geld da, die französische Sprache war mir fremd. Zwar hatte ich in der Schule französisch gelernt, aber das war lange her und ich hatte vieles längst vergessen. Ich kämpfte mich zu einem Arzt durch, der mir Anweisungen gab, die ich nicht verstand. Was Michael wirklich hatte, weiß ich nicht. So wacklig und fiebrig wie er war, schleppte ich ihn mit mir zur Bahn in Richtung Cherbourg. Wir durften das Schiff auf gar keinen Fall versäumen.

Endlich, im Mai 1948 legte die »Queen Elizabeth« ab. Dann ging es wirklich nach Amerika. (Im September 1947 hatten wir Hamburg verlassen.) Während der Überfahrt ging es Michael und mir sehr schlecht. Wir haben in unseren Kabinen nur herumgegangen, fühlten uns elendig seekrank. Da wir irgendwo ganz unten in der Nähe des Maschinenraums einquartiert waren, dort wo es am billigsten war, und das Schiff den stärksten Schwankungen unterworfen ist, waren wir auch den starken Motorengerüchen ausgesetzt. Meine beiden anderen Kinder, Georg und Katharina, waren die Freude des gesamten Schiffes, marschierten Hand in Hand allein zum Speisesaal und wurden von den übrigen Passagieren und der Besatzung verwöhnt. Sie benahmen sich wirklich vorbildlich. Katharina war erst fünf, Georg neun und Michael gerade zwölf. Leider, muß ich sagen, denn ab zwölf Jahren mußte man den vollen Fahrpreis bezahlen. Von der Überfahrt ist mir nicht mehr viel in Erinnerung geblieben. Erst am letzten Tag entdeckte ich, daß es ein Deck gab mit Liegestühlen. Nach etwa fünf Tagen, die wir auf See waren, hörte ich Füßetrappeln und lautes Rufen. Vielleicht sind wir schon da, schoß es mir durch den Kopf. »Zieht euch schnell an!«, rief ich den Kindern zu, »auch du Michael. Wir müssen rauf und schauen, was da oben los ist.« Wir stürmten nach oben an die Reeling. Und dann: Ein Anblick, den ich nie vergessen werden. Die Sonne ging gerade auf, ihre fahlen Strahlen trafen Manhattan, die Wolkenkratzer, die Freiheitsstatue. Alles war in ein mattes, blaugraues Licht getaucht. Es erinnerte mich an das Kopenhagener Porzellan, das auch dieses wunderbar glänzende Blaugrau hat. Menschen neben mir brachen in Tränen aus. Mit dem Schiff anzukommen ist ganz anders als mit dem Flugzeug. Als das Schiff festgemacht hatte, waren wir unter den ersten, die von Bord gehen konnten. Und da standen Mutti und Thomas. Das erste, was mir meine Mutter ins Ohr flüsterte war: »Ich bin neugierig, was die Kinder für Gesichter machen, wenn sie die ersten Schwarzen sehen.«

Hier begann ich nun mein zweites Leben. Mutti und Thomas hatten sich schon längst eingerichtet. Das alles stand mir noch bevor. Wie die beiden lebten, wußte ich nur ungefähr. Thomas war anders als ich in Amerika angekommen. Tausende von Dollars hatte er damals heimlich in die Hosentasche gesteckt. Er war der Meinung, daß seine Hosentaschen so sicher seien wie die Bank von England und daß es niemanden etwas anginge, wieviel er darin über den Ozean »schmuggelte«. Im Vergleich zum Jahr 1948, als ich das ›gelobte Land‹ betrat, hatte das was Thomas 1939 mitgenommen hatte, inzwischen mindestens den zehnfachen Wert erreicht. So war es ein Segen, daß er verhältnismäßig viel für uns gerettet hatte. Es war so eingeteilt, daß jeder ein Drittel von der Gesamtsumme haben sollte.

Er selbst, der doch zunächst jahrelang allein in Amerika lebte, hatte sich nur ein ganz bescheidenes kleines Sümmchen ausgesetzt. Er hat jeden Pfennig umgedreht, sich nichts Neues angeschafft, sparsam gegessen und bescheiden gewohnt. Sein Hauptanliegen war das Studium an der Columbia-Universität. Thomas war damals ein junger Mann. Aber er hat sich keine Extras gestattet, hat die wertvollen Dollars weder mit Mädchen verpraßt noch in Lokalen. Er fühlte sich meiner Mutter und mir gegenüber verantwortlich. Und auch die Bilder hatte er wie seinen Augapfel gehütet. Abgesehen davon, war in den damaligen Jahren von Corinth so gut wie nichts zu verkaufen. Alles Deutsche war verpönt. Gezählt haben nur die französischen Impressionisten. Meine Mutter lebte in Amerika vollkommen von ihren eigenen Einkünften. Sie malte Porträts, gab Stunden in Kunstgeschichte. Auch sie rechnete mit dem Pfennig. Das meiste, das sie verdiente, hob sie für mich auf, um mir eines Tages eine Zukunft im neuen Land zu ermöglichen. Wie war Thomas überhaupt zu den Dollars gekommen, die er nach Amerika mitgenommen hatte? Das hatten wir unserem Lovis zu verdanken. Durch die Inflation zum gebrannten Kind geworden, hatte er auf Anraten befreundeter Bankiers die Bildverkäufe nur noch gegen englische Pfund oder amerikanische Dollars abgewickelt. Auch der heranwachsende Thomas wurde von Lovis in die Geschäfte eingeweiht und entwickelte großes Talent. Die ausländischen Devisen durfte man zwar offiziell nicht besitzen. Aber Corinth bestand darauf, sie sozusagen im Sparstrumpf aufzubewahren. Das meiste dieses Geldes war glücklicherweise noch vorhanden.

Meinem Bruder Thomas habe ich es mit zu verdanken, daß mir der Start in Amerika überhaupt gelang. Wir Geschwister fühlten uns stets als Einheit und eng miteinander verbunden. Als meine Mutter nach Amerika kam, war er für sie die einzige Stütze. Das Verhältnis Mutter – Sohn war schon immer enger als das zwischen Mutter und Tochter. Das schmälert aber nicht meine große Liebe zu ihr. Trotzdem gab es Jahre, vor dem Krieg und auch gelegentlich danach, in denen ich mich in gewisser Weise von ihr zurückgezogen habe. Insofern hat es zwischen mir und ihr vielleicht nie diese absolute Innigkeit gegeben, wie sie mit Thomas bestand.

Überhaupt war ich in meiner Art ganz anders als er. Ich wollte immer ungebunden und frei sein, mir meine Beziehungen nicht diktieren lassen. Vielleicht war es gerade dieser Gegensatz unserer Temperamente, der das Verhältnis zwischen uns Geschwistern so positiv gestaltete.

Thomas war eine wirkliche Persönlichkeit. Ich habe ihn immer sehr bewundert, besonders als er 1931 nach bestandenem Ingenieurstudium mit dem Diplom in der Tasche von Berlin nach New York übersiedelte. Daß er in einer fremden Sprache an der dortigen Columbia-University erfolgreich seine Examina ablegte, war eine große Leistung. Sicher ist es ihm zu der Zeit nicht leichtgefallen, als Fremder unter Fremden zu leben und Anschluß zu finden. So war es ganz normal, daß meine Mutter in vielen Dingen für ihn zur einzigen Bezugsperson wurde. Außerdem fühlte er sich dem Namen Corinth und allem was damit zusammenhing auf fast eigensinnige Weise verpflichtet. Nichts warf er weg, nicht das kleinste Fetzchen Papier, alles sammelte er sorgsam, wurde so zum besten Bewahrer des Corinthschen Erbes. Heute sitze ich oft verzweifelt vor all dem Wohlgeordneten, das er mir hinterlassen hat, frage manchmal laut, was soll ich jetzt damit machen, Thomas, was mit diesem, was mit jenem? Man kann doch nicht alles in alle Ewigkeit erhalten!? Manches ist zu intim, um es in dritte Hände geraten zu lassen. Vieles wäre zu archivieren. An dieser Stelle möchte ich einen Brief nicht auslassen, den ich kürzlich fand. Thomas schrieb ihn meiner Mutter zum Geburtstag am 25. Mai 1955. Auch hier zeigt sich, wie herzlich sein Verhältnis zu ihr war.

»Meine geliebte Mutti.

Zu Deinem Geburtstag gratuliere ich Dir von ganzem Herzen. Mit meinen Gedanken und Wünschen bin ich auch bei Dir, wenn ich auch nicht die mir so wertvollen und schönen Besuche bei Dir mache. Dabei möchte ich Dir sagen, wie sehr dankbar ich Dir bin, für Deine verständnisvolle Güte, für das Schöne Deiner Kunst, Deiner Welt, welche Du mir immer nahe gebracht hast. Und die mir so viel bedeutet. Und da ist so vieles andere, wo Du mir mit Rat und Tat und Liebe verständnisvoll und klug zur Seite gestanden hast. Und immer weiter stehst. Wie sehr ich Dich liebe, weißt Du ja wohl, meine Mutti, und immer wieder möchte ich meine herzlichen Geburtstagswünsche für Dich wiederholen. Gleichzeitig möchte ich meine Bewunderung und meinen Respekt für Dich ausdrücken. Für Deine große Kunst, wo ich mir des großen Vorzugs bewußt bin, daß Du mir Deine Meisterwerke in der Entstehung und Vollendung zeigst und es mir erlaubst, mich über sie zu äußern. Wie bewundere ich Deine selbstlose und tatkräftige Lebensweise und Lebensweisheit und Vielseitigkeit. Ich bin nicht der Erste und nicht der Einzige, der Deine Größe, Deine Generosität, Jugendlichkeit und viele andere Vorzüge erkannt und gewürdigt hat. Und last not least, bewundere und liebe ich Deinen erfrischenden und liebevollen Humor, der das Zusammensein mit Dir verschönt. Was ich hier schreiben kann, ist nur ein kleiner Teil meiner Liebe, Bewunderung und meiner Gunst für Dich, der besten Mutter im wahrsten Sinne des Wortes. Ich gratuliere.

Dein Dich liebender und dankbarer Sohn Thomas. «

1942 heiratete Thomas Katharina Clary, eine Amerikanerin, deren Vorfahren bereits im 17. Jahrhundert aus England und Schottland nach Amerika ausgewandert waren. Die beiden begegneten sich im International-Haus. Thomas verliebte sich unsterblich in die rotblonde Schönheit. Auch ich mochte sie vom ersten Augenblick an sehr, obwohl ich sie auch immer mal im Spaß die ›langbeinige, schöne Kühle‹ nannte. Kay, wie sie bei uns heißt, war immer berufstätig. Heute, mittlerweile auch hochbetagt, ist sie trotzdem noch immer sehr ›busy‹. Sie bereitet ein Buch vor, das den ›Wundervollen Frauen‹ gewidmet sein soll, die in der Modebranche und auf dem Gebiet der Schönheitspflege Bahnbrechendes geleistet haben. Kays Forschungen beginnen Ende des 19. Jahrhunderts und gehen bis in die vierziger Jahre – ein interessanter Rückblick auf diesen speziellen Teil der Kulturgeschichte. Kay hat sicherlich in den vielen Jahren ihrer Ehe oft unter Thomas' starker Bindung zu seiner Mutter gelitten. Als schließlich auch ich noch nach Amerika kam, wurde es gewiß nicht leichter für sie. Unsere Lebenseinstellung war doch immer noch verschieden von der amerikanischen. Wir waren trotz der tragischen Geschehnisse in Deutschland deutsch in unseren Auffassungen, und vor allem so tief mit der Kunst verwachsen, so daß sie sich sicher nur schwer in unsere Denkweise einfühlen konnte. Aber sie hat es verständnisvoll und mit großer Toleranz ertragen und akzeptiert. Mit Thomas führte sie eine glückliche Ehe. Und das war ihr sicher das Wichtigste.

Erwähnen möchte ich hier, daß Thomas keine Kinder hatte – so gibt es keine neue Generation dieses Namens. Thomas lebt nun schon über zwei Jahre nicht mehr. Inzwischen wären die beiden 46 Jahre verheiratet. Während des Krieges, Thomas wurde als Ausländer nicht zur Army eingezogen, arbeitete er in einer Firma, die Flugzeugteile herstellte. Er erhielt seine amerikanische Staatsbürgerschaft erst nach dem Kriege. Nach dem Kriege gründete er seine eigene Gesellschaft, ›The Corinth Company‹, die Maschinen- und Flugzeugteile in fast alle Regionen der Welt exportierte. 1975 setzte er sich zur Ruhe und widmete sich von da an ausschließlich der Kunst von Lovis Corinth und Charlotte Berend. Er vollendete die bereits Jahre vorher begonnene Arbeit an seinem Werk ›Lovis Corinth – Eine Dokumentation‹. Wie kam es, daß Thomas es auf sich nahm, dieses umfassende Werk zu schaffen, das längst für jeden Corinth-Forscher unentbehrlich geworden ist?

Meine Mutter hatte nach jahrzehntelanger, mühsamster Sorgfalt den Werkkatalog »Die Gemälde von Lovis Corinth« geschaffen. Er enthält an die 1000 Gemälde, jedes davon aufs genaueste beschrieben. Das schwere Buch mit farbigen und Schwarzweiß-Abbildungen jedes Bildes, wurde im Bruckmann Verlag, München, verlegt. Meine Mutter gedenkt im Vorwort jener, die ihr bei diesem Werk Unterstützung zukommen ließen. Doch vor allem galt ihr Dank Professor Dr. Heinz Nordhoff. Sie schreibt: »Tiefe Dankbarkeit und Verehrung empfinde ich für Herrn Professor Dr. Heinz Nordhoff, der durch die Veranstaltung der Wolfsburger Gedächtnis-Ausstellung im Jahre 1958, den Anstoß zur Drucklegung dieses Œuvre-Katalogs gegeben hat, ohne seine Initiative würde dieser Katalog heute nicht vorliegen.«

Zu dieser Ausstellungseröffnung waren wir eingeladen, doch konnte Thomas, zu unser aller großem Bedauern, sich zu diesem Termin absolut nicht freimachen. So flogen Mutti und ich allein über den Ozean – ich zum ersten Mal. Für Mutti war das Erscheinen des Kataloges ein tief eingreifendes Geschehen – und eine Erlösung. Durch die Vollendung dieses Werkes konnte sie hoffen, sich endlich wieder voll ihrer eigenen Kunst zuzuwenden. Sie war nun bereits 78 Jahre alt, jeder Tag zählte.

Noch sehe ich uns beide abends, erschöpft von all den Feierlichkeiten, nebeneinander auf unseren Betten im Hotelzimmer liegen. Als Lektüre vorm Einschlafen blätterte jede von uns in einem dünnen Büchlein, zwei verschiedenen Ausgaben:

Dokumentation über Leben und Werk zweier Künstler, deren Namen ich nicht mehr weiß. Diese bescheidenen Werke waren kürzlich herausgekommen, und meiner Mutter mit der Anfrage überreicht worden, ob sie nicht interessiert wäre, eine solche Dokumentation über Lovis Corinth zu schreiben. »Kommt ja gar nicht in Frage« rief sie entsetzt, »jetzt gibt's nichts als selber zu malen, nichts anderes soll mich jetzt mehr davon abbringen! Mach' *du* das doch! Du hast ja schon ein paar hübsche Artikel über Lovis geschrieben, du kannst das machen!« – »Nee, so was kann ich überhaupt gar nicht machen, sowas Ordentliches mit Daten und Nachschlagewerken, mit allem möglichen Gewälze von Material – das kann ich überhaupt nicht!« Mir ist's, als ob ich noch heute den Schrecken über diese Zumutung fühle. Dann riefen wir beide: »Das ist was für Thomas!« Thomas ist ordentlich, er hat alles in Akten eingeordnet, im Office hat er einen extra Aktenschrank nur für Lovis' Sachen, Ausstellungskataloge, Briefe, alles, was man zu sowas braucht. Und im Lagerhaus sind Kisten voll mit ähnlichem Material, nur er kennt sich darin aus.«

Und nie war Thomas etwas zuviel, wenn er dachte, er könne es leisten. Auch hatte er ja im Anfang keine Ahnung, daß ihn diese Arbeit so lange und so intensiv beschäftigen würde. Und er hatte seine reguläre Geschäftsarbeit. So konnte er sich der »Dokumentation« nur am Abend widmen. Er begann die Arbeit bald, und ich besinne mich auf manchen Seufzer von Mutti.

»Ach, jeden Morgen vor seiner Büroarbeit ruft mich der gute Junge an, um irgendwas im Zusammenhang mit seinem Buch zu fragen. Wer war eigentlich der Soundso? Ob ich mich an das oder jenes erinnere? Wann genau das war, was der oder der gesagt hat, wie Lovis' Einstellung dazu war? Lauter solche Sachen, von denen ich so früh am Morgen gar nichts wissen will! Ich bin nun eine alte Frau, ich habe doch das

Recht, endlich ein bißchen gemächlich zu leben! Und gerade, wenn ich mir so langsam mein Frühstück zurechtpötern will, und mich darauf freue, ruft der Thomas mit solchen Fragen an.«

»Sag ihm doch, er soll nicht!«

»Nein, so lange ich noch lebe und solche Fragen beantworten kann, muß ich es tun! Die Zeit wird kommen, wo Thomas diese Unterstützung nicht mehr finden wird.«

Oft war sie aber doch energisch. Uns beiden, die wir sie nicht nur tagtäglich anriefen, sondern auch, unabhängig voneinander, fast täglich besuchten, war es verboten, uns bei ihr vor dem Nachmittag zu melden. Dann malte sie am Morgen, wo sie sich am frischesten fühlte.

Die »Dokumentation – Lovis Corinth« kam im Jahre 1979 im Wasmuth Verlag, Tübingen, heraus. »Woher weißt du das nur alles?« fragte ich wohl. »Woher hast du all die alten Briefe? Ich habe immer fast alle Briefe von Lovis gleich weggeworfen.«

»Du warst eben noch klein«, kam seine entschuldigende Antwort. »Ich habe immer alles aufgehoben.«

Und das hatte er sein Leben lang getan, jeden kleinsten Schnitzel Papier.

Davon habe ich nun, nach Thomas' Tode, außer der Freude an manchem, auch das entsetzliche Herzeleid und die nicht endende Arbeit, alle diese Papiere durchzusehen, dem ganzen Aufbau der Vergangenheit, der sich mir oft schier zermalmend aufdrücken will, standzuhalten.

Zusätzlich zu diesem Werk hat Thomas mit großer Verve die Kontakte zu allen Museen und Galerien im In- und Ausland gepflegt. Seinem Engagement ist es zu danken, daß so viele Ausstellungen mit Corinths Werken nach dem Kriege zustande kamen. Thomas hatte ein sehr schönes Büro in der New Yorker Altstadt, nahe der Börse. Er liebte diese Gegend sehr, die intime Bauweise, die dort noch erhalten geblieben ist. Viele Straßen sind hier so eng, daß die Autos nicht durchfahren können. In der Beziehung war Thomas sehr nostalgisch, einfach sehr europäisch. Zu der Zeit hatte er in Haarlem das Depot für die Kunstwerke. Inzwischen sind sie längst in Manhattan untergebracht, denn in Haarlem kann man sich bei Lebensgefahr noch nicht mal mehr am Tage blicken lassen. Bekanntlich zählt dieser überwiegend schwarze Stadtteil New Yorks zu den gefährlichsten überhaupt. Damals ging es dort noch friedlich, fast beschaulich zu. Heute beherrschen Armut, Drogen und Kriminalität die Szene.

Mein Interesse an Corinths Werk war auch nach meiner Ankunft in Amerika relativ gering, wußte ich es doch bei meiner Mutter und Thomas in den besten Händen. Außerdem mußte ich für die drei Kinder sorgen und mir schleunigst eine eigene Existenz aufbauen. Erst nach dem Tode meiner Mutter, im Jahre 1967, nahm mich Thomas geradezu mit Gewalt in die Pflicht. Ob ich wollte oder nicht, mußte ich mich jetzt mit dem Werk meiner Eltern auseinandersetzen. Und plötzlich interessierte es mich auch. Thomas rief mich jeden Morgen und jeden Abend an, erkundigte sich nach meinem Wohlbefinden. Ich war eine alleinstehende Frau. (Hans Klopfer, mein zweiter Mann, war inzwischen auch gestorben.) Thomas sorgte sich ernsthaft um mich. Behutsam führte er mich mit jedem dieser Telefonate auch in die Nachlaßverwaltung ein. Er legte Karteien für mich an mit Namen von Museen in Deutschland und Amerika, schrieb mir Stichworte auf und gab mir wichtige Briefe zur Kenntnis. Tagtäglich ging das so. Nicht daß mich das sonderlich gefreut hätte, aber ich habe es auch ohne Aufbegehren hingenommen. Heute bin ich für seine große Umsicht mehr als dankbar. Oft sagte er: »Ich hör dich schon seufzen, da am anderen Ende. Du willst wieder mal nicht. Aber ich finde, du mußt wissen, was los ist. Wir sind jetzt für alles ganz alleine verantwortlich. Das mußt du verstehen.«

Ich verstand natürlich, denn der überwiegende Teil der Korrespondenz wurde in deutsch geführt. Kay beherrschte unsere Sprache nicht, konnte solche Briefe weder lesen noch schreiben. Heute übersetze ich ihr manche Dinge, die für sie von Interesse sind. Aber trotzdem ist es für sie noch immer schwierig, diese sehr spezifischen Dinge nachzuvollziehen. Damals ging sie voll in ihrem Beruf auf, arbeitete in verantwortungsvoller Position als Redakteurin für Modemagazine, organisierte obendrein Modenschauen in ganz Amerika. Kürzlich wurde ihr eine große Ehre zuteil: Von der Oklahoma-City-University wurde ihr der Ehrentitel ›Doctor of human letters‹ – ›homme de lettres‹ – zuerkannt. Sie war stets eine charmante Gastgeberin, wenn Thomas Besuche aus dem Ausland oder auch Amerika empfing. Und immer war sie nach dem letzten Modetrend gekleidet. Auch ich habe mir bei ihr oft Rat geholt, sie wußte immer, was gerade ›in‹ war. Heute, da wir beide im fortgeschrittenen Alter stehen und ich noch das Glück habe, mit meinem Lebensgefährten Russ zusammenleben zu können, ist es ganz selbstverständlich, daß ich ihr, so gut ich kann, mit Rat und Tat zur Seite stehe. Seit Thomas' Tod habe ich die Aufgabe übernommen, täglich mit ihr zu telefonieren, und wenn ich es manchmal vergesse, greift sie sofort zum Hörer, um zu fragen, wie es mir geht. Glücklicherweise hat Kay sich durch ihren Beruf und ihre Aktivitäten noch viele Freundschaften erhalten, so daß sie Thomas' Tod etwas leichter ertragen kann.

Wegen Unkenntnis der Sachzusammenhänge war es nur natürlich, daß nicht Kay, sondern ich von Thomas einbezogen wurde. Im übrigen teilten er und ich sowohl die Ausgaben wie die Einnahmen ›brüderlich‹, wenn es um Lovis' Kunst ging.

Thomas führte genau Buch. Er halbierte die Summe, ich gab ihm den Betrag, der auf mich entfiel oder umgekehrt. So handhaben wir auch Muttis Grabpflege oder andere familieninterne Verpflichtungen. Wenn ich knapp bei Kasse war, was häufig passierte, hat Thomas mir allerdings nie Geld geliehen. Er hatte da seine Grundsätze. Aber stets hat er mir geholfen, ein Bild von Corinth aus meinem Besitz zu verkaufen. Dafür war ich dankbar, denn ich hatte ja keinerlei Verbindungen. Nach dem Tode meiner Mutter flog ich häufig nach Deutschland, mindestens einmal im Jahr. Thomas drängte mich dazu. Ich sollte die Museumsdirektoren persönlich kennenlernen und bei Ausstellungseröffnungen dabei sein. Trotzdem hielt ich mich stets lieber im Hintergrund, überließ ihm die wichtigen Entscheidungen – und vor allem die Hauptarbeit.

Von Thomas lernte ich, wie man Korrespondenz führt und wie man mit Menschen umgeht, die mit Kunst zu tun haben. Er ließ mich probeweise Briefe schreiben und hat sie anschließend mit seinen Korrekturen versehen. So wuchs ich ganz langsam in die Materie hinein. Heute hilft mir das damalige Training ungeheuer. In jenen Tagen führte er zwar den Schriftwechsel alleinverantwortlich weiter, aber er brachte meine Ideen mit ein. Oft lachten wir herzlich, wenn etwas Gelungenes herauskam, das ich beigesteuert hatte. »Sieh mal an, die kleine Mine. Was die so alles zustande bringt«, witzelte der große Bruder manches Mal. Ich wußte, wie er es meinte und daß es ein Lob sein sollte. Aber nicht nur über die Arbeit sprachen wir viel miteinander.

Auch im persönlichen Bereich half mir Thomas über die Hürden. So stand er mir mit Rat und Tat zur Seite, als ich die Scheidung von meinem ersten Mann durchsetzte. Auch in den schrecklichen Wochen nach dem Tode meines zweiten Mannes war er rührend um mich bemüht. Von seinem Leben oder seinen Problemen zu dieser Zeit weiß ich sehr wenig. Er war verheiratet und die Ehe ging gut. Bei ihm gab es keine solchen Sensationen wie bei mir. Als Thomas am 1. März 1988 unerwartet an den Folgen eines 17 Jahre zurückliegenden Herzinfarktes verstarb, war ich gottlob einigermaßen auf die Arbeit vorbereitet. Obwohl er um seine Situation wußte und gelegentlich auf Anraten der Ärzte kürzer trat, schonte er sich nicht im geringsten. Seine letzte große Arbeit bestand darin, den schriftlichen Nachlaß Corinths für das Germanische Museum Nürnberg zusammenzustellen. Hier ist heute das Corinth-Archiv untergebracht. Mit dieser Aufgabe war er vor allem körperlich stark beansprucht. Die Papiere mußten verpackt und in großen Kartons zum Versand gebracht werden. Angebotene Hilfe nahm er nicht an. Auch Kays Mahnungen schlug er in den Wind. Nein, er wollte es alleine machen! Mit dieser Werkelei und auch der schriftlichen Auflistung, die er mit großer Akribie durchführte, hat er sich zweifellos übernommen. Sein Tod kam trotz allem für mich völlig unerwartet. Als an jenem Nachmittag um halb fünf Uhr das Telefon klingelte, konnte ich noch nicht einmal mehr ›Hallo‹ sagen, ich hörte nur eine Stimme immer wieder schreien: »He is dead, he is dead – – er ist tot!« Ich verstand zuerst überhaupt nichts, erkannte auch die Stimme nicht, fragte nur: »Wer, was, was ist geschehen?« Plötzlich begriff ich, daß Kay am anderen Ende war. Entsetzt fragte ich sie: ›Meinst du Thomas?‹ Sie weinte, schluchzte, schrie nur, rief immerzu: ›Komm her, komm her!‹ Auch sie hatte sein Tod wie ein Blitz aus heiterem Himmel getroffen.

Thomas hatte sich nachmittags zur Ruhe gelegt, nachdem er vom Postamt gekommen war. Er hatte nicht über Beschwerden geklagt, wollte nur schlafen. Kay war in der Küche beschäftigt, als sie ihn plötzlich unklar rufen hörte. Sie ging sofort zu ihm, aber da war schon alles vorbei. – Ich reagierte wie in Trance, griff zum Telefon, rief meinen Lebensgefährten Russ an, schrie ebenso, völlig hilflos, in den Hörer: ›Thomas ist tot, Thomas ist tot!‹ Das weitere tat ich auch mehr mechanisch. Ich rannte auf die Straße, winkte ein Taxi heran und weinte hemmungslos. Den ganzen Weg bis zu Thomas' Wohnung. Meinen ersten Schmerzausbruch mußte also der Taxifahrer über sich ergehen lassen. Die Fahrt kam mir wie eine Ewigkeit vor. Im New Yorker Verkehrschaos blieben wir mehrfach stecken, so daß ich am liebsten rausgesprungen und zu Fuß weitergelaufen wäre. Aber der Mann am Steuer besänftigte mich, wirkte in der Situation wie ein Tranquilizer. Als wir endlich angekommen waren, sah ich die Ambulanz vor der Tür. Aber sie war zu spät gekommen. Thomas war nicht mehr zu retten gewesen. Mit seinem Tode stirbt der Name Corinth aus. Thomas hatte – wie ich schon erwähnte – keine Kinder. Und meine drei tragen den Namen ihres Vaters. So wird also mit mir als der letzten geborenen Corinth dieser Name eines Tages völlig verschwunden sein.

Thomas und ich haben Lovis' starre Haltung beibehalten. Wann immer sich Menschen unseres Namens meldeten und behaupteten, sie seien aus Ostpreußen und mit uns verwandt, haben wir nicht darauf reagiert. Wir haben keine Verwandten, und erkennen niemanden als solche an. Lovis selbst hat es uns so gesagt. Seit Thomas' Tod bin ich von uns vieren nun die letzte. Von einer Stunde zur anderen ist alles auf mich gefallen: die Verantwortung und die Arbeit. Aber was noch schwerer wiegt: Ich kann niemanden mehr um Rat fragen. Mein Lebensgefährte Russ kann mir nicht behilflich sein. Er ist wie Kay Amerikaner. Und auch er hat in den zweiundzwanzig Jahren unseres Zusammenlebens nie deutsch gelernt. So sind Kay und er ungewollt zu hilflosen Außenstehenden degradiert. Eine Reihe von Menschen hat sich immer wieder freundlich erboten, mich zu unterstützen. Aber bei der Arbeit für Corinth und meine Mutter kann mir niemand helfen. Nur ich allein kenne mich da noch aus. Niemand kann mir die Arbeit abnehmen, wenn es um die Erlaubnis von Bildreproduktionen geht. Ich alleine besitze das Copyright für alles, was das Werk Corinths betrifft. Und nur ich kann die Genehmigung zur Publikation erteilen. Thomas und ich, und dabei bin ich geblieben, haben die Ansicht vertreten, nicht jeder von uns nicht zuvor genehmigten Publikation hinterherzulaufen. Uns war die Verbreitung des Werks von Corinth und auch das von meiner Mutter Charlotte Berend wichtiger als der Streit um kleine Honorare. Den vielen Anfragen, die sich auf meinem Schreibtisch türmen, stehe ich manchmal ratlos gegenüber. Die Fragen, die dort auftauchen, bedrängen mich oft bis in die Nacht. Wenn ich Briefe erhalte mit Fotos von Gemälden, die Corinth angeblich gemalt hat und zu denen ich Stellung nehmen soll, fällt die Entscheidung noch am leichtesten. Früher war das noch einfacher. Wenn sich gelegentlich so ein Brief zu mir verirrt hatte, dann gab ich ihn entweder an Thomas oder meine Mutter weiter. Mutti als einzige konnte klipp und klar von einem Bild sagen, ob es sich um einen echten Corinth handelte oder nicht. Thomas hingegen hat sich auf keinerlei Expertisen mehr eingelassen. Er wußte um die Unannehmlichkeiten, die solche Gefälligkeiten mit sich bringen können. Und ich halte es genauso. Manchmal wird mir die Arbeit zuviel. Ich versuche, mein Bestes zu tun, um dem Namen und dem Werk Corinths gerecht zu werden. Aber allmählich muß ich mit meinen Kräften haushalten, und spüre, daß ich nicht mehr so belastbar bin wie früher.

Nicht unerwähnt möchte ich lassen, daß mich seit Jahren bestehende Freundschaften mit den Direktoren einer Anzahl deutscher Museen verbinden. Es sind alles Herren, die lange nach meiner Mutter Tod ihr Amt angetreten haben, die ich also nicht aus dieser Zeit übernommen habe. Vielmehr hatte ich es mir stets zur Aufgabe gemacht, durch Besuche in Deutschland solche Verbindungen herzustellen und aufrechtzuerhalten.

Auch den Inhabern deutscher und internationaler hochgeschätzter Galerien und Auktionshäuser bin ich freundschaftlichst verbunden. Es sind Menschen, an die ich mich ohne Scheu wenden kann, um hie und da einen Rat einzuholen.

Vor den großen Auktionen oder Ausstellungen kommen die Herren – und auch Damen, bitte sehr – nach New York, um Kunstgegenstände ›einzusammeln‹. Dann freue ich mich herzlich über ihre Besuche in meinem Hause, und wir plaudern stundenlang. Oft bringen sie ihre Familien mit nach New York, Kinder, die ich über die Jahre habe heranwachsen sehen. Ich höre Neuigkeiten aus Deutschland, und so helfen diese lieben Menschen, mein Interesse an der alten Heimat zu erhalten. Ihnen allen bin ich für diese Freundschaft dankbar.

Thomas' letzter Wille war es, in der Familiengrabstätte seiner Frau beigesetzt zu werden. Als Grund dafür nannte er Rücksichtnahme auf sie. Für mich ist der Gedanke seltsam, denn dort ist er eigentlich ein Fremder. Aber am Ende ist es egal, wo man seine letzte Ruhe findet. Ich werde eines Tages, so hoffe ich wenigstens, neben meiner Mutter beerdigt werden. Mit Thomas' Ableben trug ich einen wesentlichen Teil meines Lebens zu Grabe. Als Kinder hielten wir uns immer an den Händen, eine Geste der Verbundenheit, die wir auch als Erwachsene beibehielten. Anläßlich der Gedächtnisfeier, die Kay und ich für ihn in einem sehr schönen stilvollen Raum eines Hotels arrangiert hatten, hielt ich ihm ein letztes Mal symbolisch die Hand. Wir hatten ein Gemälde von Lovis dort aufstellen lassen, das er vom neunzehnjährigen Thomas gemalt hatte. Damals gehörte es mir, heute ist es in Zürcher Privatbesitz. Unter den zahlreichen Gästen war natürlich auch mein Sohn Georg, der plötzlich die Idee hatte, ich solle mich neben das Gemälde stellen. Erst zögerte ich. Aber dann habe ich mich wie hypnotisiert auf das Bild zubegeben, stand neben Thomas, so wie immer und legte meine Hand leise auf den Rahmen des Bildes.

Ich erinnere mich jetzt an die Beerdigung von Corinth, als wir so entsetzlich tiefschwarz gekleidet hinter dem Sarg herliefen. Bei Thomas war das anders. In Amerika trauert man nicht in Schwarz. Im Gegenteil. Die Gesellschaft hatte sich in farbenfrohe Gewänder gehüllt. So trug ich ein altrosa Ensemble, Kay eins in beige. Auch sah ich nicht so verquollen und verweint aus wie damals, oder auch bei der Beerdigung meiner Mutter. Inzwischen bin ich weise geworden: Auch bei einer solchen Gelegenheit, und wenn sie noch so schmerzlich ist, kann man Haltung und Aussehen bewahren. Wie sehr Thomas geschätzt und beliebt war, spiegelte sich in der Vielzahl der anwesenden Gäste wider. Viele persönliche Freunde, aber auch Kunstgewaltige waren gekommen. Auch in der Kondolenzpost, die ich erhielt, drückte sich die große Wertschätzung aus, die er überall genoß.

Einstein und Alma Mahler-Werfel

Thomas hat meine Mutter um einundzwanzig Jahre überlebt. Das Kapitel ihres Lebens in Amerika habe ich bisher
nur in Stichworten angesprochen. Vom Tage ihrer Ankunft in
New York, kurz vor Kriegsbeginn 1939, bis zu ihrem Tode im
Januar des Jahres 1967, hat sie hier gelebt und das Land auch
nicht mehr – außer für kurze Reisen – verlassen. Sie liebte
Amerika vom ersten Tage an. Genau wie ich. Ihr gefiel die
Atmosphäre. Nach der ersten Euphorie in New York kam
zwar zunächst die Ernüchterung. Die Stadt war ihr zu hektisch, sie konnte nicht recht Fuß fassen. Auch mit dem Malen
klappte es nicht so, wie sie es sich vorgestellt hatte. So
entschloß sie sich 1940 nach Santa Barbara in Kalifornien
überzusiedeln. Dort lebten zu der Zeit viele Künstler, auch
Deutsche, die die Heimat hatten verlassen müssen. Drei Tage
und drei Nächte war sie mit der Bahn unterwegs, denn
Fliegen war damals keineswegs so in Mode wie heute. Die
Entfernung von New York an die Westküste ist im übrigen
dieselbe wie von Europa nach New York.
In Santa Barbara fühlte sich Mutti schnell heimisch; sie fand
Anschluß an einen Kreis von Menschen, die sie von früher her
kannte und wurde ganz selbstverständlich integriert. Alle
wußten von Corinth und ihr. So traf sie Fritzi Massary
wieder, die Freundin aus alten Berliner Tagen, schloß neue
Freundschaft mit Alma Mahler-Werfel, die sich nach Franz
Werfels Tod dort niedergelassen hatte. Sehr bald lernte sie
Donald Bear, Direktor des ›Museum of Art‹ von Santa Bar-

bara, kennen. Er interessierte sich sehr für ihre Kunst und erteilte ihr Aufträge für Porträts. Schließlich arrangierte er auch Ausstellungen ihrer Werke, so daß sie sich künstlerisch bestätigt fand. Sie mietete sich ein Häuschen, dicht am Pazifischen Ozean gelegen, das sie später auch hätte kaufen können. Der Preis war für heutige Verhältnisse spottbillig: 5000 Dollar. Aber Geld war knapp und die Zukunft ungewiß. So hat sie auf den Kauf verzichtet. Trotzdem fühlte sie sich in der neuen Umgebung glücklich; schon frühmorgens konnte sie vom Haus aus direkt ins Meer springen. Auch an Geselligkeit fehlte es nicht. Man traf sich reihum, mal bei dem, mal bei jenem, führte interessante Gespräche. Auch Thomas Mann, der mit seiner Familie dort lebte, begegnete ihr gelegentlich. Man hielt losen Kontakt.

Aus der Zeit existieren viele herrliche Ölbilder und Aquarelle. Vor allem die Landschaften haben einen besonderen Reiz. So malte sie das Meer, die Möwen, die Pelikane. Alles in dem wunderschönen kalifornischen Licht. Aber auch Blumenstilleben und solche mit den köstlichen Früchten dieses Landes.

Alle Künstler, die sich damals aus Deutschland herübergerettet hatten, waren knapp bei Kasse. Ihre deutschen Konten waren gesperrt. Viele von ihnen hatten keine Gelegenheit, in ihren Berufen zu arbeiten. So saß auch Ilka Grüning lange Zeit ohne Engagement herum. Man war anspruchslos, aber fröhlich, wenn auch nicht ganz ohne Heimweh. Meine Mutter war besser dran als manch anderer, denn sie malte. Später hat sie mir oft mit dem Unterton des Bedauerns vorgehalten, daß es ein Fehler von mir gewesen sei, das Malen nicht fortgeführt zu haben. »Du glaubst gar nicht, welche Hilfe das ist, um Menschen kennenzulernen. Wenn ich meine Staffelei aufstellte, meinen Zeichenblock zur Hand nahm und den

Tuschkasten aufmachte, kamen die Menschen geradezu in hellen Scharen. Vielfach waren es nur Schaulustige. Aber mir sind auch viele interessante Leute begegnet, meist Männer, die sich einfach neben mich gestellt und meine Arbeit bewundernd kommentiert haben. Manche von ihnen wollten sich auch von mir malen lassen.«

Oft, so erzählte sie mir, habe sie sich gewünscht, auf diesem Wege vielleicht doch noch einmal einen Partner zu finden. Lovis war schon so viele Jahre tot und sie noch immer allein. Ernsthaft erwog sie den Gedanken einer Wiederverheiratung. Sie erzählte mir von einem ihr bekannten Arzt, der wohlwollend riet: »Einen Künstler, Charlotte, würde ich Ihnen nicht empfehlen. Wenn überhaupt, dann müssen Sie sich einen seriösen Mann aussuchen. Einen, der Geld hat. Am besten einen Geschäftsmann. Natürlich muß er umfassend gebildet sein, damit Sie auch einen Gesprächspartner haben.« Meine Mutter hat sich das anscheinend zu Herzen genommen und in ihrem Freundeskreis Ausschau gehalten. Anläßlich einer Einladung lernte sie auch bald einen Herrn kennen, mit dem sie dann öfter ausging. Aber schnell kamen ihr Zweifel. Jeden Tag ein und denselben Menschen sehen zu müssen, mit ihm morgens aufzuwachen und abends zu Bett zu gehen, das konnte sie sich nicht mehr vorstellen. Oft haben wir uns darüber unterhalten. Am Ende eines solchen Gespräches stand für sie immer die Feststellung, doch lieber allein bleiben zu wollen. Sie wollte ihrer Kunst leben und dem Andenken Corinths. Ihre einzige Sorge war die, eines Tages nicht mehr malen zu können, im schlimmsten Falle das Augenlicht zu verlieren. So ist sie der Helen Keller Society (Blindenhilfswerk) beigetreten und unterstützte sie auch finanziell, weil sie das Schicksal der Blinden stark berührt hat. Auch ich bin seit langem dort Mitglied und habe damit ihr Anliegen zu meinem gemacht. Meiner Mutter Bemühen, sich zu verheiraten oder zumindest einen Lebenspartner zu finden, lag einzig in der Sorge begründet, später einmal Thomas oder mir zur Last zu fallen.

Während ihrer Jahre in Kalifornien war der Briefwechsel zwischen ihr und Thomas sehr rege. Manchmal ging die Post zweimal wöchentlich hin und her. Manche Briefe habe ich jetzt erst in Thomas' Nachlaß gefunden. Ich habe sie vernichtet, damit sie sich kein Fremder aneignen kann. Als ich sie las, kämpfte ich mit den Tränen und hatte das Gefühl, daß sogar ich kein Recht darauf hätte, ihren Inhalt zu kennen. Um Mutti zu sehen, hat Thomas die weite Reise von New York nach Kalifornien oft zweimal im Jahr gemacht. Seine Präsenz gab ihr das Gefühl der Geborgenheit.

Von Santa Barbara aus reiste sie gelegentlich durch Amerika. So besuchte sie 1944 Albert Einstein in Princeton. Die beiden kannten sich. Ob er auch einmal zu einem Gegenbesuch nach Kalifornien kam, ist mir nicht bekannt.

In Princeton jedenfalls saß er auf ihre Bitte hin Porträt für sie. Allerdings nicht ohne dabei zu arbeiten. »Ich kann nicht einfach so untätig sitzen. Lassen Sie mich etwas tun, dann sitze ich gerne für Sie still«, meinte er. So entstanden eine Anzahl schöner Zeichnungen von ihm. Der Kontakt zwischen Einstein und meiner Mutter blieb auf liebenswürdig lockere Weise viele Jahre erhalten.

In den Jahren in Kalifornien entstand das erste Buch meiner Mutter ›Mein Leben mit Lovis Corinth‹. Gleich nach Corinths Tod hatte sie mit ihren Aufzeichnungen begonnen. Damals wollte sie lediglich in Tagebuchform die Gemeinsamkeiten festhalten, sich vor allen Dingen Trost holen, indem sie das Leben mit ihm durch ihre Niederschriften wieder auferstehen ließ. Nur für sich selbst wollte sie es tun. Ihre Erinnerungen hatte sie auf unzähligen Blättern zusammengeschrieben. Zufällig traf sie eines Tages mit dem gleichfalls in Santa Barbara lebenden Schriftsteller und Biographen Emil Ludwig zusammen. Als er von ihren ›gebündelten Gedanken‹ erfuhr, bat er darum, sie lesen zu dürfen. Er war so davon angetan, daß er um Erlaubnis bat, für sie ein Buch daraus zu machen. Er war davon überzeugt, daß der Inhalt der Nachwelt erhalten bleiben müsse. Meine Mutter nahm den Vorschlag dankbar an, und so ist daraus ein abgerundetes Stück Literatur geworden. Diesmal konnte ich von Hilfe sein. Ich kannte in Hamburg Herrn Gutsche, den feinfühligen Lektor des in Hamburg-Bergedorf beheimateten Strom-Verlages. Dem gab ich Muttis fertiges Manuskript mit der Vorrede von Emil Ludwig. Herr Gutsche war hingerissen. ›Mein Leben mit Lovis Corinth‹ erschien 1948. Auf Kriegspapier gedruckt, fallen heute die braun-vergilbten Seiten brechend auseinander, aber was dort zu lesen stand, ist genauso erschütternd zu lesen, wie an dem Tage, an dem meine Mutter es niederschrieb. Muttis zweites Erinnerungsbuch erschien genau zehn Jahre später, 1958, im Albert Langen - Georg Müller Verlag, in München.

Zur gleichen Zeit muß Alma Mahler-Werfel damit begonnen haben, ihr Buch zu schreiben, das sie ›Liebe ist die Brücke‹ betitelte. Emil Ludwig, der es gelesen hatte, zeigte sich vom Inhalt nicht angetan. Meiner Mutter gegenüber äußerte er sich etwa so: »Ich lehne dieses Buch ab, es renommiert mit berühmten Namen, es gefällt mir nicht. Anstatt ein wirklich gefühlsstarkes Werk daraus zu machen, schwimmt nur die Prominenz auf der Oberfläche herum.« Meine Mutter hatte sich vorgenommen, nicht in denselben Fehler zu verfallen. So sucht man in ihren Büchern vergeblich nach den großen Namen. Auch mir geht es im Moment ähnlich. Aber ich meine, daß diese Menschen inzwischen ein Stück Zeitgeschichte geworden sind, und ich durchaus über sie sprechen darf. Auch gebe ich Emil Ludwig mit seiner Kritik nicht ganz recht. Denn für Alma Mahler-Werfel spielten diese Menschen in ihrem Leben eine große Rolle, und es ist nicht einzusehen, warum sie sie nicht erwähnen sollte.

Jetzt sollte ich Lotte Lehmann erwähnen, die gleichfalls in Santa Barbara lebte. Nach der Emigration aus Deutschland konnte sie auch in Amerika ihre Popularität und ihren Ruhm fortsetzen. Sie war ständiger Gast an der Metropolitan Opera in New York und auch anderen Opernhäusern der Vereinigten Staaten. Ihre Konzerte waren berühmt. Auch ich hatte noch das Vergnügen, sie zu hören. Es war in der allerersten Zeit meines New-York-Aufenthalts, als Lotte Lehmann ihr letztes Konzert gab. Sie hatte für Mutti und mich schöne Parkettplätze reservieren lassen, und sang zum Abschied Lieder aus einem Schumann-Zyklus. Es war ein wahrlich triumphaler Abend für sie. An diesen Abend erinnere ich mich auch noch aus einem anderen Grund. Lotte Lehmanns Bruder Fritz, der seine Schwester nicht nur heiß liebte und verehrte, sondern auch als ihr Agent fungierte, war von ihrem Gesang immer so gerührt, daß er regelmäßig in Tränen ausbrach. So saß er auch dieses letzte Mal in der Loge und bedeckte seinen ganzen Kopf mit einem übergroßen typisch deutschen Herrentaschentuch. Er wollte damit seine Gefühlswallungen verdecken. Meine Mutter erzählte mir, daß er immer herzzerreißend geweint habe, sobald Lotte nur den ersten Ton von sich gab. Da spielte es auch gar keine Rolle, ob er das jeweilige Lied zum ersten oder hundertsten Male gehört hatte. Lotte Lehmann war sehr mit meiner Mutter befreundet. Eines Tages fühlte sie sich zum Malen berufen und ließ sich von meiner Mutter unterrichten. Mit der Bezahlung haperte es allerdings gelegentlich, aber wohl mehr aus Vergeßlichkeit, denn aus Absicht. Immerhin, meine Mutter klagte darüber in Briefen an Thomas. Sie brauchte das Geld nötig, und Lotte Lehmann war keine arme Frau. Von ihrer Begabung in der Malerei war meine Mutter nicht sehr überzeugt, aber sie ließ Lotte gewähren. Die war sehr stolz auf ihre Kunstwerke, wie etwa auf eine Schneelandschaft. Um den Schnee auf die Leinwand zu bringen, benutzt sie eine alte Zahnbürste, bestrich sie mit weißer Farbe und schnipste diese mit dem Fingernagel von der Zahnbürste auf das soeben gemalte Bild. Sie war eine reizende, liebenswerte Person. Ihr Leben teilte sie damals mit ihrer Freundin Frances, einer Amerikanerin. Die beiden lebten zusammen und reisten viel in der Gegend herum. Frances sorgte für Lotte. Meine Mutter hat von ihr ein lebensgroßes Porträt als Marschallin im »Rosenkavalier« gemalt. Dieses Bild ist in New Yorker Privatbesitz.

Die pekuniäre Situation war für meine Mutter trotz guter Auftragslage nicht immer einfach. Übrigens auch nicht für Thomas, der am Anfang seines Berufslebens stand und die Erfahrung machen mußte, daß man in einem fremden Land leider doch nur langsam vorankommt. Ich kann heute sagen, daß sich diesbezüglich noch immer nicht viel geändert hat. Von wenigen Star-Karrieren abgesehen, bleibt man im Ausland dennoch immer ein Fremder. Das hängt nicht zuletzt mit der Sprache zusammen. Denn wer nicht in Amerika zur Schule gegangen ist, behält seinen Akzent bei, ob er will oder nicht. Wenn es dann nicht um das berufliche Fortkommen geht, finden die Leute das meist sehr charmant, sonst nicht; da wird mit harten Bandagen gekämpft. Aber das gilt sicher nicht nur für Amerika. Ich habe die Erfahrung gemacht, obwohl ich inzwischen fließend Englisch spreche, daß ich ganz persönliche Dinge eben doch nur in meiner Muttersprache formulieren kann. Nicht anders wird es wohl auch Thomas Mann ergangen sein, der seine Bücher grundsätzlich nur in deutscher Sprache geschrieben hat und in Deutschland verlegen ließ. Das fällt mir an dieser Stelle deswegen ein, weil zwischen Thomas Mann und meiner Mutter eine Korrespondenz bestand. Ihre an ihn gerichteten Briefe beantwortete er in seinem einmaligen Stil.

Um auf die Malerei zurückzukommen: Hier existieren gottlob keine Sprachbarrieren. Dieser Kunstzweig kennt keine Grenzen. So war meine Mutter immer sehr von der amerikanischen Malerei beeindruckt und befand sich diesbezüglich in Übereinstimmung mit George Grosz. »Die Kerle verstehen ihr Handwerk«, meinte er, als sie ihn eines Tages in New York wiedertraf. George Grosz leitete eine Malklasse. Ich war kurze Zeit Schülerin bei ihm, denn ich wollte mein Talent dazu benutzen, mich hier zur Modezeichnerin ausbilden zu lassen. Leider ist es nicht dazu gekommen. George Grosz übrigens hat nie erfahren, daß ich Lovis Corinths Tochter bin; ich wollte nicht von dem Namen profitieren.

1945 war meine Mutter von Santa Barbara nach New York zurückgekehrt. Sie eröffnete eine Malschule und gab zusätzlich Kurse in Kunstgeschichte. Aus diesen Einkünften finanzierte sie die Care-Pakete, die sie uns nach Deutschland schickte, später dann unseren Aufenthalt in Ascona und die Überfahrt für mich und die Kinder nach Amerika, schließlich die Passage für Hanns Hecker. Viel Vergnügen, so hat sie mir oft erzählt, bereitete ihr in diesen arbeitsreichen Jahren die Bekanntschaft mit dem Galeristen Kurt Valentin, einem großen Verehrer von Lovis Corinth. Der gebürtige Berliner hatte sich im New Yorker Kunstleben einen guten Namen gemacht. Zusätzlich war er ein vollendeter Gastgeber, seine Partys waren berühmt. In seinem Hause sah meine Mutter Alma Mahler-Werfel wieder. Ihr ging inzwischen der Ruf der Misanthropin voraus. Aber zwischen ihr und meiner Mutter entwickelte sich sehr bald ein warmherziges Verhältnis. Im Café de la Paix, einem Emigrantentreff, führten die beiden häufig lange, interessante Gespräche. Dabei überboten sie sich gegenseitig mit kleinen, aber ausgesuchten Geschenken. Damals beschenkte man sich wohl grundsätzlich gerne. Denn auch der Kubist Lyonel Feininger, der zusammen mit seiner Frau zum New Yorker Freundeskreis meiner Mutter gehörte, überreichte ihr eines Tages ohne besonderen Anlaß eines seiner Aquarelle. »Ich will mich doch in meiner Kunst ausströmen«, war einer der Standardsätze, den meine Mutter oft von ihm zu hören bekam.

Zurück zu Alma Mahler-Werfel. Sie besaß in New York ein reizendes kleines Haus, ein sogenanntes Town-House. Leider haben diese Häuser den Nachteil, daß sie sehr dunkel sind, denn sie sind alt und nur mit kleinen Fenstern versehen. Ich fand es bei Alma Mahler-Werfel immer sehr gemütlich, aber ich hätte so nicht leben mögen. Sie kaufte das Haus von dem Honorar, das Werfel für sein Buch ›Das Lied von Bernadette‹ hinterlassen hatte, so erzählte sie jedenfalls meiner Mutter. Sie war sehr hübsch eingerichtet, hatte über ihrem Sofa die berühmte ›Windsbraut‹ von Kokoschka hängen, auch andere Bilder, die ihr der Künstler geschenkt hatte. Die bekannten ›Fächer‹, die er für Alma entworfen hatte, bewahrte sie sorgsam in einer Glasvitrine. Oskar Kokoschka und Alma Mahler-Werfel waren eng befreundet, zu einer Eheschließung allerdings kam es nicht. Für ihn war sie Inspiration, ebenso wie für die anderen bedeutenden Männer an ihrer Seite wie Gustav Mahler, Franz Werfel, Walter Gropius. Über den hat sie meiner Mutter gegenüber manches Mal gelästert: »Der ist so langweilig, nicht die Spur von einem Künstler!«
Alma Mahler-Werfel war häufig das Opfer von Spott und Anfeindungen. Man hat ihr bestimmt vor allem ihre berühmten Ehemänner und Freunde geneidet. Ich habe das immer sehr

ungerecht gefunden. Denn schließlich war sie nicht nur deren Muse, sondern auch eine faszinierende Persönlichkeit. Jedenfalls habe ich sie so erlebt. Und ihre diversen intellektuellen Partner werden sicher auch gewußt haben, warum sie sich mit ihr einließen. – Wenn sie sich manchmal besonders naiv gab, nahm man es lächelnd in Kauf. So erinnere ich mich an einen ihrer Europa-Trips, den sie meiner Mutter und mir auf groteske Weise schilderte: »Der Flug war schrecklich, hat ewig lange gedauert. Stellt euch vor, das Flugzeug ist einfach für Stunden still in der Luft gestanden. Nichts hat sich gerührt, rein gar nichts. Wir standen da einfach, ohne uns fortzubewegen, bis es dem Kapitän dann schließlich auffiel. Dann rührte es sich plötzlich und man hatte das Gefühl, es fliegt weiter.«

Zu der Schilderung dieses Flugerlebnisses konnten wir uns guten Gewissens natürlich nicht äußern, aber wir haben sie in dem Glauben gelassen, daß sie Außergewöhnliches erlebt hatte. Sicherlich hat sie öfter solche Dinge von sich gegeben, aber da sie es in ihren unschuldigen Charme verpackte, hat man es ihr nie verübelt.

Alma war in New York sehr einsam. Ihre Tochter Anna, eine bekannte Bildhauerin, kam nur selten zu Besuch. Das New Yorker Town-House, das natürlich auch viel Arbeit machte, ließ Alma zu der Zeit als wir sie kannten, von einem männlichen Bediensteten in Schuß halten. Ob er sich ihr gegenüber immer loyal verhalten hat, bleibe dahingestellt. Ich weiß nur von Almas gelegentlichen Klagen, mal dies, mal das und sogar auch Geld zu vermissen. Als ich ihr riet, der Sache nachzugehen, winkte sie ab. An solchen Dingen war sie nicht interessiert. Meine Mutter schenkte ihr eine Zeichnung von Corinth. Es war ein Christus. Dieses Sujet war mit Bedacht ausgewählt, denn Alma war eine gläubige Christin. Ihre Einsamkeit vertrieb sie sich in ihren letzten Lebensjahren weitgehend mit Telefongesprächen. So klingelte bei meiner Mutter fast täglich das Telefon, Alma berichtete ihr vom Einerlei ihres Tagesablaufs. Angeblich lag sie täglich stundenlang auf dem Sofa, mied das Bett, lebte nur noch von Portwein und Zwiebäcken. Der dienstbare Geist kümmerte sich angeblich auch nicht mehr besonders um sie. Nur gelegentlich lebte Alma auf, beschwor die Vergangenheit, erzählte von ihrer so lang zurückliegenden Freundschaft mit dem Dirigenten Bruno Walter und von den Proben, bei denen sie dabeisein durfte. So hatte sie damals Gustav Mahler kennengelernt. Damals komponierte sie auch selbst. Ohne Bedauern betonte sie uns gegenüber immer wieder, daß sie diese Neigung leichten Herzens aufgegeben habe. Eines Tages rief sie nicht mehr an. Alma Mahler-Werfel war in Einsamkeit gestorben. Von ihrer Tochter erhielt meine Mutter später die Christus-Zeichnung zurück. So endete diese Freundschaft.

Ich bin sehr stolz darauf, daß ich von den beiden Damen noch ein letztes Foto geschossen habe. Das war im Jahr 1960 anläßlich des 80. Geburtstages meiner Mutter. Die Galerie Kendy in der Madison Avenue, sie existiert heute nicht mehr, hatte zu ihrem Ehrentag eine umfangreiche Ausstellung ihrer Werke veranstaltet. Alma wollte zunächst nicht kommen, weil sie sich nicht wohlfühlte. Aber zu unserer großen Freude erschien sie schließlich doch, wollte meiner Mutter mit ihrem Besuch ein besonderes Geschenk bereiten. Ich habe die beiden Freundinnen in einem geradezu historischen Foto mit dem Champagnerglas in der Hand für die Nachwelt festgehalten.

Meine Mutter überlebte nicht nur Alma Mahler-Werfel um Jahre. Auch Lyonel Feininger starb lange vor Charlotte Berend-Corinth im Jahre 1956. Am 17. März 1943 schrieb er ihr einen Brief nach Kalifornien, den sie als besonders wichtig aufbewahrt hatte. Ich möchte ihn hier nicht auslassen:

»Liebe Frau Corinth.

Ihr freundlicher Brief mit der eingeschlossenen Kritik von Donald Bear hat mir Vergnügen bereitet und ich danke Ihnen wirklich sehr. Bitte geben Sie den Ausdruck meiner Bewunderung und meinen Dank auch an Mr. Bear. Ich hoffe, daß Ihre ›Ein-Mann-Show‹ in San Francisco sehr erfolgreich sein wird. Es scheint mir fast wie ein Traum, daß ich weiß, daß Sie nun auch in Amerika malen. Ich besinne mich wohl, daß wir Ihr Werk in Berlin seit vielen Jahren bewundert haben. Mögen Sie San Francisco? Wie finden Sie überhaupt Kalifornien? Meine Frau und ich lieben es. Aber ich bin nicht sicher, ob ich dort leben und arbeiten könnte. Es dauert für mich Jahre, ehe ich mich einlebe, und hier war ich schon als Junge. Ich denke, es mag Sie interessieren, daß ich Ihnen einen Katalog von meiner neuesten Ausstellung mit einlege.

Meine Frau und ich senden Ihnen alles Liebe und beste Wünsche

und verbleibe Ihr sehr ergebener

Lyonel Feininger.«

Als meine Mutter am 10. Januar 1967 starb, wußten Thomas und ich nicht, wo wir sie bestatten sollten. Lovis' Grabstätte liegt im Waldfriedhof von Stahnsdorf bei Berlin, also mußten wir nach einer Alternative suchen. Da erinnerten wir uns an Feininger, baten seine Frau um Unterstützung. So ist meine Mutter nur ein paar Meter von Lyonel Feininger entfernt im Mount Hope Cemetary in Hastings on Hudson, nahe New York, beigesetzt. Auf dem großen Stein stehen ihr Name, ihre Daten und BELOVED WIFE OF LOVIS CORINTH.

Die Trauerfeier für meine Mutter fand am 12. Januar 1967 in einem würdevollen Rahmen statt. Viele Freunde, Künstler,

Vertreter des öffentlichen Lebens und der Kunstszene waren erschienen. Thomas und ich verabschiedeten uns von ihr mit dem Ritual, das wir ein Leben lang praktiziert hatten: Hand in Hand standen wir schweigend vor dem blumengeschmückten Sarg. Die Nachrufe auf meine Mutter kamen aus allen Teilen der Welt. Wie hochgeachtet sie als Mensch und Künstlerin war, mag aus dem Brief des damaligen Generaldirektors der Berliner Nationalgalerie, Professor Dr. Stephan Waetzoldt hervorgehen. Seine warmherzigen Zeilen stehen stellvertretend für die trostreichen Worte, die uns in zahlreichen Kondolenzschreiben zuteil wurden. Professor Waetzoldt schreibt:

> »Durch ihr Werk und das Wirken in Berlin, wie durch die Verbundenheit zum Schaffen von Lovis Corinth und die Fürsorge für seine künstlerische Hinterlassenschaft, hat Charlotte Berend-Corinth in so vielen Beziehungen zur Nationalgalerie gestanden, daß wir uns auch nach all den vielen Jahren noch zu tiefem Dank verpflichtet fühlen. Ich glaube sicher sagen zu können, daß Frau Berend-Corinth zu den Bevorzugten gehörte, denen ein langes und reiches, schöpferisches Leben in so hohem Alter und in geistiger Frische beenden zu können, gegeben ist. Das ist wohl nicht alltäglich.«

Da hier von der Berliner Nationalgalerie gesprochen wird, möchte ich noch etwas anderes anfügen. Es betrifft Lovis und sein besonderes Verhältnis zu den Berliner Museen. Corinth hat ein sehr umfangreiches graphisches Werk hinterlassen und war darüber hinaus als Maler erotischer Themen bekannt. Viele seiner Buchillustrationen haben stark erotischen Einschlag. Er war der Meinung, daß die Erotik in der Kunst nicht nur delikat, sondern sehr schwierig zu interpretieren sei. So hat er eine Serie von Zeichnungen erstellt, die ich nie gesehen habe, und soweit ich weiß, außer meiner Mutter sonst auch niemand. Sie und Corinth hielten es für angebracht, diese Blätter der Öffentlichkeit nicht zugänglich zu machen, sie weder auszustellen noch zu verkaufen. Sie beschlossen, das Werk einem Museum zu übergeben. Lovis schrieb einen Brief, der an den damaligen Direktor des Kupferstichkabinetts in Berlin gerichtet war. In dem Schreiben, das am 29. Juni 1922 in Berlin ausgefertigt wurde, heißt es:

»Sehr geehrter Herr!
Es ist meine Absicht, diese Kollektion, welche in dieser Mappe ist, vor unverständigen Menschen zu bewahren. Deshalb will ich diese Arbeiten dem hiesigen Kupferstich-Kabinett dedizieren, für das die Blätter interessant sein dürften. Sobald die Motive künstlerisch gelöst sind, ist es wie jedes andere ebenfalls Kunst. Ja, ich halte die Erotik für eines der allerkünstlerischsten Fächer, die ein Künstler zu überwinden hat.
Lovis Corinth.«

Darunter hat meine Mutter geschrieben:

»Heute habe ich, dem Wunsche meines Mannes folgend, die Mappe mit 31 Blättern Herrn Geheimrat Justi überreicht. [Geheimrat Justi war zu dieser Zeit Direktor der Nationalgalerie und mit meiner Mutter sehr befreundet. Anmerkung Wilhelmine Corinth.] Berlin, 16. Juni 1927. Charlotte Berend-Corinth.«

Weiter unten hat Ludwig Justi bestätigt: Die Mappe habe ich heute von Frau Professor Corinth für die Nationalgalerie in Empfang genommen. 16. Juni 1927. Ludwig Justi.

New York

Nun möchte ich von meiner Zeit in Amerika auf den letzten Seiten meiner Aufzeichnungen erzählen. Als die Kinder und ich vor mehr als vierzig Jahren hier ankamen, konnten wir uns keineswegs ins gemachte Nest setzen. Viele Probleme tauchten gleichzeitig auf. In welche Schule sollte ich sie schicken, wie konnte ich Geld verdienen, wo gab es eine passende Bleibe für uns? In New York herrschte damals Wohnungsnot. Eine einigermaßen erschwingliche Behausung zu finden, war schwierig und ein reiner Glücksfall. Meine Mutter wohnte seinerzeit in einem sogenannten Residence-Hotel mit zwei kleinen Räumen und einer Kochnische. Bei ihr konnten wir lediglich für die ersten paar Nächte Unterschlupf finden. So entschloß ich mich, die Kinder fürs erste aus der Stadt herauszunehmen und brachte sie in einem Katholischen Camp für Buben und Mädchen unter, denn dafür konnte ich das Schulgeld gerade noch aufbringen. Dort fühlten sie sich zwar keineswegs glücklich, aber ich hatte keine andere Wahl und mußte mich zu diesem harten Schritt durchringen. Ich mußte unabhängig sein, um einen Wohnungsmakler nach dem anderen ›abklappern‹ zu können. In der mir völlig fremden Stadt war das eine große Strapaze. An den Wochenenden hetzte ich dann hinaus aufs Land zu meinen Kindern und wurde jedesmal mit Tränen empfangen und mit Tränen verabschiedet. Es war ja auch nicht leicht für die drei, sich in der neuen Welt zurechtzufinden, in der sie nun lebten. So wußten sie beispielsweise nichts mit den Kreuzen anzufangen, die ihnen die Nonnen umgehängt hatten. Den knapp zehnjährigen Georg traf es einmal besonders hart. Eine der Schwestern ermutigte ihn, schwimmen zu gehen. Er zögerte, weil er es noch nicht richtig gelernt hatte. Sie aber meinte, daß er es getrost wagen könnte, das Kreuz würde ihn vor dem Untergehen bewahren. Tapfer sprang er ins tiefe Wasser und wäre natürlich fast ertrunken. Aber die Kinder erlebten im katholischen Camp auch Positives. So fand sich eine andere Schwester, die ihnen mit einem englisch-deutschen Lexikon bewaffnet, alle fremden Redewendungen und Worte beizubringen versuchte. An diese Jahre erinnern sich meine Kinder heute noch.

Weder meine Mutter noch Thomas, die ihren eigenen Arbeiten nachgehen mußten, konnten mich bei meinen ersten mühsamen Gehversuchen in New York unterstützen. So war ich glücklich, schon nach verhältnismäßig kurzer Zeit eine kleine Wohnung im New Yorker Vorort Queens zu finden. Platz war wenig, aber fürs erste reichte es: Drei Zimmer, Küche, Bad. Ich mußte auch Hanns Hecker berücksichtigen, der inzwischen seine Ansicht geändert hatte und auch zu uns nach Amerika stoßen wollte. Aber zunächst zogen wir zu viert ein und arrangierten uns, so gut es eben ging.

Als nächstes mußte ich einen Job finden. Thomas und ich studierten stundenlang die Stellenanzeigen und entdeckten die kuriosesten Angebote. Vieles kam für mich überhaupt nicht in Betracht. Es wurden ›girls‹ für Hotel- und Restaurantgarderoben gesucht, auch Zigarettenverkäuferinnen, die damals noch in den Lokalen mit einem Riesenbauchladen herumliefen. Der Verdienst war minimal und Thomas lehnte diese Tätigkeit für mich energisch ab. Ich teilte seine Meinung keineswegs, war drauf und dran, mich dort vorzustellen, denn ich mußte ja Geld verdienen, egal womit. Gelernt hatte ich ja nichts. Aber ich gab ihm nach und wir blätterten weiter, entdeckten eine Annonce, in der ›artists‹ gesucht wurden. Diese ›Künstler‹ sollten Blumen auf Behälter malen. Wir zerbrachen uns den Kopf, was damit wohl gemeint sei. Aber Blumenmalen, das klang schon besser! Ich versuchte mein Glück, stellte mich vor, folgte dem Rat meiner Mutter, die meinte: »Nimm ein Bild von mir unter den Arm, und sag denen einfach, es sei von dir gemalt.«

Mir war etwas mulmig bei dem Gedanken, aber in der Not entschloß ich mich zu dieser List. Nach langer Fahrt mit der Subway, landete ich in einer Fabrik, zeigte dort jemandem Muttis Blumenbild und stieß auf völliges Unverständnis und Staunen. Man setzte mich an einen Tisch, zusammen mit anderen Arbeiterinnen. Sie alle bemalten Haushaltsgegenstände. In meiner Reihe wurden Brotkästen und Behälter für Klobürsten verziert. Später haben sie uns dann noch Klodeckel und Papierkörbe für das Badezimmer dazugestellt. Irgendeiner sagte an, daß alles mit Rosen bemalt werden müßte. Meine Nachbarinnen hatten den Bogen fein raus. In Windeseile fabrizierten sie ihre Blumen, während ich völlig hilflos vor meinen Klodeckeln saß. Eine junge Japanerin neben mir hatte Mitleid und erklärte mir, wie man mit dem Pinsel umgeht, wie ich ihn drehen müßte und führte mir sogar die Hand. Ich dachte nur: ›Allmächtiger, das schaffst du nie – Mine, wo bist du hingeraten.‹ Auch der Aufseher hatte ein Einsehen, meinte, daß ich für diese Arbeit wohl doch nicht geeignet sei und mit meinem schönen Gemälde lieber ein Museum beglücken sollte. Das war der Beginn meiner Berufstätigkeit in New York.

In einer anderen Anzeige wurde ein Künstler ohne Vorkenntnisse gesucht. Nur mit Farben sollte er sich auskennen und gerade soviel Kunstverständnis haben, um Papierlampenschirme zu gestalten. In meiner Verzweiflung stellte ich mich auch dort vor – und hatte Glück. Um es vorweg zu nehmen:

Ich blieb zehn Jahre. Bei dieser Tätigkeit habe ich wirklich viel gelernt. Heute gibt es meines Wissens in New York kein solches Studio mehr. Natürlich war meine Arbeit von der großen Kunst weit entfernt. Aber was ich fabrizierte, konnte sich durchaus sehen lassen. Glücklich war ich vor allem darüber, daß ich mich wieder frei entfalten und meine eigenen Ideen verwirklichen konnte. Ich fing täglich um halb neun Uhr an und arbeitete mit einer halben Stunde Mittagspause bis um halb sechs. Irgendwann faßte ich den Entschluß, mich selbständig zu machen. Ich eröffnete ein eigenes Studio in der 3rd Avenue nahe der 79sten Straße, und nannte es, ›Corinth-Art-Studio‹. Diese Entscheidung habe ich nicht bereut. Ich hatte eine gute und zahlungskräftige Kundschaft und unterrichtete zusätzlich die Damen der feinen New Yorker Gesellschaft in der Fertigung von künstlerischen Lampenschirmen. Die ›New York Herald Tribune‹ widmete mir eines Tages sogar einen hübschen Artikel und lobte meine Arbeit und mich in den höchsten Tönen.

Zu Beginn meiner ›Karriere‹ brachte ich natürlich noch nicht viel Geld nach Hause. Ich konnte mir keine Hilfe für die Kinder leisten, mußte sie sich selbst überlassen. Meine Mutter hatte sich zwar erboten, so oft wie möglich einzuspringen, aber ihr Gesundheitszustand und auch ihr fortgeschrittenes Alter hinderten sie manches Mal daran. Überhaupt war der Anfang wirklich hart. Ich konnte mir weder ein Telefon leisten noch eine Krankenversicherung. Da durfte wirklich nichts passieren. Wenn ich morgens um fünf Uhr aufstand, hatte ich schon ein volles Programm vor mir. Die Wäsche mußte gewaschen und gebügelt, Frühstück und Mittagessen für die Kinder vorbereitet werden. Bald hatte ich keine Ideen und keine Kraft mehr. Da sie sich total alleine versorgen mußten, entschloß ich mich, ihnen einfach jeden Tag einen fertigen Kuchen hinzustellen. Aber das war auf die Dauer natürlich nicht gesund. Aber ich war die Sorge los, daß sie womöglich etwas mit dem elektrischen Ofen anstellen könnten. Nach der morgendlichen Hausarbeit eilte ich, mein Frühstück noch in den Händen, zur U-Bahn. So ging das viele Jahre.

Eines Tages bekam Georg eine schwere Grippe. Ein im Hause wohnender Arzt behandelte ihn freundlicherweise, auch ohne daß ich ihn sofort bezahlen konnte. Was sollte ich nur tun? Ich wagte nicht, durch Fernbleiben meinen Job zu gefährden. Während ich mit schlechtem Gewissen zu meinen Lampenschirmen rannte, kümmerte der Arzt sich zeitweise rührend um das Kind. Michael, der Älteste, war bereits in einer höheren Schulklasse und viele Stunden von daheim fort. So gab ich damals in meiner Verzweiflung der sechsjährigen Katharina den Auftrag, den kranken Bruder zu versorgen. Aber für die Kleine war das zu schwierig – trotz der Uhr, die ich ihr aufgemalt hatte und der Pillen, die ich danebenlegte. Mutti und Thomas halfen, sie fanden ein junges Mädchen, das für wenig Geld bereit war, zumindest die Medikamente zu verabreichen. Das Arzthonorar habe ich übrigens jahrelang in kleinen monatlichen Raten abgestottert. – Und schließlich wurde mein Georg wieder gesund. Die Kinder, denen man damals viel zugemutet hat, und die sich wie kleine Helden durchschlugen, haben sich im Laufe der Jahre völlig akklimatisiert. Alle drei haben die Schule bestens durchlaufen und sind heute erfolgreiche und – wie ich hoffe – zufriedene Menschen.

Michael, der Älteste, hatte an der »Northeastern University« in Boston zunächst sein Diplom für das »Bachelor Degree« in »Electrical Engineering« erhalten, darauf an der University für Technology, der »MIT«, das »Master Degree« auf demselben Gebiet. Wenige Jahre später auf der »Stanford University« in Kalifornien das »Doctor Degree« für Sprach- und

Gehörwissenschaften«. Heute ist er hauptberuflich in der Forschung tätig. Sein Schwerpunktgebiet ist die angewandte Akustik, Lärmbekämpfung und Sprechwissenschaft, worunter beispielsweise die Diagnose von Nervenkrankheiten durch akustische Analyse der Stimme fällt. Als Festangestellter bei einer großen privaten Forschungsfirma ist er nebenberuflich noch als Berater und Gutachter bei Gericht tätig. Michael gilt inzwischen als Experte auf seinem Gebiet. Sein Rat und sein Wissen sind hochgeschätzt. So ist er viel auf Reisen und kommt zu meiner Freude auch oft nach New York.

Georg hat sich gleichfalls der Technik verschrieben. An der Yale University in New Heaven/Conn. hat er das ›Bachelor-Degree‹ für »Civil Engeneering« abgelegt und auf dem gleichen Gebiet an der MIT von Boston das ›Masters-Degree of Science‹. Seit 1986 ist Georg Mitdirektor einer Forschungsfirma in Massachusetts. Auch er ist sehr anerkannt und wird oft gebeten, seine Kenntnisse im Ausland zur Verfügung zu stellen. So ist auch er viel unterwegs, manchmal allerdings nicht zu meiner Freude. Denn meist bereist er Länder, in denen es heute nicht mehr friedlich zugeht, wie etwa Kuwait, umgeben von Iran und Irak. Weil ich alles so korrekt wie möglich hier niederschreiben wollte, habe ich meine beiden Buben gebeten, mir ihren Berufsweg genau aufzuzeigen. Und da muß ich mich beim Durchlesen jetzt wirklich fragen, ob die beiden inzwischen so erfolgreichen Männer tatsächlich dieselben kleinen Bengel sind, die ich mal auf dem Arm getragen habe. Georg ist in den verschiedensten »Who ist Who«-Nachschlagewerken zu finden, worauf ich natürlich sehr stolz bin.

Meine Tochter Katharina hat sich zur Textil-Designerin ausbilden lassen. Aber nach der Eheschließung und der Geburt ihres Sohnes hat sie diese Tätigkeit, die sie nie sehr geliebt hat, aufgegeben. Heute arbeitet sie halbtags als Lehrerin für Kinder im Vorschulalter. Katharinas Mann ist Rechtsanwalt. Daß meine beiden Söhne sich technischen Berufen zugewandt haben, mag verwunderlich sein. Aber immerhin war ihr Vater Ingenieur und auch ihr Onkel Thomas. Die schweren Jahre des Eingewöhnens haben sie nie vergessen können, auch nicht das Vorbild von Vater, Mutter, Onkel, Tante und sogar der Großmutter, die sich für nichts zu schade waren und hart um die Existenz ringen mußten. Das war ihnen Ansporn. Und so wie ich in der Atmosphäre der Kunst aufgewachsen war, umgab sie die der Technik. Außerdem wollten sie nicht auf den Lorbeeren ihres berühmten Großvaters ausruhen.

Zurück zu den Anfängen meiner Zeit in New York: Eines Tages kam auch Hanns Hecker, widerwillig zwar, aber voller Pläne von Hamburg nach New York. Unser persönliches Verhältnis allerdings hatte sich auch durch die längere Trennung nicht gebessert. Schon in Hamburg waren wir uns nicht nur menschlich, sondern auch körperlich fremd geworden. In New York wurde es noch schlimmer. Die Wohnsituation auf kleinstem Raum war Anlaß zu permanenter Gereiztheit. Hecker schwebte noch immer das großbürgerliche Vorkriegsmilieu vor. Hier mußte er mit Notlösungen vorliebnehmen. So saßen wir auf Koffern, die ich mit Decken ›verschönert‹ hatte, aßen von einem billigen Eßtisch, und benutzten Orangenkisten zur Aufbewahrung unseres einfachen Geschirrs. Alles war zugegebenermaßen äußerst primitiv und nur provisorisch zusammengenagelt. Hecker rümpfte die Nase, monierte unsere neue Ärmlichkeit und auch meine abgearbeiteten Hände und eingerissenen Fingernägel, die ich mir beim Lampenschirmmachen geholt hatte. ›Fabrikhände‹ nannte er das verächtlich. Kein Tag verging, an dem er mir nicht wenigstens einmal die von mir angeblich verursachte mißliche

Situation vorhielt. Endlich fand er durch Vermittlung meiner Mutter eine Anstellung außerhalb New Yorks. Zwar konnte er zunächst nicht in seinem Beruf beginnen, sondern mußte in einer Maschinenfabrik Hilfsarbeiter spielen. Vom Bodenputzen bis zum Maschinenreinigen wurde ihm jede unangenehme Arbeit aufgehalst. Aber Hecker erledigte sie ohne Widerspruch, das muß ich zu seiner Ehrenrettung sagen. Ich war sehr froh, daß er bald aus unserer New Yorker Wohnung nach New Heaven/Conn. übersiedelte, denn die Situation zwischen uns spitzte sich mehr und mehr zu. Natürlich haben auch die Kinder darunter gelitten. Aber um ihnen die erneute Trennung einigermaßen zu erleichtern, war verabredet, daß sie an den Wochenenden immer zum Vater fahren sollten, sofern er nicht nach New York kam. Von diesen Ausflügen kamen sie regelmäßig innerlich und äußerlich abgerissen zurück. Meine Stimmung war entsprechend. Ich wünschte mir nur eines: Den Zustand so schnell wie möglich zu beenden. Wenn ich damals nicht gewußt hätte, wo ich herkomme, wer meine Eltern sind, wäre ich bestimmt verzweifelt. In diesen Wochen hat mich wirklich nur der Glaube an meine Erziehung aufrechterhalten.

Meine Mutter war es schließlich wieder, die mein Elend nicht mehr mitansehen mochte. Sie drang darauf, daß ich mir zumindest gelegentlich nach der Arbeit eine Ablenkung suchen sollte. Sie besorgte Kino- und Theaterkarten für uns beide, schleppte mich auch mal in eine Ausstellung. So bin ich dann einfach an manchem Abend ›auf und davon‹. Michael als der Älteste übernahm die Verantwortung für die beiden jüngeren Geschwister. Das war nicht immer leicht für ihn. Als Katharina einmal aus der Wohnung wollte, bezog er energisch Posten vor der Tür. Prompt führte das zu einer gewaltigen Rauferei. Katharina biß ihn so heftig ins Handgelenk, daß ihm die Narbe bis heute geblieben ist. Aber ich war an einem

Punkt angekommen, wo mir alles egal war. Meine Mutter spürte das, und organisierte kurzentschlossen von Fall zu Fall kleinere Parties in ihrem Apartment.

Auf diese Weise lernte ich meinen zweiten Mann Hans Klopfer kennen. Es war sofort Sympathie auf Gegenseitigkeit. Damals fiel auch bei mir die Entscheidung, mich endgültig von Hecker zu trennen. Da dieser die Scheidung nicht wollte, mußte ich die Schuld auf mich nehmen. Ohne zu zögern, habe ich zugestimmt. Zwar war ich arg von dem Kummer berührt, den ich den Kindern bereiten mußte, aber ich sah keinen anderen Ausweg. Hecker und ich wurden 1950 geschieden. Kurz darauf heiratete ich Hans Klopfer, der – ebenso wie Hecker – aus München stammte und Ingenieur war. Das Verhältnis zu Hecker blieb dennoch freundschaftlich. Seine berufliche Position verbesserte sich im Laufe der Jahre so weit, daß er sich entschloß, für immer in Amerika zu bleiben. Wenn ich damals allerdings Hans Klopfer nicht getroffen hätte, der mich als Frau und als Mensch wieder völlig neu aufgebaut hat, weiß ich nicht, was geschehen wäre. Hans Klopfer war kein »Beau« im herkömmlichen Sinn, aber das spielte überhaupt keine Rolle. Sein Wesen und sein Charakter waren so liebenswert und untadelig, daß ich alle Äußerlichkeiten übersah. Seine Liebe zu mir verwandelte mich. Bewußt oder unbewußt ist es ihm gelungen, mich zu einem neuen Menschen zu machen.

Hans Klopfer war Jude und mußte 1936 aus Deutschland fliehen. Über Belgien, England, Frankreich und Algerien kam er unter abenteuerlichen Umständen schließlich nach Amerika. Hier mußte auch er, der ursprünglich aus sehr wohlhabender Familie stammte, wieder ganz unten anfangen. Als wir uns kennenlernten, hatte Hans Klopfer sich beruflich schon wieder gut etabliert. Er war es, der anregte, daß ich von Queens nach Manhattan ziehen sollte, damit wir nicht so weit voneinander entfernt wären. So entschloß ich mich eines Tages, in eine winzige Wohnung an der 3rd Avenue, 78ten Straße zu übersiedeln. Die Gegend war zwar ausgezeichnet, die Lage meiner Wohnung auf den ersten Blick jedoch weniger. Ich wohnte im Parterre, Tür an Tür mit den Hausmeistersleuten. Wie sich aber bald herausstellte, war das ein Segen. Die Hausmeisterin kümmerte sich während meiner Abwesenheit rührend um Katharina, die sich bei ihr sehr wohl fühlte. Klopfer, der eine kleine Erbschaft gemacht hatte, kaufte ein Häuschen in Connecticut, mit ein bißchen Wald und Wiese. Hier verbrachten wir zusammen mit den Kindern die Wochenenden und die Ferien. Allerdings verschwiegen wir ihnen längere Zeit unsere inzwischen vollzogene Heirat. Die Scheidung hatten sie gerade noch hingenommen. Aber wie sie zu einer neuen Ehe stehen würden, war ungewiß, obgleich sie sich alle drei gut mit Hans Klopfer verstanden. Später haben mir die Kinder wegen unserer Geheimniskrämerei herbe Vorwürfe gemacht. Sie hätten es lieber gesehen, wenn ich ihnen sofort die Wahrheit gesagt hätte.

Mein Leben blieb bescheiden, auch nach der Heirat. Ich arbeitete weiterhin im Lampenschirmstudio. Damals gab es übrigens noch nicht den Luxus von Klimaanlagen. Im Sommer in New York zu leben und zu arbeiten, war deswegen noch unerträglicher als heute. Jeder, der es sich leisten konnte, flüchtete für viele Wochen ans Meer oder in die Berge. Wir konnten das leider nicht, mußten die Erholung von den tropischen Temperaturen auf die Wochenenden und die Schulferien reduzieren. Die verbrachten wir dann draußen in Connecticut und dort entstanden auf Drängen Klopfers auch die letzten Aquarelle, die ich gemalt habe. 1954 wurde ich amerikanische Staatsbürgerin. Meine Kinder waren es sowieso und Klopfer hatte die amerikanische Staatsbürgerschaft bereits seit längerem. Hans Klopfer und ich waren zehn Jahre glücklich verheiratet. Als er 1962 starb, verlor ich den Menschen, der mir in meiner großen seelischen Verzweiflung Halt und Stütze war. Klopfer war siebzehn Jahre älter als ich, aber während unseres Zusammenlebens habe ich nie den Gedanken erwogen, mich einem Jüngeren zuzuwenden. Das hätte ich weder ihm noch mir antun mögen. Seine menschliche Größe und seine Integrität zählten mehr als alles andere. Als er mich ›auffing‹, war ich leer und ausgebrannt; ohne seine Hilfe hätte ich es nicht mehr geschafft. So sehe ich es auch heute noch. Hans Klopfer war den Kindern stets ein guter Freund, der sich nie in die Rolle des Vaters gedrängt hat. Der Vater der Kinder lebte ja in nächster Nähe und sie konnten ihn sehen, so oft sie wollten. Trotzdem war es für die Kinder gewiß eine schwierige Situation, die sie durchmachten.

»Wilhelmine mit Zöpfen«

Mein Zusammenleben mit Hans Klopfer brachte viele neue Aspekte und Anregungen. So bin ich durch ihn auch mit der Musik vertraut gemacht worden. In meinem Elternhaus – und das lag an Corinths Desinteresse – pflegte man das Musikalische nicht sonderlich. Bei Klopfer war das anders. Regelmäßig setzte er sich nach dem Abendessen ans Klavier und komponierte. Gute Freunde behaupteten, er folge Gustav Mahlers Spuren. Um Geld zu verdienen, versuchte er es schließlich mit Schlagermusik. Aber da scheiterte er. Es war die Zeit der wilden Rockrhythmen. Das lag ihm nicht.

Trotz großen Interesses für die klassische und auch die moderne Musik schätze ich heute bei mir zu Hause die Stille am allermeisten. Radiogedudel kann ich schon lange nicht mehr ertragen. Aber das liegt wohl an meinem Alter. Noch während unserer Ehe traf ich eine ›alte‹ Freundin wieder: Brigitte Horney. Sie war mit Hanns Swarzenski, dem Direktor der Abteilung für ›Antike Kunst‹ im Museum Of Fine Arts in Boston, verheiratet. Brigitte Horney war ebenso wie ich nach dem Kriegsende zu ihrer in Amerika lebenden Mutter, der Psychoanalytikerin Karen Horney, übersiedelt. Der ehemalige UFA-Star und ich waren uns seit den Theatertagen sehr herzlich verbunden. Häufig habe ich sie in Boston besucht und konnte so auch immer ein Treffen mit Michael verbinden, der dort studierte. Brigitte und ihr Mann führten eine überaus glückliche Ehe. Die Stunden, die ich mit den beiden verbracht habe, waren immer ein Gewinn. Sie war auch damals noch eine sehr schöne, attraktive Frau, die zu der Zeit einzig und allein das Wohl ihres Mannes im Auge hatte.

Kurz nachdem meine Mutter 1967 gestorben war, klingelte eines Tages das Telefon. Biggi, wie wir sie nannten, war dran und kündigte ihren und ihres Mannes Besuch an. Bald darauf erschienen sie, mit einer Riesenbüchse Kaviar und einer Flasche französischen Champagners. Strahlend erklärten sie: »Du brauchst jetzt eine Aufmunterung, wir essen und trinken zu dritt und machen uns einen fröhlichen Mittag, ganz im Sinne deiner lieben Mama.« – Was die beiden nicht ahnen konnten: Ich habe eine Aversion gegen alles, was aus dem Meer kommt, habe aus diesem Grunde noch nie in meinem Leben Kaviar gegessen. Da stand ich nun mit dem rührend ausgewählten Geschenk und wußte genau, daß ich es nicht wagen würde, davon zu kosten. Die beiden hatten sicherlich ein Vermögen ausgegeben, um mir eine Freude zu machen. Auf das gemeinsame Essen haben wir schließlich verzichtet, uns nur am Champagner delektiert. Ich erzählte von meiner Allergie und drückte ihnen kurzentschlossen ihr Geschenk wieder in die Hand. Nicht ohne natürlich um Verständnis zu bitten, denn diese Kostbarkeit wollte ich weder bei mir verkommen lassen, noch an Dritte weiterverschenken. Als sie gegangen waren, haben mich Zweifel befallen, ob ich mich richtig verhalten habe. Letzten Endes war ich aber doch der Meinung, daß Ehrlichkeit Freundespflicht ist. Als Biggis Mann plötzlich verstarb, habe ich noch einmal von ihr gehört. Irgendwann ging sie nach Deutschland zurück, lebte in der Nähe von München und begann eine neue Fernsehkarriere. Einer Zeitungsnotiz entnahm ich eines Tages, daß sie während der Dreharbeiten zu einer beim deutschen Fernsehpublikum beliebten Serie verstorben sei.

Nach Klopfers Tod mußte ich mich dringend ablenken. Eine Freundin überredete mich zu einer Seereise nach Italien. Ich machte hier eine völlig neue Erfahrung. In den Gesellschaftsräumen des Schiffes wurde natürlich getanzt. Dabei kam mir zu Bewußtsein, daß ich das überhaupt nie gelernt hatte. Als mich jemand aufforderte, stolperte ich über meine eigenen Füße, genierte mich sehr und gab die Schuld den schwankenden Bewegungen des Schiffes. Von Stund an hatte ich ›Blut geleckt‹. – Nach New York zurückgekehrt, wollte ich nur noch eins: Tanzen lernen. Ich sah darin auch eine Möglichkeit, unter Menschen zu kommen, denn ich war jetzt eine alleinstehende Frau, die ihr Leben selbst in die Hand nehmen mußte. Die bekannte New Yorker Tanzschule Arthur Murray wurde mir empfohlen. Sie lag in der Nähe der Wohnung meiner Mutter, nicht weit von der 5th Avenue. Ich meldete mich an. Damit begann meine Tanzlaufbahn! Eine neue Welt tat sich für mich auf. Trotz der Trauer um Hans Klopfer fühlte ich mich hier geborgen. Die Kinder waren erwachsen. Ich war damals fünfzig Jahre alt. Zum ersten Mal in meinem Leben war ich völlig frei. Im Studio traf ich hauptsächlich mit jungen Menschen zusammen und empfand das wie ein Geschenk des Himmels. Eine tanzende Witwe? Weder Mutti noch Thomas nahmen daran Anstoß. Mutti redete mir sogar zu, sie half mit Geld aus, denn der Tanzkurs war unverhältnismäßig teuer. Viele Jahre lang bin ich bei Arthur Murray geblieben.

Als sich endlich Bilder von Corinth verkaufen ließen, habe ich das Geld für die Tanzstunden verwendet. Und ich habe mir kein Kopfzerbrechen darüber gemacht, denn der Tanz gab mir neues Leben. Nicht nur das machte mich glücklich. Auch die Kontakte, die man dort pflegte, wirkten sich positiv aus. So wurde ich zu großen Parties gebeten, lernte die unterschiedlichsten Damen und Herren kennen. In diese

Zeit fiel der Verkauf unseres Häuschens in Connecticut. Wahrscheinlich habe ich es mit Verlust veräußert, aber das war mir gleich. Ich brauchte das Geld, um meine neue ›Leidenschaft‹ finanzieren zu können. Das mag sich leichtfertig anhören, aber für mich war es damals eine Art Lebensrettung. Auch heute noch habe ich deshalb keinerlei Skrupel und bin der Meinung, daß ich mir diesen Luxus erlauben durfte. Die unbeschwerten Zeiten, die ich damals erlebte, sind mir bis heute unvergeßlich. In kleinen Gruppen, begleitet von unseren Tanzlehrern, in die man pflichtgemäß verliebt war, unternahmen wir herrliche Ausflüge in die nähere und weitere Umgebung. Ich holte auf diese Weise einen Teil meiner verlorenen Jugend nach.

Das Leben war einfach schön! Endlich hatte sich auch für mich das Problem ›Mann‹ gelöst. Die Herren der Schöpfung flirteten mit mir, luden mich ein, fanden mich interessant, egal, ob sie jung oder alt waren. Mein Mädchentrauma konnte ich getrost zu Grabe tragen. Trotzdem waren es keine tiefgreifenden Affären, die ich in dieser Zeit hatte. Erst 1968 änderte sich das, als ich Russell Palin traf, den Mann, mit dem ich seither zusammenlebe. Wir lernten uns im Studio kennen und nahmen zunächst wenig Notiz voneinander. Damals gab Russ, wie ich ihn nenne, Tanzunterricht, um sein Gesangsstudium an der Juliard School of Music zu finanzieren. Er war lange auch Mitglied an der New Yorker Oper, arbeitete an verschiedenen anderen Opernhäusern und gab als Tenor viele erfolgreiche Liederabende.

Später wechselte er vom Gesang zum Tanz. Für ihn, der aus der tiefsten amerikanischen Provinz stammt, war der Sprung nach New York ein gewaltiges Wagnis. Seine Herkunft, die Eltern sind englischer Abstammung, ist eher kleinbürgerlich zu nennen. Sein Vater war ein ehrenwerter, tüchtiger Gemischtwarenhändler, der es schließlich zu einer Supermarktkette in seinem Ort brachte. Den Sohn ließ er nur ungern zu Höherem streben. Das war der Grund, warum Russ von seinem siebzehnten Lebensjahr an die Brötchen selbst verdiente. Bei Arthur Murray war der gutaussehende Herr einer der begehrtesten Tanzlehrer. Vor allem war er einer der wenigen richtigen Männer, im Gegensatz zu den meisten anderen reizenden Schönlingen, die sich lieber untereinander befreundeten. Man spürt das als Frau sofort. Russ war damals noch unglücklich verheiratet. Später wurde die Ehe geschieden. Eines Tages sahen wir uns bewußt. Zu Beginn unserer Bekanntschaft waren wir ängstlich bemüht, nichts zu riskieren oder zu überstürzen. Behutsam pflegten wir unsere junge Liebe. So wollte ich damals nicht sofort mit Russ zusammenziehen, hatte Sorge, daß das unserem Verhältnis nur schaden würde. Denn ich mochte ihn von Anfang an sehr, schätzte sein Verständnis für mich und mein Leben, war fasziniert von seiner Ausstrahlung, seiner Seriosität. Nie hat es für mich eine Rolle gespielt, daß er fünfzehn Jahre jünger ist als ich. Und daran hat sich bis heute nichts geändert. Russ ist ein typischer Amerikaner, voller Selbstbewußtsein, Freiheitsdrang, ohne Standesdünkel. Eigenschaften, die ich sehr bewundere, neidvoll manchmal, denn ich bin als Deutsche ganz anders veranlagt.

Russ war im übrigen nie mein Tanzlehrer. Wir legten beide Wert darauf, das ›Dienstliche‹ vom Privaten streng zu trennen. Eine wichtige Erfahrung, die gerade auch für den Tanzbetrieb gilt: Ehepaare, die zusammen Unterricht nehmen, sei es aus professionellen Gründen oder nur aus Freude am ästhetischen Genuß, zerstreiten sich dabei leider nur allzuoft. Statt sich zu vergnügen, artet das Hobby zu einer ernsthaften Angelegenheit aus. Ich behaupte trotzdem: Wer je wirklich tanzen gelernt hat, kann nicht mehr davon lassen. Auch ich habe es all die Jahre fast wie eine Droge vermißt, wenn ich einmal für längere Zeit freiwillig oder unfreiwillig aussetzen mußte.

Gleich zu Beginn unserer Beziehung erlebten wir eine besonders hübsche Überraschung. Ich habe sie bis heute nicht vergessen. Anläßlich eines Wohltätigkeitsballes gewann Russ eine Reise für zwei Personen nach Puerto Rico. Eingeschlossen waren Flug und Aufenthalt im schönsten Hotel am Platze. Ich erinnere mich, daß wir uns wie die Kinder freuten und auch so benahmen. So haben wir zur Begeisterung der anderen Hotelgäste manches Mal im Badeanzug auf der Terrasse eine flotte Sohle hingelegt. Nach dieser herrlichen Woche folgte die Ernüchterung. Russ wurde zum Direktor des Studios zitiert. Prüde, wie man damals noch war, wurde es nicht gerne gesehen, wenn Lehrer und Schülerin liiert waren. Russ drohte die Entlassung, weil wir zusammen in die Ferien gefahren waren und er sich angeblich von mir hatte aushalten lassen. Die Sache war nur unter großen Schwierigkeiten aus der Welt zu schaffen. Unser Verhältnis stand von Anfang an unter dem Stern gegenseitigen Vertrauens. Nur unter der Voraussetzung können wir seit langem zusammen unter einem Dach leben. Russ war durch seinen Beruf ganz natürlicherweise ständigen Anfechtungen ausgesetzt. So habe ich Eifersucht und Mißtrauen nie in mir hochkommen lassen, habe versucht, ihm nicht nur Geliebte, sondern verständnisvolle Partnerin zu sein. Denn eines war mir immer klar: Wenn er hätte abspringen wollen, zu welcher Zeit auch immer, wäre er nie zu halten gewesen. Wenn ich gelegentlich verreist war, sei es zu den Kindern oder nach Deutschland, verspürten wir beide gleich große Sehnsucht nach einander. Russ schrieb mir jeden Tag seitenlange Liebesbriefe, ich beantwortete sie in gleicher Weise. Wo immer ich eintraf, ob in München, Hamburg, Berlin oder Boston – überall erwartete mich schon Post von ihm.

Die Verbindung zu Russ brachte auch familiären Gesprächsstoff. So war es vor allem mein Bruder Thomas, der gelegentlich warnend die Stimme erhob und mich daran erinnerte, daß Russ nicht nur beträchtlich jünger sei als ich, sondern womöglich unsere Liebschaft kühl kalkuliert habe. Er brachte das Erbe Corinths auf den Plan, sprach von der Möglichkeit eines Erbstreites mit den Kindern, falls Russ mich überleben sollte. Seine Bedenken betrafen den Fall einer Heirat zwischen uns. Ich konnte Thomas beruhigen, denn daran dachten weder Russ noch ich. Wir hatten beide gescheiterte Ehen hinter uns. Auch nachdem wir eine gemeinsame Wohnung bezogen hatten, in der wir heute noch leben, sahen wir keine Veranlassung, unser Verhältnis zu legalisieren.

Unser Leben zu zweit gestalteten wir in vieler Hinsicht vom ersten Tag an unabhängig. So habe ich ihn nie nach seinen persönlichen Dingen gefragt und auch von meinen Angelegenheiten wenig erzählt. Wenn die Corinthsche Welt für Russ zunächst auch fremd war, so hat er inzwischen doch Gefallen daran gefunden, in einer Atmosphäre von Kunst und Tradition zu leben. Bilder ganz nahe zu sehen, sie täglich um sich zu haben, ist etwas ganz anderes als sie im Museum zu betrachten. Russ hat meinen persönlichen Bereich immer unangetastet gelassen. Nie hat er sich dafür interessiert, ob und wieviel Geld ich besitze, und ich weiß es von ihm auch nicht. Thomas' Bedenken haben sich nicht bewahrheitet. So wie wir unser Leben von Anfang an eingeteilt haben, hat es nicht nur Thomas, sondern auch meinen Kindern imponiert. Alle gemeinsamen Kosten sowie die Miete werden halbiert. In unserer Küche haben wir einen kleinen Zettel liegen, auf dem wir jede Ausgabe notieren, die uns beide betrifft. Am Ende der Woche wird alles addiert und dann redlich geteilt. Wahrscheinlich läßt sich dieses System nur durchhalten, weil wir nicht verheiratet sind und deswegen trotz allem eine gewisse

Distanz wahren. Manchmal in einer stillen Stunde überlege ich mir zwar, ob wir nach so vielen Jahren nicht doch irgendwann so ein Ehepapier unterschreiben sollten. Aber ich verwerfe die Idee jedesmal so schnell, wie sie gekommen ist. Und ich bin sicher, daß es auch Russ so ergeht, obwohl wir nie darüber sprechen. Denn warum sollte man etwas in Frage stellen, was sich lange Zeit so bewährt hat. Basiert unser Zusammensein doch in erster Linie auf tiefem Vertrauen und erotischer Anziehungskraft, auf dem gegenseitigen Verständnis, der Sorge für den anderen und vor allem auf unserer Liebe. Außerdem genießen wir den Vorteil, daß wir uns beide in einem Alter befinden, in dem man über den Dingen steht, manches nicht mehr so ernst nimmt wie früher. Natürlich gibt es auch bei uns gelegentlich Meinungsverschiedenheiten, denn wir sind ja keine Engel. Aber ich als die Ältere war immer darauf bedacht, Konfliktstoff wieder rasch aus der Welt zu räumen. Russ hat es dankbar akzeptiert. Längst habe ich gelernt, daß das Leben aus Kompromissen besteht, und daß Fehler dazu da sind, aus ihnen zu lernen.

Wenn ich heute auf die Jahre unseres Zusammenlebens zurückschaue, erscheint mir diese Zeitspanne wie ein einziger glücklicher Tag. Irgendwann habe ich damals mein Lampenschirmstudio aufgegeben, wollte mich wieder mehr der Kunst zuwenden. Zufällig ergab sich die Möglichkeit, im Museum of Modern Art etwas Sinnvolles zu tun. In der Graphischen Sammlung durfte ich das umfangreiche graphische Werk Corinths katalogisieren. Ich bin dort gern gewesen, habe die Arbeiten durchgeschaut und dabei gelernt, wie man professionell mit Kunstblättern umgeht. Als erstes mußte ich auf Nagellack verzichten, denn das hätte den Blättern schaden können. Auch daß man sie nur mit zwei Händen hochheben und nur Bleistifte benutzen darf, war neu für mich. Diese Hospitanz, die ich mehr oder minder ehrenamtlich absolviert habe, ist mir heute für die Verwaltung der Corinthschen Kunst außerordentlich wertvoll.

Weniger schön sind meine Erinnerungen an die Zeit, die ich anschließend in einer Galerie verbrachte, um dort die Korrespondenz zu erledigen. Der Besitzer hatte auf unangenehme Weise ein Auge auf mich geworfen und lockte mich eines Tages unter dem Vorwand, Corinth-Zeichnungen mit mir sortieren zu wollen, in ein dunkles Zimmer. Das merkte ich aber erst, als er sich mir eindeutig zweideutig näherte und die Tür abschließen wollte. Schreiend bin ich davongelaufen. Den noblen Kunstsalon habe ich nie mehr betreten.

Ein anderes Erlebnis, das aber eher komisch ist, fällt mir dabei ein. In jener ominösen Galerie tauchte eines Tages ein Herr auf. Er erschien mir absolut seriös, und wir kamen ins Gespräch. Ich erzählte ihm von Corinth und den Radierungen, die ich von ihm zu Hause hatte. Harmlos und naiv fragte ich ihn: »Do you want to see my etchings?« – Wollen Sie meine Radierungen sehen? – Er stimmte eifrig zu und fuhr mit mir in meine Wohnung. Kaum hatte ich die Tür geöffnet, schubste er mich auf mein Bett und fiel über mich her. Nur mit Müh und Not konnte ich mich losreißen und ihn aus der Wohnung drängen. Russ, dem ich am Abend die Geschichte völlig aufgelöst erzählte, war gar nicht erstaunt. Er klärte mich auf: ›Do you want to see my etchings?‹ ist in Amerika ein geflügeltes Wort und heißt nichts anderes als ›Willst du mit mir schlafen?‹ Na, da hatte ich was gelernt!

Ein wichtiger Faktor im Leben von Russ und mir war lange Zeit der Tanz. Im Laufe der Jahre wurde ich eine sehr gute Tänzerin und so hat er, der Profi, mich gern und guten Gewissens an vielen Tanzturnieren teilnehmen lassen. Wir haben viele Preise miteinander gewonnen. Aber ohne Fleiß kein Preis. Ich mußte hart trainieren, was ich mit großer

Begeisterung tat. Die Tanzerei füllte unser Dasein aus. Und so hatte ich auf einmal zwei große Aufgaben: Russ und den Tanz, Corinth und die Kunst. Russ war inzwischen aus dem Murray-Studio ausgeschieden und hatte sich selbständig gemacht. Noch heute arbeitet er mit großem Erfolg auf diese Weise, hat eine Vielzahl von Schülern, mit denen auch ich befreundet bin. Infolge eines Unfalls mußte ich vor zwei Jahren den aktiven Tanz leider für immer beenden. Manchmal bin ich darüber traurig, vor allem wenn ich Russ zu den großen Bällen begleite und jetzt nur noch zuschauen kann. Aber dann tröste ich mich damit, daß ich viele Jahre mit ihm zusammen den Erfolg teilen konnte. Ich weiß, daß ich an einer Stufe des Lebens angekommen bin, wo manche Dinge ihr natürliches Ende nehmen. Wenn Russ mich früher scherzhaft ›mein Party-Girl‹ nannte, weil ich so wild aufs Ausgehen war, während er schon immer lieber zu Hause blieb, so haben sich die Dinge heute umgekehrt. Russ ist derjenige, der jeden Tag oft bis in die späte Nacht in einem angemieteten Studio unterrichtet. Ich bin am liebsten in unseren vier Wänden und beschäftige mich mit der Kunst meiner Eltern.

Ein Glück ist nur, daß Russ ein so leidenschaftlicher Koch ist. Schon zu Beginn unserer Beziehung stand meine scherzhafte Drohung: »Entweder du sorgst für das Essen, oder wir verhungern!« Meine Abneigung für alles, was mit Küche zu tun hat, amüsierte ihn nur. Seitdem schwingt er das Szepter in unserem Kochlabor. Überhaupt finden wir es zu Hause am gemütlichsten. Weder er noch ich kennen die New Yorker Restaurant-Szene, von der immer so geschwärmt wird. Ich bin sehr froh, daß unsere Interessen so gleichlaufend sind. Jetzt, da es mir oft schwerfällt, die strapaziöse Fahrt in die Stadt zu unternehmen, übernimmt Russ ganz selbstverständlich die Besorgungen. Und wenn eines meiner Kinder anruft oder hier zu Besuch ist, erinnere ich sie daran, daß sie Russ vieles zu verdanken haben. Wäre er nicht, müßten sie sich womöglich um mich kümmern. Sie wissen das sehr genau, und deswegen schätzen sie meinen wunderbaren Lebensgefährten ganz besonders.

Da Russ mich immer schon von vielen Hausfrauenpflichten entbunden hat, konnte ich mich meinen Neigungen widmen. So schrieb ich 1983 das Buch ›Die Fährfrau‹. Die Geschichte der Marie Grubbe hatte mich gefangengenommen. Vor mir hatte ihr schon der dänische Schriftsteller Jens Peter Jacobsen im Jahre 1876 ein erstes literarisches Denkmal gesetzt. Um größtmögliche Unmittelbarkeit zu erzielen, gab ich meiner Marie Grubbe die Feder in die Hand und ließ sie selbst ihre Lebensgeschichte schreiben.

Ich liege jetzt auf dem Sofa und ruhe mich ein bißchen aus. Das Bild *Wilhelmine mit Zöpfen* hängt mir gegenüber, ich betrachte es intensiver als sonst, lasse meine Gedanken um all die Dinge kreisen, die ich nun zu Papier gebracht habe. Ich habe versucht, meine Erinnerungen wieder aufleben zu lassen, Dinge zum Leben zu erwecken, die schon sehr sehr lange zurückliegen. Dabei wird mir erst jetzt richtig bewußt, wie lange mein eigenes Leben schon dauert, wie viele verschiedene Leben ich gelebt habe. Noch trägt mich der Name Corinth. Niemand wird ihn nach mir tragen – und dennoch: durch das Werk Lovis Corinths wird er bestehen. Das hat mir den Mut gegeben, über meinen Vater, meine Mutter, meinen Bruder Thomas und alle anderen Menschen, die meinen Lebensweg begleitet haben, zu sprechen. Während ich sinniere, weiß ich, daß ich dem Werk Corinths verpflichtet bin, so lange ich lebe. Nie würde es mir in den Sinn kommen, seine Kunst zu veräußern, um ein Luxusleben zu führen. Ich habe Menschen immer verachtet, die sich ein Bild oder eine Graphik an die Wand gehängt haben, um damit gegebenenfalls wie mit Aktien zu spekulieren. So bemühe ich mich bis zur Stunde, Lovis' Arbeiten nur an Museen oder solche Privatpersonen zu geben, von denen ich weiß, daß sie sein Werk schätzen und hüten. Das will ich auch in der Zukunft so aufrechterhalten, so lange ich es kann – und in diesem Sinne meine letzten Verfügungen treffen.

Lovis starb im Alter von siebenundsechzig. Ich bin einundachtzig. Oft schrecke ich nachts aus dem Schlaf, kann es nicht fassen, daß ich so viel älter geworden bin als er, weiß nicht, wieviel Zeit mir noch bleibt. Ich fühle mich Lovis und meiner Mutter heute näher denn je. Und bin dankbar, daß ich die Tochter dieser beiden Menschen bin. Sie haben mir dieses schöne, reiche Leben ermöglicht. Mit diesen Erinnerungen und Gedanken will ich ihnen eine letzte Referenz erweisen: Thomas', der mein Leben am längsten begleitete, gedenke ich mit Innigkeit.

Durch die unsterblichen Werke, die Lovis von meiner Mutter, von Thomas und von mir schuf, werden wir ›vier Corinther‹ in der Kunstwelt die Einheit bleiben, die wir stets waren.

Nachwort

Meine liebe Mine,

ein paar Worte an Dich mögen an dieser Stelle gestattet sein. Der Entschluß, dieses Buch aus Erinnerungen zu formulieren, ist Dir nicht leichtgefallen. Als Du Dich durchgerungen hattest, bist Du oft über Deinen eigenen Schatten gesprungen, hast Bedenken zur Seite gestellt, Emotionen unterdrückt und mit wahrlich preußischer Disziplin jeden Tag wenigstens zehn Stunden konzentriert die Vergangenheit zurückgeholt. Dafür habe ich Dich sehr bewundert. Die New Yorker Schaffensperiode ist mir auch aus anderen Gründen gegenwärtig. Täglich hast Du uns kategorisch eine halbe Stunde Frischluft verordnet; die Runden drehten wir immer um den gleichen Häuserblock, doch auch unsere Gedanken konnten wir nicht in eine andere Richtung bewegen; sie drehten sich nur um das Projekt. Die kulinarischen Köstlichkeiten, die Dein sympathischer Russ oft für uns zubereitete, aktivierten zum Glück unsere Lebensgeister. Ohne ihn hätten wir manches nicht geschafft.

Als ich mit einem Sack Tonbänder nach Europa zurückflog, hat uns beiden plötzlich etwas gefehlt. Wir vermißten die Anspannung, und einer den anderen. Längst ist wieder Alltag. Ingrid Nützel, Dagmar Täschner und Gabriela Wurm, die sich in unermüdlichem Schreibeinsatz der Erstellung dieses Buches gewidmet haben, darf ich auch in Deinem Namen herzlich danken. Auch einigen anderen hilfsbereiten Freunden in New York, München und Frankfurt, die mir mit Rat und Tat zur Seite standen. Ich denke da besonders an Herrn Wilfried Freudenberger, Leiter der New Yorker Niederlassung der Bayerischen Landesbank, Herrn Hans Popst, Bayerische Staatsbibliothek München, und Herrn Helmut Bongardt, Deutsche Lufthansa Frankfurt a. M. Gerne erfülle ich auch Deinen Wunsch, meinen Mann und meine Mama zu erwähnen, die mich monatelang ungestört an ›unserem‹ Manuskript arbeiten ließen. Mein vornehmlicher Dank, liebe Mine, aber gebührt Dir. Deiner kooperativen Hilfe, Deiner Gastlichkeit, Deiner Freundschaft.

Helga Schalkhäuser   München, im Sommer 1990

Im Juni 1990

Meine sehr liebe Helga,

Deine ausdrucksvollen Worte des Dankes an mich lese ich mit einem
trockenen und einem nassen Auge. Das trockene fuer die Erleichte-
rung, daß wir diese große gemeinsame Arbeit nun zum Abschluß gebracht haben, das nasse aus ganz demselben Grund. Diese Arbeit
hat mich so lange begleitet - sie wird mir nun fehlen.
Ich danke Dir fuer die Anerkennung, die Du mir fuer meinen Teil
dieses schwierigen Unterfangens aussprichst, und moechte sie*
meinerseits fuer Deinen enormen Einsatz daran, erwidern.

In New York, waehrend wir daran arbeiteten, sehe ich Dich noch
vor mir, wenn Du oft das Tonband abstelltest, von unserem großen
Arbeitstisch, hochbepackt mit Buechern und Papieren, Briefen, Fotos
und anderen Unterlagen, aufstandest und im Zimmer umherwandertest.
Du warst ploetzlich ein anderer Mensch, erfuellt von einer inneren
Vorstellung, in welcher Richtung sich der Fortschritt der Erinnerungen bewegen sollte. Ein klares Bild schwebte Dir vor, ich
fing es von Dir auf, es half mir, in meinem Gemuet festzuhalten,
was ich sonst vielleicht haette nutzlos vorbeischwimmen lassen.

Und dann spaeter die unbeschreibliche Arbeit, vom Gesprochenen das
Geschriebene vor Dir zu sehen, es zu sichten und herauszuschaelen.
Wenn ich nun im Manuskript lese, so folge ich dem Resultat unserer
gemeinsamen Arbeit und bin doch wirklich ein wenig stolz auf das,
was wir damit geschaffen haben.

Hab' auch Dank fuer Deine Feinfuehligkeit, wenn ich oefter von
Emotionen ueberkommen, meine Stimme nicht kontrollieren konnte.

Du bist mir eine wirkliche Freundin geworden, und das ist
heutzutage eine Kostbarkeit fuer die ich sehr dankbar bin.

Werkverzeichnis
der im Buch erwähnten Gemälde
von Lovis Corinth

Nach dem Werkkatalog
von Charlotte Berend-Corinth, 1958

Weihnachtsbescherung 1913 577
Öl auf Leinwand 120 × 80,5
Bez. l. o. Lovis Corinth 24. Dez. 1913
Weihnachtsbaum auf blau-weiß gestreifter Decke. Thomas in
schwarz-weiß · kariertem Anzug vor einem Kasperletheater,
neben ihm der Weihnachtsmann mit weißem Bart. Im Vorder-
grund Wilhelmine im weißen Kleid.
Bes. H. Thannhauser, Berlin / Städt. Kstslgen., Nürnberg /
C. Nicolai, Berlin / Neue Gal., Linz.
Bemerkung: Corinth malte dieses Bild bei künstlichem Licht im
Laufe des Weihnachtsabends. Charlotte Corinth verkleidet als
Weihnachtsmann.

Familienbild des Künstlers 1909 IV
Öl auf Leinwand 175 × 166
Bez. l. o. Familie Lovis Corinth pinxit Nov. 1909
Bes. Slg. Steinbarth, Berlin / O. Claas, Königsberg / Landes-
museum Hannover.
Bemerkung: In Berlin, Klopstockstraße, gemalt. Wir waren
immer alle vier gleichzeitig zugegen. Es war eine sehr schwere
Arbeit, uns alle vier im Spiegelbild gleichzeitig zu sehen. In
Wien, anläßlich einer Corinth-Ausstellung im Hagenbund, er-
zählte mir ein Professor, daß er über die Hand, die auf dem
Spitzenkleid des Kindes liegt, einen einstündigen Vortrag vor
Studenten gehalten hat und er eigens zu diesem Zweck die
Studenten vor dieses Bild beordert hatte. Er sagte mir damals,
er hätte immer auf den Augenblick gewartet, wo er dieses mir
und meiner Hand persönlich erzählen durfte.

Wilhelmine im Trachtenkleid 1913 585
Öl auf Leinwand 78 × 59
Bez. l. o. Wilhelmine
r. o. Lovis Corinth 11. Aug. 1913
Wilhelmine mit offenem Haar hält mit beiden Händen einen
Ball.
Bes. G. Roll, Greifenhagen, Pommern / F. Lenzner, Stettin /
C. Nicolai, Bad Kohlgrub / Mus. Lübeck.
Bemerkung: Tochter Wilhelmine bestand darauf, genau so ein
Kleid zu bekommen wie die Mutter. In St. Ulrich, Grödner Tal,
gemalt.

Tirolerin mit Katze 1913 584
Öl auf Leinwand 120 × 92
Bez. l. o. Lovis Corinth 21. Juli 1913
Charlotte Corinth in schwarzem Mieder mit gelbem, bunt ge-
mustertem Tuch und grüner Schürze mit bunten Blumen. Sie
trägt einen dunkelgrünen Hut. Im Schoß eine junge Katze.

Wilhelmine mit Ball 1915 652
Öl auf Leinwand 95 × 72
Bez. l. M. Wilhelmine
r. M. Lovis Corinth 1915
Wilhelmine, die Tochter des Künstlers, in schwarzweiß karier-
tem Mantel, gelblichem Matrosenhut und einer weißen Haar-
schleife. Sie hat einen blau und rot gemusterten Ball im Schoß.
In Waaren, Meckl., im Bootshaus gemalt.
Bes. Wilhelmine Corinth-Klopfer, New York / Landesmuseum
für Kunst- und Kulturgeschichte, Oldenburg.

Die Märchenerzählerin 1912 531
Öl auf Leinwand 120 × 86
Bez. r. o. Lovis Corinth 1912 pinxit
Charlotte Corinth, im hellgelben Kleid, hält auf dem Schoß die
kleine Tochter Wilhelmine. Der Sohn Thomas lehnt sich an die
Schulter der Mutter.
Bes. P. Cassirer, Berlin / Gal. Caspari, München / Dr. K. Zitz-
mann, Erlangen / Dr. J. Littmann, Breslau / W. Gurlitt, Mün-
chen.
Bemerkung: In Bernried am Starnberger See gemalt. Endlos
mußte ich Märchen erzählen, sowohl Corinth wie den Kindern.
Daher meine Titulierung des Bildes. Beim Malen erzählte ich
die Märchen, damit die Kinder stillsaßen und Corinth auch
seinen Spaß hatte.

Thomas und Wilhelmine 1916 669
Öl auf Leinwand 165 × 96
Bez. l. o. Lovis Corinth 1916 Thomas & Wilhelmine
Wilhelmine in rot-weiß kariertem Kleid mit hellblonder Puppe
im Arm hält Thomas, in weißem Sweater und kurzen Hosen, an
der Hand. In Berlin gemalt.
Bes. Thomas Corinth, New York.

Kleines Mädchen im Waschzuber 1917 703
Öl auf Leinwand 144 × 88
Bez. r. M. Lovis Corinth 1917
Die kleine Wilhelmine beim Waschen. Das Kinderfräulein neben ihr trägt blau-weiß gestreifte Bluse und große Schürze. In Berlin gemalt.
Bes. H. Kahnheimer, Frankfurt / M. Schönemann, Lugano.

Wilhelmine am Flügel 1918 735
Öl auf Leinwand 100 × 82
Bez. l. u. Lovis Corinth 1918
Die Tochter des Künstlers mit großer Schleife im Haar sitzt am offenen Flügel. Die Balkontür ist geöffnet. In Berlin, Klopstockstraße, gemalt.
Bes. S. Waldes, Dresden / E. Merzinger, Dresden / Privatbes.

Großmutter und Enkelin 1919 V
Öl auf Leinwand 81 × 60
Bez. l. o. Lovis Corinth Mai 1919
Bes. Kstslg. d. Pelikan-Werke, Hannover.
Bemerkung: Die Dargestellten sind Hedwig Berend mit ihrer Enkelin Wilhelmine Corinth. In Berlin gemalt.

Flora 1923 XVII
Öl auf Holz 128 × 108
Bez. l. M. Lovis Corinth 1923
Bs. NG., Berlin / Privatbes.
Bemerkung: Die Dargestellte ist Wilhelmine, die Tochter des Künstlers. In Berlin, Klopstockstraße, gemalt. 1937 als »entartet« beschlagnahmt. Verst. bei Fischer, Luzern, 1939, Nr. 26.

Walchensee 1918 737
Öl auf Holz 35 × 54
Bez. r. u. Lovis Corinth 1918
Im Hintergrund das Karwendelgebirge. Auf dem See ein Kahn.
Bes. Stadt Berlin.
Bemerkung: In Urfeld am Walchensee, auf dem Balkon des Hotels ›Fischer am See‹ gemalt. Das Bild wurde auf der Ausstellung der Berliner Sez., 1918 von der Stadt Berlin erworben.

Salome, I. Fassung 1899   170
Öl auf Leinwand 76 × 89
Bez. r. u. Lovis Corinth
Bes. Frau A. Endell, Berlin / A. Meyn / Busch-Reisinger-Mus.,
Cambridge, Mass., USA.
Bemerkung: In München gemalt.

Salome, II. Fassung 1899   171
Öl auf Leinwand 127 × 148
Bez. l. u. Lovis Corinth 1899
Nach Aufzeichnungen von Corinth: »Mit dem Haupte Johan-
nes d. T., lebensgroße Figuren bis zum Knie, auf engem
Raum komponiert. Gelbe Stimmung mit Blau.« In München ge-
malt.
Bes. Frau C. Toelle, Barmen / Geipel, Dresden / Mus. der bild.
Kste., Leipzig.

Wilhelmine am Fenster 1922   860
Öl auf Holz 30 × 22
Bez. l. u. Lovis Corinth 1922
Wilhelmine im gelben Korbsessel vor dem Balkonfenster in
Berlin, Klopstockstraße. Sie trägt ein kobaltblaues Kleid mit
roten Streifen an Hals und Ärmeln. Draußen liegt gelbes
Laub.
Bes. Wilhelmine Corinth-Klopfer, New York.

Wilhelmine mit gelbem Hut 1924   947
Öl auf Leinwand 85 × 65
Bez. r. o. Lovis Corinth. Juli 1924
Tochter Wilhelmine in gelblichem Kleid und gelbem Hut mit
roten Blumen. In Berlin, Klopstockstraße, gemalt.
Privatbes., New York.

Wilhelmine mit Katze 1924   963
Öl auf Leinwand 70,5 × 50,5
Bez. l. o. Lovis Corinth. 1924
Tochter Wilhelmine im dunklen Sweater mit einer weißen
Katze im Schoß. Hintergrund bräunlich grau. In Urfeld am
Walchensee gemalt.
Bes. Charlotte Berend-Corinth / H. Thannhauser, Berlin / Lan-
desmusem Hannover.

Familie des Künstlers, Charlotte Corinth, Wilhelmine und Tho- 837
mas 1921
Öl auf Leinwand 120 × 90
Bez. r. o. Lovis Corinth 1921
Charlotte Corinth mit weißem Kopftuch beugt sich zu ihrer
Tochter Wilhelmine. Hinter ihr der Sohn Thomas im Profil.
Rechts Blick auf Wiesen und Bäume. Tiefes Dunkelblau und
Hellgrün in der Farbskala. Auf der Terrasse des Landhauses in
Urfeld am Walchensee gemalt.
Bes. Dr. F. Glaser, Berlin / unbekannt.

Blumen und Tochter Wilhelmine 1920 795
Öl auf Leinwand 111 × 150
Bez. r. o. s/l Wolfgang Gurlitt Lovis Corinth 1920
Auf weißem Tischtuch steht eine hohe Meißener Vase mit
Amaryllis und Flieder. Rechts, vor einer Bronzefigur, ein Blu-
menkorb und eine Vase mit Maiglöckchen. Wilhelmine hält
einen Blumentopf mit roten Tulpen. In Berlin gemalt.
Bes. F. Gurlitt, Berlin / Gem.-Gal., Wiesbaden / Öffentl.
Kstslg., Basel.
Bemerkung: Das Bild wurde 1937 als »entartet« beschlag-
nahmt. Verst. b. Fischer, Luzern, 1939, Nr. 25.

Walchensee, Schneelandschaft 1919 773
Öl auf Leinwand 61 × 50
Bez. l. u. Lovis Corinth 1919
r. u. Lovis Corinth
Drei Bäume mit rötlichbraunen Blättern vor einem Schneeab-
hang, der zum See hinabführt. Links unten verschneite Häuser.
See und Berge in bläulichen Tönen.
Bes. F. Gurlitt, Berlin / O. Nirenstein, Wien-New York.

Pietà 1919 754
Öl auf Holz 119 × 210
Bez. unbekannt
Bes. Fam. Corinth / Privatbes. Hamburg.
Bemerkung: Im Sommer 1919 für den Giebel des Landhauses in
Urfeld am Walchensee gemalt. Dort 1947 abgenommen.

Die Evangelisten St. Matthäus und St. Lukas mit ihren Symbolen 1920
Öl auf Holz 223 × 85
Privatbes., Hamburg.
Bemerkung: Zwei gleichgroße, am oberen Bildrand abgeschrägte Holztafeln. Bis 1947 am Landhaus in Urfeld am Walchensee angebracht.

788

Königsberger Marzipantorte 1918
Öl, Malgrund? 70 × 80
Bez. l. o. Lovis Corinth 1918
Eine Marzipantorte in einem Holzkistchen mit zurückgeschlagenem weißem Papier. Dahinter ein Glaskrug mit Mistelzweigen, rechts eine chinesische Pagode. In Berlin, zu Weihnachten, gemalt.
Bes. H. Thannhauser, Berlin / unbekannt.

748

Königsberger Marzipantorte 1924
Öl auf Holz 55,5 × 71
Bez. r. o. Lovis Corinth 1924
Marzipantorte in gelbem Holzkasten mit zurückgeschlagenem Papier. In Berlin gemalt.
Bes. W. Müller, Velbert i. Rhld. / Staatsgal. Stuttgart / Privatbes. / Landesmus. Münster.

934

Walchensee im Winter 1923.
Öl auf Leinwand 70 × 90
Bez. u. M. Lovis Corinth 1. Januar 1923
Zwei Bäume mit dem letzten goldgelben Laub vor einer verschneiten Wiese. Dahinter beschneite Fischerhütten und der mattblaue See. Die Berghänge im Hintergrund und der Himmel schimmern hellblau, grau und gelb.
Bes. Charlotte Berend-Corinth / Städt. Gal., Frankfurt.

897

Flora 1919
Öl auf Holz 147 × 110
Bez. l. M. Lovis Corinth 1919
Junges Mädchen in cremefarbenem Kleid mit rosa Blumenmuster und großem Florentinerhut riecht an einer rosa Rose. Sie trägt am linken Arm einen Henkelkorb, gefüllt mit Schwertlilien.
Bes. Gal. Caspari, München / M. Böhm, Berlin / A. Nahm, USA / Privatbes. Stuttgart.

762

Kind zu Pferde 1920   801
Öl auf Pappe 40 × 50
Bez. l. o. Lovis Corinth 1920
Auf unserem Pferdchen »Strupp«, das von unserem Knecht
geführt wird, sitzt Wilhelmine im roten Kleid.
Bes. Frau Kaiser, Berlin / Ksthdlg. Reiß / Slg. Hackert, Halle,
Saale / Dr. F. Rothmann, London.
Bemerkung: In Urfeld am Walchensee gemalt.

Porträt Frau Hedwig Berend (Rosa Matinée) 1916   686
Öl auf Leinwand 90 × 70
Bez. l. o. Lovis Corinth 1916
Frau Berend in zartrosa Matinee am Tisch mit bräunlichroter
Decke.
Bes. Charlotte Berend-Corinth, New York.
Bemerkung: Die Dargestellte ist die Schwiegermutter des
Künstlers, der sie in ihrer Wohnung in Berlin malte; sie wurde
von ihm auch »belle mère« genannt. Corinth sagte zu mir: »Mich
interessiert außerdem bei deiner Mutter diese zarte, wie gepu-
derte Haut.«

Löwenkäfig im Zoo 1917   706
Öl auf Leinwand 73 × 100
Bez. o. M. Lovis Corinth 1917
Ockerbraune Farbtönungen. Links eine Wanne mit blutrotem
Fleisch.
Privatbes.
Bemerkung: Im Zoologischen Garten in Berlin gemalt. Ich
erinnere mich noch eines anderen Bildes »Löwenpaare«, ausge-
stellt auf der Berliner Sez., 1918, Nr. 131. Sein Verbleib ist mir
unbekannt.

Fressende Tiger 1917   707
Öl auf Leinwand 60 × 120
Bez. r. o. Lovis Corinth 1917
Der Tiger hält mit seinen Vordertatzen ein großes, blutrotes
Stück Fleisch. Im Berliner Zoo gemalt.
Bes. E. Krug, Berlin / unbekannt.

Porträt Charlotte Corinth in gelber Bluse 1921   846
Öl auf Leinwand 90 × 65
Bez. l. o. Lovis Corinth 1921
Schwarzer Samthut. Hintergrund rötlich. In Berlin, Klopstock-
straße, gemalt.
Bes. Charlotte Berend-Corinth, New York.

Das Paradies 1912   523
Öl auf Leinwand 270 × 195
Bez. l. u. Lovis Corinth 1911/12
Adam und Eva vor einem Apfelbaum auf blumiger Wiese. Im
Hintergrund ein See mit rosa und roten Flamingos.
Bes. B. Teppich, Berlin / F. Hermann, Berlin / Privatbes.,
Berlin / Ernest G. und Gunther F. Hermann, Los Angeles.
Bemerkung: Corinth erkrankte kurz vor Fertigstellung des
Bildes, nahm jedoch nach der Krankheit die Arbeit daran
wieder auf.

Porträt Dr. Arthur Rosin 1922   859
Öl auf Leinwand 90 × 65
Bez. r. o. Lovis Corinth 1922
Bes. Dr. A. Rosin, New York.
Bemerkung: In Berlin, Klopstockstraße, gemalt.

Geburt der Venus 1896   132
Öl auf Leinwand 227 × 142
Bez. l. u. Lovis Corinth
Bes. E. Arnold, Dresden / F. Gurlitt, Berlin / H. Richter,
Dresden / unbekannt.
Bemerkung: In München gemalt. Zu diesem Bild gibt es einen
Entwurf.

»Der arme Maler« Theodor Crampe 1921   844
Öl auf Leinwand 130 × 90
Bez. r. o. Lovis Corinth 1921
Der Maler Theodor Crampe im Mantel mit zwei großen Zeichen-
büchern unter dem Arm.
Bes. Ksthdlg. Grosell, Kopenhagen / Kstslg. Stadt Danzig.
Bemerkung: In Berlin gemalt. Der Maler Theodor Crampe war
mein Jugendkamerad und, wie er sich selbst benannte, mein
allererster Lehrer. Er war ein leidenschaftlicher Verehrer von
Corinth, zugleich ungemein schüchtern und von größter Dank-

barkeit, wenn er Corinths Atelier sehen durfte. Corinth interessierte das Inkarnat seiner hellen Haut, seine blauen Augen und roten Haare, auch die Eigentümlichkeit seines Wesens. Corinth hat ihn ein paarmal gezeichnet, radiert und dann dieses Bild von ihm gemalt. Crampe, der als junger Mann sehr reich war, verarmte in trostlosester Weise. Der Titel »Der arme Maler« ist von Corinth für das Bild gewählt worden.

Kuhstall 1922   875
Öl auf Leinwand 60 × 73
Bez. l. u. Lovis Corinth 1922
Bes. V. Hartberg, Berlin / NG., Berlin / Stedelijk-Mus., Amsterdam.
Bemerkung: Auf dem Rittergut Klein-Niendorf in Mecklenburg gemalt. 1937 als »entartet« beschlagnahmt.

Porträt der Schriftstellerin Alice Berend 1912   534
Öl auf Leinwand 75 × 42
Bez. l. o. (Be)rend
r. o. Lovis Corinth pinxit 1912 Alice Berend
Die Künstlerin hat ein aufgeschlagenes Buch vor sich.
Bes. Alice Berend, Berlin / Privatbes. Stockholm.
Bemerkung: In Berlin gemalt. Das Bild hatte ursprünglich ein anderes Format, dadurch Bez. l. o. nicht vollständig.

Porträt der Schriftstellerin Alice Berend 1924   962
Öl auf Leinwand 64 × 55
Bez. l. o. Lovis Corinth 1924
r. o. Alice Berend
Die Bluse ist orange und zinnoberrot mit weißem Spitzenkragen. Ockergelber Hintergrund mit grünlich-weißen Aufhellungen.
Bes. Charlotte Berend-Corinth / Alice Berend, Berlin / Privatbes., Stockholm.

Porträt des Malers Leonid Pasternak 1923   913
Öl auf Leinwand 80 × 60
Bez. l. o. Lovis Corinth, 1923
l. M. Pasternak
Pasternak mit silberweißem Haar, in dunkler Jacke mit weißer Schleife, Hintergrund rosa.

Bes. Charlotte Berend-Corinth, New York / Ksth. Hamburg.
Bemerkung: In Berlin, Klopstockstraße, gemalt. Pasternak hat
auch ein Bild von Corinth während der Arbeit gemalt.

Selbstporträt mit schwarzem Hut 1912   546
Öl auf Leinwand 49 × 36
Bez. r. o. Lovis Corinth 1912 Februar
Bes. Charlotte Berend-Corinth / Mr. und Mrs. Julius S. Held,
New York.
Bemerkung: In Berlin, Klopstockstraße, gemalt. Dieses Bild ist
ein Dokument. Nach schwerer Krankheit durfte Corinth das
erstemal in sein Atelier gehen. In verzweifelter Stimmung
malte er dieses Bild. Es ist das erste der vielen Selbstporträts,
welches den tieftraurigen Ausdruck in sich trägt.

Dame mit Fächer 1912   517
Öl auf Leinwand 48 × 23
Bez. r. o. Lovis Corinth 1912
Charlotte Corinth in einem schwarz-weiß gestreiften Samt-
kleid, weißem Pelzcape mit blauem Einsatz und schwarzem Hut
mit weißen Federn. Der Fächer in der rechten Hand aus grünen
und blauen Federn.
Bes. J. Langstadt, Ottawa, Canada.
Bemerkung: In Bordighera gemalt.

Balkonszene in Bordighera 1912   540
Öl auf Leinwand 83,5 × 105
Bez. r. u. Lovis Corinth 1912 Bordighera
Charlotte Corinth in blauem Kleid mit weißen Blumen hält
einen schwarzen Spitzenschirm; Hauswand und Balkongelän-
der leuchtend weiß.
Bes. P. Cassirer, Berlin / Gerstenberger, Chemnitz / Dr. E.
Goeritz, London / Folkwangmus., Essen.

Blumen (bemalte Tischplatte) 1921   822
Öl auf Holz 54,5 × 54,5
Bez. u. M. Lovis Corinth 1921
Ein bunter Blumenstrauß bedeckt die achteckige Platte. Spach-
teltechnik. Für unseren Tisch in Urfeld am Walchensee gemalt.
Privatbes.

Nymphe 1921
Öl auf Holz 48 × 75,5
Ohne Bezeichnung
Privatbes., Hamburg.
Bemerkung: Auf eine hölzerne Tür in unserem Landhaus in
Urfeld am Walchensee gemalt. 1947 dort abgenommen.

Thomas mit Hut in der Hand 1922
Öl auf Leinwand 90 × 75
Bez. r. o. s/l Thomas 10. Juni 1922
Lovis Corinth 1922 Thomas
Thomas im grauen Anzug. Hintergrund dunkel. In Berlin,
Klopstockstraße, gemalt.
Bes. Thomas Corinth, New York.

Namenregister

A

Andersen, Hans Christian 190

B

Bach, Paul 45
Baker-Eddy, Mary 103
Balzac, Honoré de 50
Barlach, Ernst 156
Barnowsky, Viktor 136, 164
Barron, Stephanie 247
Bear, Donald 278, 289
Beckmann, Max 156, 246
Berend, Alice (Tante) 47, 57,
   98 f, 101, 115, 119, 202 ff, 210
Berend, Ernst (Großvater) 42 f,
   47, 51, 100, 121, 170, 204,
   207 f, 210
Berend, Hedwig (Großmutter)
   28, 42 f, 47, 51, 55 ff, 63, 96 ff,
   108, 113 ff, 119 ff, 202 f, 207 f,
   210
Berend-Corinth, Charlotte
   (Mutter) 8 ff, 11, 14 ff, 21 ff,
   31 ff, 39 f, 42 ff, 50 ff, 76, 78,
   80 ff, 96 ff, 102 ff, 114, 117 ff,
   122 ff, 132, 134 f, 137 f, 140 f,
   147 ff, 152 ff, 156, 162 ff, 167 ff,
   193 ff, 210 ff, 215 ff, 229, 231 ff,
   248 ff, 253 f, 258, 262 ff, 272,

275 f, 278 ff, 292 ff, 298 ff, 304 f,
   313 f
Bismarck, Otto von 151
Bohnen, Michael 164, 218
Bongardt, Helmut 316
Brahm, Otto 146
Breinlinger, Hans 205 ff
Breyer, Robert 153

C

Carlyle, Thomas 131, 134
Cassirer, Paul 111, 145 f, 149,
   153, 155, 157 ff, 180
Cézanne, Paul 149
Claas 135
Clary, Katharina *siehe* Corinth,
   Katharina
Commeter 197
Corinth, Amalie Wilhelmine
   (Großmutter) 29, 36 ff, 108,
   136, 154, 213 f
Corinth, Franz Heinrich (Groß-
   vater) 28 f, 30, 35 ff, 47, 97,
   144, 175, 194, 213 f
Corinth, Katharina (»Kay«,
   Schwägerin) 101, 202, 265,
   271, 273 f, 276 f
Corinth, Lovis (Vater) 7 ff, 11 ff,
   30 ff, 49 ff, 76 ff, 87, 91, 94,
   97 ff, 101 ff, 115 ff, 122, 129,

Komödiant
seiner Zeit

HEINRICH GEORGE
KOMÖDIANT SEINER ZEIT
AUFGEZEICHNET VON PETER LAREGH

Peter Laregh zeichnet Lebensweg und Karriere Heinrich Georges gewissenhaft nach. Sein Buch läßt erkennen, warum gerade dieser, in seiner Zeit überaus beliebte Schauspieler so unvergleichlich Glanz und Elend seiner Epoche verkörpert. Dieser aufwendig gestaltete Band erscheint in einer Zeit, die solche elementaren Gestalten nicht mehr hervorbringt.

Langen Müller